大歷史 大文章
——大歷史的危機與反撲

近代篇

起於明代，迄於民國

龔鵬程 主編

主　編：龔鵬程

編　委：周鳳五　林素清　鄭志明　簡宗梧
　　　　李　春　周益忠　王　樾　陳　韻
　　　　沈寶春　周志文　簡松興　黃復山
　　　　蔣秋華　林保淳

利瑪竇和徐光啟像

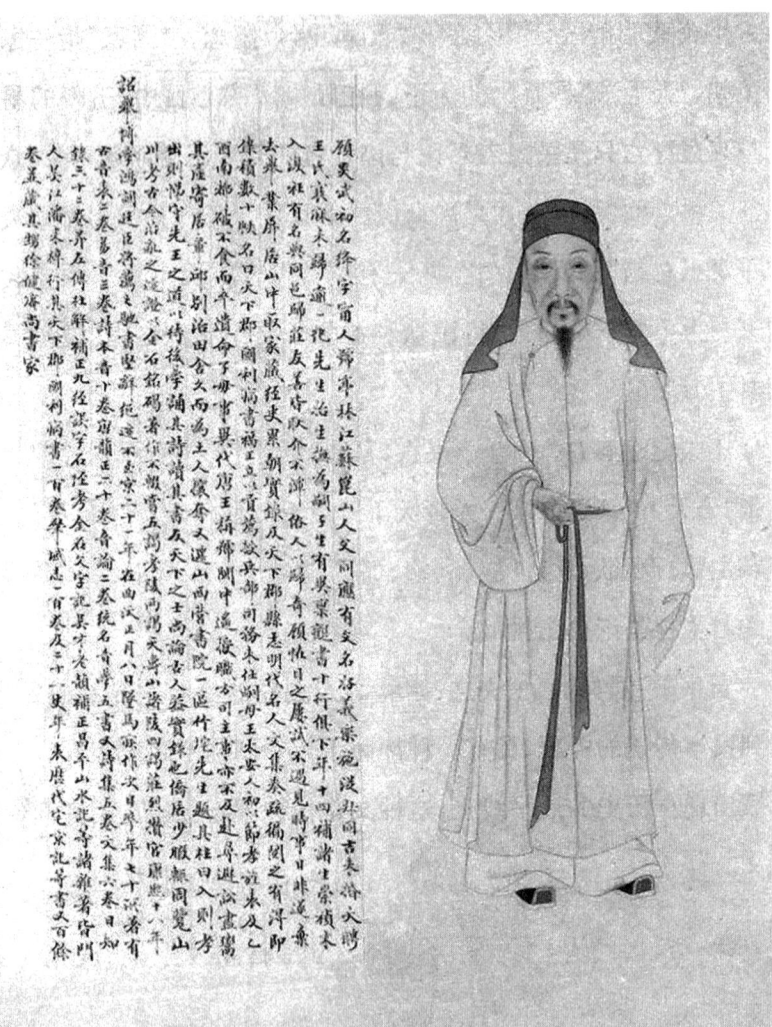

顾炎武像

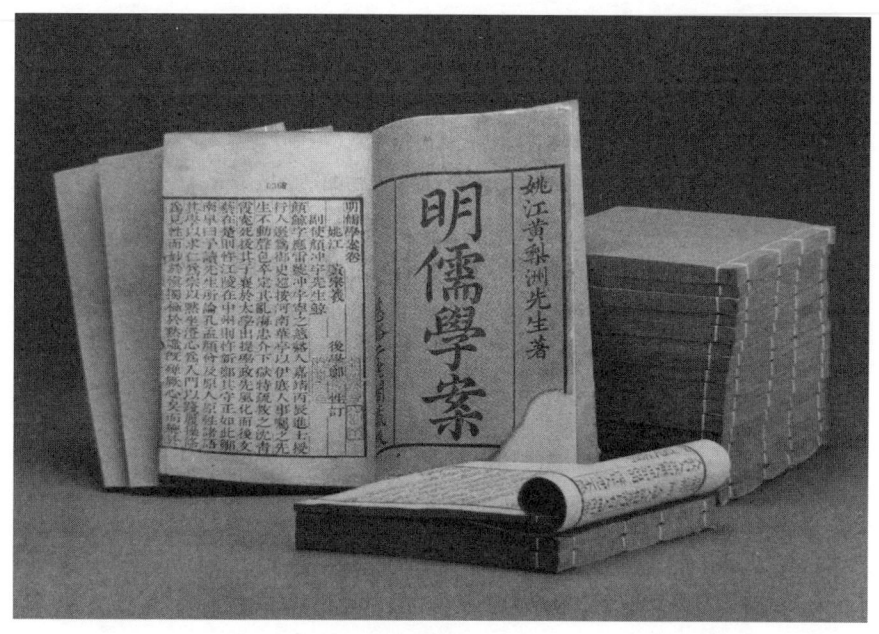

《明儒學案》書影

乾隆皇帝大閱圖

避暑山莊圖

平定準部回部得勝圖

康有為和梁啟超在萬木草堂

京師大學堂匾額

目錄 ｜ 大歷史・大文章 近代篇

序　歷史，在轉捩點上……………龔鵬程 /013

進本草綱目疏………………………李建元 /027
譯幾何原本引………………………利瑪竇 /036
《天工開物》序……………………宋應星 /055
即位詔………………………………李自成 /061
上攝政王啟…………………………范文程 /065
薙髮令………………………………福　臨 /070
致史可法書…………………………多爾袞 /074
與荷蘭守將書………………………鄭成功 /081
撤藩詔………………………………玄　燁 /085
舉博學鴻儒詔………………………玄　燁 /089
與友人論學書………………………顧炎武 /092
尼布楚條約………………………………… /099
《明儒學案》序……………………黃宗羲 /102
頒大義覺迷錄諭……………………胤　禛 /111
與是仲明論學書……………………戴　震 /129
開四庫全書館詔……………………弘　曆 /137
《古文尚書疏證》提要……………紀　昀 /144
書《朱陸》篇後……………………章學誠 /153
《疇人傳》序………………………阮　元 /162
《漢學商兌》序……………………方東樹 /169
籌議嚴禁鴉片章程折………………林則徐 /176

擬論英吉利國王檄	林則徐	/192
南京條約		/198
《海國圖志》序	魏　源	/202
太平天國奉天討胡檄	楊秀清　蕭朝貴	/214
討粵匪檄	曾國藩	/225
統籌新疆全域疏	左宗棠	/235
《興中會章程》與《同盟會盟書》	孫文等	/244
臺民佈告中外檄	不　詳	/250
譯《天演論》自序	嚴　復	/256
《孔子改制考》序	康有為	/265
定國是詔	載　湉	/274
論小說與群治之關係	梁啟超	/279
《革命軍》序	章炳麟	/293
《鐵雲藏龜》序	羅振玉	/299
《民報》發刊詞	孫　文	/307
《宋元戲曲考》序	王國維	/314
異哉所謂國體問題者	梁啟超	/319
文學改良芻議	胡　適	/337
《臺灣通史》序	連　橫	/352
與錢玄同先生論古史書	顧頡剛	/359
孫中山遺囑	孫　文	/369
中國歷史大事及相關文獻一覽表		/373

序　歷史，在轉捩點上　龔鵬程

觀乎人文，察於時變

「江聲不盡英雄恨，天意無私草木秋」，歷史的驚濤駭浪，翻翻滾滾。奔騰處，激越慷慨；低迴處，幽咽纏綿。但是，游動波流，卻徒然教人悲喜莫名、根觸萬端，而不能知其究竟。

到底歷史只永遠表現為一種周而復始的循環，還是發展成無窮無盡的追尋？一切變化都歸於既定的人類使命，還是它在變化中帶領我們攀上幸福的頂峰？文明的驟起驟衰，猶若潮汐，人類的生涯有限，又怎能探勘歷史的跫音、尋找文化的座標？暗夜長途，何處才是歷史的光明？忽焉就死，歷史對人生的意義又在哪裡？

任何人在面對這些問題時，都是相當惶惑茫然的。歷史，常像雅士培（Karl Jaspers）所說，不時表現為一團烏七八糟的偶然事件，如急轉的洪流，從一個騷動或災難緊接到另一個，中間雖有瞬間出現的短暫歡樂，亦如小島一般，終究也要遭到吞沒。但有時，歷史也並不全然如此盲亂，它彷彿如康德所說，是一種明智計畫的理性過程，並不斷趨向於成熟完美——雖然他也承認整個人類歷史之網，是由愚昧幼稚的虛榮、無聊的邪惡、破壞的嗜好所織成。那麼，歷史到底是什麼？歷史中是否確能找到明顯的因果關聯或變遷的規律呢？

這當然是相當困難的事。我們傳統的史學，大抵總相信歷史的道德趨向，王道理應成功、霸道終歸失敗，暴君一定亡國、仁者當

然無敵。歷史的道德規律，推動著歷史的發展，所謂「天有常度，地有常形，君子有常行」（東方朔《答客難》）。西方自奧古斯丁（Augustine）以降，亦輒欲說明人類歷史乃遵循一種形而上的律則在進行著，一切皆為上帝所安排，個人的遇合、國家的治亂，乃至於皇權之成立，都決之於上帝的旨意與恩寵。

十八世紀以後，因受科學發展的影響，認為人性與物理都須受自然法的支配，一切都決之於理智，而既以理智為依歸，則人類即必須珍視自由，不自由，文化必定衰落。十九世紀後，又由於達爾文學說的影響，相信人類的歷史一定是步步前進的，不管分成若干階段，後一階段總要比前一階段好些。另一派則是自古以來就有的歷史循環說或週期說，諸如「天下分久必合，合久必分」「五百年必有王者興」「五德轉移，治各有宜」之類，與西方思辨性歷史哲學亦多有暗合者，其言甚為繁賾。這些主張，雖各有論點，但總都具有決定論傾向，不認為歷史只是盲目的、偶然的聚合，故努力地想在歷史的變遷中，抽絲剝繭，爬梳出一個規律的模型，以掌握歷史的動態。不幸的是，歷史事件之雜亂無章、龐然紛若，歷史知識之性質特殊，往往使得這些規律在解釋時遭到困難。所以自十九世紀蘭克（Ranke）及普魯士歷史學派提倡經驗的史學以來，黑格爾式思辨性的歷史哲學即逐漸式微了，近代實證論及行為主義者，甚至都曾排除對歷史之意義的追究。但是，這也是矯枉過正之談，因為追問歷史的意義，不僅是一種合法的（legitimate）探索，而且是我們非做不可的事。故奧古斯丁這個傳統，在當代又漸有再生的趨勢：梅耶霍夫（Meyerhoff）所編《我們這個時代的歷史哲學》中，曾列舉 Berdyaev（柏提耶夫），Barth

（巴特），Niebuhr（尼布爾），Tillich（蒂利希），Butterfield（巴特菲爾德），Löwith（洛維特）等當代思想家，來證明這一點。

　　糾纏於這些傳統、質疑與趨勢之中，歷史，依然曖昧難明。那裡面，自不乏小樓聽雨、深巷賣花的款款情致；那裡面，也總含藏著鐵馬秋風、樓船夜雪的莽莽蒼蒼。英雄叱吒，遺民淚盡，千古興衰，一紙論定。歷史的浩瀚博大、莊嚴深邃，實非此類爭辯與追詰所能窮盡。每當我們仰觀蒼穹，列星燦燦、浮雲皓皓時，便自然而然地會興起這種充脹胸臆的歷史感情，思而不見，望古遙集，歷史的呼喚，於焉展開。

　　就是在這樣的呼喚與感應中，歷史才對此時此地的我們具有意義，而我們也才能真正進入歷史中，去「觀看」歷史的動態，稽其成敗盛衰之理。不管歷史是理性自主的運作，是隨順理性的計畫安排，抑或只是受到盲目意志的撥弄，既無理想目標，也無法則，我們觀察歷史的這個行動，本身就具有省察人類存在之歷程的意義。而這種省察，也內在地開展了我們的世界，讓我們超然拔舉於此時此地之上，開拓萬古之心胸，獨與天地精神相往來。這不是遁世逃避，乃是積極開拓自我，並借著這樣一種活動來跟現實人生社會做一番對照，以「察盛衰之理，審權勢之宜」（賈誼《過秦論》）。換言之，歷史縱使只是一條惡魔遍佈的價值毀壞之路，觀看歷史，依然可以讓我們更清明地向理性與道德的完美境域邁進。

　　這也就是說，歷史的性質與功能，它所能提供給我們的，其實就在我們觀乎人文、察於時變的行動中。人文的發展、價值的探索、社會的變動、人類一切理性與非理性的成就，俱在歷史中向我們招手，

並展露它廣袤繁多的姿容。只要我們真正涉入其中，歷史立刻就進入了我們的生命，使我們能通古今之變，參與歷史的脈動。

歷史遺忘了中國，中國也遺忘了歷史

古今之變，到今天可說是劇烈極了。

明朝末年，利瑪竇來華傳教時，他所繪印送給中朝士大夫的《輿地全圖》中，因為中國並不在中央，以致引起許多批評，《聖朝破邪集》裡甚至攻擊他：「利瑪竇以其邪說惑眾。……所著《輿地全圖》……真所謂畫工之畫鬼魅也。……試於夜分仰觀，北極樞星乃在子分，則中國當居正中，而圖置稍西，全屬無謂。」（卷三）這時，中國人對自己的國家與文化，還是充滿自信的，他們所表現的文化內容，也能讓耶穌會遠人欣然嘆服：認為在世界各國仍處於蒙昧之時，中國即已有了孔子，孔子與基督有相同的神性與使命，是「真的神」；而儒教基於相愛之關係所產生的政治制度，迥異於西歐基於主人與奴隸的關係，對西歐社會，更為一優美之對照，要改造西歐，即有「接種中國思想」的必要。

可是，不到二百年後，這種局面就完全改變了。在歐洲刮起的中國熱，逐漸冷卻，自十五世紀以來，基督教國家向「落後地區」擴展其文化的行動倒越來越熾烈。不僅有黑格爾這樣的大哲學家宣稱「所有的歷史都走向基督，而且來自基督。上帝之子的出現是歷史的軸心」；詩人吉卜林（Rudyard Kipling）也高唱「白人的責任」。所謂白人的責任，就是說白種人有責任「教導」有色人種，要他們採取西

方的制度、西方的生活方式,並學習西方的技術。遠洋殖民和貿易事業,逐步把他們這種「偉大」的理想推拓到非洲、亞洲。利用船堅炮利,轟開了天朝的大門,搖撼了中國文化的核心價值。

於是,夕陽殘照漢家陵闕,天朝的光榮,恍若西風中的枯枝敗葉。沉淪崩圮的世代、花果飄零的民族,這時所再呼喊的,便不再是歷史與文化,而是接種西洋思想了。受挫折的中國靈魂,從此被迫去擁抱另一個天朝,學習另一套歷史與文化,以重塑中國的未來,並理解中國的過去。

這當然是可哀的事。昔日的真神,現在概在打倒之列,歷史被當作包袱,視為與現代對立的僵化凝固體、阻礙進步的絆腳石。任何人在面對中國歷史時,都可以毫無敬謹謙撝之心,或莊嚴誠懇之情,都有資格恣意批判。很少人真正通過歷史的屬辭比事,以疏通知遠,卻大言炎炎,棄此歷史文化如敝屣。社會上一般人,對歷史更是隔膜,歷史知識至為貧乏,即使是高級知識分子,對本國史,亦輒有比鄰若天涯之感。

連橫曾說:「史者,民族之精神,而人群之龜鑑也。代之盛衰,俗之文野,政之得失,物之盈虛,均於是乎在。故凡文化之國,未有不重其史者也。」(《〈臺灣通史〉序》)章太炎也以為:「群之大者,在建國家、辨種族。其條例所系,曰:言語、風俗、歷史。三者喪一,其萌不植。」(《檢論》卷四《哀焚書》)這些,在今天大概都是不甚流行的看法。姑不論我們是否仍可稱為文化之國,也暫時不管當前社會名流是否皆以競作世界公民是尚,而恥言民族主義;倘若我們毫不諱飾地來看,自會發現目前我們對歷史的淡漠與無知,確實已經

到了令人拊膺長嘆的地步了。

　　造成這種現象，固然肇因於這次天朝的大變動，勢之所趨，莫可奈何，但我們對歷史教育的輕忽與僵化，實也是一大原因。至少在制度上，大學分組的辦法，幾乎強迫一半以上資質穎異的學子，從高中起便視歷史為身外之物，從此不再接觸。少年時期，如此缺乏歷史的薰陶，長大以後又怎能奢求他們會有歷史的感受和理解？而等到整個社會上的成人都普遍欠缺歷史的認知時，又怎麼會尊重歷史？怎麼可能汲探文化的根髓？徒然讓兒童去肩負背誦《三字經》《唐詩三百首》的重任，就算達到歷史灌輸的目的了嗎？何況，歷史教育並非灌輸即能奏效的。現今歷史教育之所以收效甚微，不能激發國民的熱情與嚮往，無法砥礪種性、激昂民氣，教材之平板僵硬，自屬重要癥結。須知讀史之要，在使人知政事風俗人才變遷升降之故，所謂「《堯典》可以觀美，《禹貢》可以觀事，《皋繇謨》可以觀治，《洪範》可以觀度，六《誓》可以觀義，五《誥》可以觀仁，《甫刑》可以觀誡」（《書大傳》）。我們的歷史教育，似乎對此仍少措意。

　　當然，可以告慰的是，在學術界、高等研究機構中，仍有不少傑出的學者在從事歷史之探索。但彷彿大家還不曾理解到：歷史，尤其是自己國家文化的發展歷史，並不只是一門孤立的學科，而是人存在的基石。人存在的意義，無不是根於歷史而展向未來的，過去的歷史傳統，構成了我們理解的背景。我們之所以能立足於世界，並向這個世界開放的唯一依據，仰賴的就是這個力量。這個力量一旦不顯，歷史就成了搞歷史的人的專職，成為紙面上的一堆堆資料，與公共大眾無關，而我們的研究與教學，自然也就僅能局限於平面事件的排比與

介紹，不再致力於觀人文、察時變了。

但是，我們必須注意：當我們漠視歷史時，歷史也正在遺忘我們。

從前，四夷賓服、萬方來朝的時代，我們天朝對於四裔遠人及寰宇全貌，實在缺乏理解。而現在的天朝，也同樣沒有把「落後地區」算進人類的歷史裡去。像房龍那本名著《人類的故事》裡，你就幾乎找不到人類之一──中國人的故事。威那‧史坦恩（Werner Stein）原著，貝納德‧古倫（Bernard Grun）和華萊士‧布勞克威（Wallace Brockway）英譯增訂的《歷史時間表》中所指的歷史，也不全是整個人類的歷史，而只以西歐、美洲為其重點。儘管印度、中國、日本等國的重大歷史事件也有記載，也非有意省略，「但作者們也沒有做任何努力來調查這些地區的歷史事件」（見該書序文）。

更有趣的例子，是羅伯特‧唐斯（Robert B. Downs）所寫的《改變世界的書》(*Books that Changed the World*)。唐斯是著名的圖書館學家，他認為自文藝復興以來，有十六本書改變了世界，這十六本書是：一五一三年馬基雅弗利的《君主論》、一七七六年潘恩的《常識》、一七七六年亞當‧斯密的《國富論》、一七九八年馬爾薩斯的《人口論》、一八四九年梭羅的《不服從論》、一八五二年斯托夫人的《湯姆叔叔的小屋》、一八六七年馬克思的《資本論》、一八九〇年馬漢的《海權論》、一九〇四年麥金德的《歷史的地理樞紐》、一九二五年希特勒的《我的奮鬥》、一五四三年哥白尼的《天體運行論》、一六二八年哈威的《心血運動論》、一六八七年牛頓的《自然哲學的數學原理》、一八五九年達爾文的《物種起源》、一九〇〇年佛洛伊德的《夢的解析》、一九一六年愛因斯坦的《相對論原理》。

這些書,在我們《辭海》的「中外歷史大事年表」裡差不多都提到了,但是像《傳習錄》《四庫全書》之問世,卻不見於唐斯這份書單裡。當然,我們並不因此而否認這紙書單裡的書確實影響深巨,確實改變了人類的歷史,可是,這究竟是誰的歷史?那個也曾參與人類文明之創造、也曾貢獻世界歷史之開展的中國,難道就這樣被遺忘在歷史之外了嗎?

是的,天朝的燈影舞姿,正如是之璀璨,蜷縮在文化邊陲的荒煙蔓草中的我們,恐怕早已被剔除在歷史之外,置諸天壤若存若亡之間了。

然而,何必慨嘆,何用嗟傷,旁人本來也並沒有義務要熟諳咱們中國的歷史。而且,只要我們自己不遺忘歷史,歷史也必不遺忘我們。無人懷疑中國現在必須參與世界,必須接納西洋文化,可是假若我們再想想當年新文化運動諸賢如梁啟超、胡適等人開列「國學最低限度必讀書目」時,為什麼要說「並此而未讀,真不得認為中國學人矣」,就可知道歷史的認知,原無礙於新世界的開拓;歷史文化的薰習,則是人生必備的條件之一;至於對歷史變動與發展的理解,更是國民最可貴的能力。何況,王國維說得好,「只分楊朱嘆歧路,不應阮籍哭窮途」,因為「窮途回駕無非失,歧路亡羊信可吁」(《天寒》)。處身在新舊交沖、中西激盪的偉大時代,加強歷史的認知,正是「窮途回駕」,時猶未晚,且也是避免「歧路亡羊」的唯一辦法。我們對此,自宜知所戮力。

只不過,中國歷史源遠流長,歷史文獻龐雜無儔,要瞭解中國歷史的源流與交遷,我們「必讀」的又該是些什麼?

通古今之變：改變中國的劃時代文獻

　　以中國史學「疏通知遠」的特質來看，尋求通古今之變的歷史功能，乃是任何史著不論其體裁如何都想達成的目標。雖然像鄭樵，標榜通史，以為「自《春秋》之後，惟《史記》擅製作之規模」，班固「以斷代為史，無復相因之義……會通之道，自此失矣」(《〈通志〉總序》)。但即使是斷代為史，依然可以有會通之義，只是斷代者包舉一代，通史者綜括古今，範疇各有所宜而已。

　　話雖如此，觀時變而察古今，畢竟仍以通史為優。中國除《史記》之外，有《通典》《通志》《通考》這一類傳統，囊括歷代典章名物制度，而觀其嬗遞興變之跡；也有編年為史的《資治通鑑》，其體制雖與紀傳不同，但實質上仍為一種通史。這些通史，著歷代盛衰興壞，以見事勢之遷變，足以使人識大體而知條貫，自然是我們所該諷誦研讀的。

　　但史文浩繁，舊籍所存，其實都是史家在面對他那個時代時，針對他所關心的問題而提出的解答，代表著史家個人的存在感受與歷史理解。譬如司馬遷撰寫《史記》，自謂「欲以究天人之際，通古今之變，成一家之言」，把「究天人之際」和「通古今之變」並舉，同為他寫史的兩大宗旨。這種對天人之際問題的關切，乃是太史公特殊的存在感受與歷史理解，也是他那個時代的主要問題。太史公對於這個問題，「究」的結果，是要於人事盡處始歸之於天命；是強調天變與政事俯仰；是主張為國者必貴三十年一小變五百年一大變的天運，

然後天人之際續備；是堅持天道難知，而人道可期，道不同時，則各從其志……我們看《史記》時，觸目所見，都是「豈非天哉」「此非天命乎」「人能弘道，無如命何」「非天命孰能當之」「乃天也」一類話。這些話顯示了《史記》正是司馬遷對歷史提出的解答。旁的史家，關切的不是這個問題，其解答便當然不同，胡三省《新注〈資治通鑑〉序》說司馬光寫《通鑑》時，正與諸人爭論國事，因此：「其忠憤感慨不能自已於言者，則智伯才德之論，樊英名實之說，唐太宗君臣之議樂，李德裕、牛僧孺爭維州事之類是也。至於黃幡綽、石野豬俳諧之語，猶書與局官，欲存之以示警。此其微意，後人不能盡知也，編年豈徒哉！」講的也是這個道理。

既然如此，則我們閱讀這些史著，便不只是熟悉它們裡面所記載的歷史事件，而是重新經驗該史家的問題與解答，重新認知他的存在情境。這種經驗與認知，誠然十分珍貴，誠然如柯林伍德（R. G. Collingwood）所說，是「重新思考別人所思考的當兒，就是自己在思考所思考」（《自傳》第十章）。但那畢竟不是我們自己的問題，畢竟不是在這中西交沖巨大變動時代所急欲尋求的答案。我們需要一部能夠具體而清晰顯示中國歷史之變遷與發展的史著，好讓我們觀人文，察時變，揭明中國歷史的源流。

這種史著，乃是新時代的需要，因此非舊有史籍所能替代。而事實上，身當我們這個空前奇異偉麗的時代，是理應有大史學家出來，網羅放失舊聞，恢張高情宏識，創以新體，勒成一書，為史學開一新局面，如太史公或司馬溫公那樣。

不幸現在我們並沒有這樣的史家，也沒有這樣的史著，通史大

業，墜緒茫茫，賢者不作，實令人有「小子何述焉」之慨！

我們無從取則，又無法緘默，無此學識，自然也不足以當纂修之任，沒有辦法，便只好用選文來替代著述。當此「莽莽神州入戰圖，中原文獻問何如」之際，徵文考獻，選輯改變了中國歷史的文章若干篇，略仿編年之體，排列條貫。任何人只要看了這些文章，中國文化如何摶塑成形，中國歷史如何興動遷變，必皆可一目了然。

歷史，在變動中

我國選文總集的傳統，向來以文學為主，《四庫提要》謂總集為「是固文章之衡鑒，著作之淵藪矣。三百篇既列為經，王逸所裒，又僅楚辭一家，故體例所成，以摯虞《流別》為始」（卷一八六），充分說明了這一事實。固然總集中也不乏《三臺文獻》《中原文獻》《清源文獻》《嶺南文獻》《經世文編》這一類具有史學意義的東西，但從未蔚為傳統。

其實，編總集，可以有門類；選文章，可以定宗旨。這跟史家的別擇心裁，不是恰可相通嗎？輯錄原始文獻，讓材料自己說話，不也跟歷史的客觀性要求相符合嗎？運用這種方式來作史，不單可以開拓傳統選集的領域，更能圓滿安置歷史的主觀性與客觀性問題，對於「文章，經國之大業，不朽之盛事」這一事實，尤其是有力的印證，昔人見不及此，實在是很可惜的事。

何況，一切歷史的變動，都要顯示在人文成品上，而文字，即是其中最重要的一項。文章本身，不僅記載了歷史，也解釋了歷史。而

這些遺存的文獻記載之中，又有一些，不只是記載，不只是解釋，更直接塑造了歷史，產生了絕大的變動，引導人類或一個文明走向另一個全新的境地。例如董仲舒的《賢良對策》、韓愈的《原道》、孫中山的《〈民報〉發刊詞》、胡適的《文學改良芻議》之類。歷史之流，因這些文獻出現而扭動了航道，因此，它們是積極地改變了歷史的文章，一紙之微，旋乾轉坤。

另外，還有些文章雖並未直接塑造、改變歷史，可是它反映了時代的變動，刻畫了歷史的軌跡，影響了後來的發展，如秦始皇的《初并天下議帝號令》、嵇康的《養生論》、歐陽修的《朋黨論》、梁啟超的《論小說與群治之關係》等等，對歷史之流衍，亦有舉足輕重的地位。這些文章，是中國歷史甬道裡，一座座里程碑、一盞盞標示其曲折面貌的燈簇。把這些爝火燈盞串聯起來，即成了一條蜿蜒燦爛的中國之路。中國，就是這樣一步一步、一站一站走過來的。

換句話說，歷史如果有所謂的「轉捩點」，這就是了。透過這些文章，我們可以發現歷史不斷在轉捩點上，人類也永遠在對其生存情境做價值的判斷、意義的創造、技術的更新和生命轉捩點式的抉擇。他們或如《太極圖說》，張惶幽眇；或如《天工開物》，寄情物理；或究幾何之原理，或申薙髮之禁令；或者館開四庫，或者奉天討胡。孔子改制、鐵雲藏龜，政治經濟學術科技，各個層面彷彿都在齊聲用力唱出一種歷史的理則：人類的歷史，畢竟是由人類自己用他自由的意志與思索，努力創造出來的；不論幸福還是沉淪，一切也都得由他自己來負擔。

這本選集，就是想表達這樣一種觀點。

選文的體例，是經義奧旨、諸子成書，只發揮思想哲理，而不涉及歷史變動者不選；影響深巨，難以句摘篇選如《論》《孟》《老》《莊》之類，也無法甄錄。同一事，而其變動見於各文者，則擇其尤要者；假如改變歷史的，不是一篇文章，而是一本書，如歐陽修《集古錄》、嚴復《譯〈天演論〉》之類，便以序代書，借見一斑。每篇文章後面，略加注釋，並附譯文，以便讀者籀讀。最後，則加上編者們對該文的詮釋，簡要說明文章的內容、寫作的背景以及造成的影響等。

這樣的編寫工作，當然困難甚多，因為上下五千年，什麼文章改變了歷史、什麼文章足以顯示歷史的腳步、什麼文章具有里程碑的意義、什麼文章展現了文字的尊嚴與力量，實在頗費斟酌。而且，這些文章不是早已融入中國人的血液中，釋注繁多，師法紛雜，難以董理；就是從來沒有人詮解過，其名物度數隨時代變遷而難以稽考。編寫者限於學力和時間，倉促就事，亦無法探驪得珠、曲盡其要。至於以今言釋古語，本是訓詁的舊例，現在卻要全部「翻譯」成白話文，這當然是不可能的事，其不如人意，還用得著說嗎？

但椎輪大輅，本來就是歷史的通例，假如這種編輯理念沒有大錯，這種歷史觀點和通史的要求還不算太荒謬，則這次粗糙的嘗試，便不會是毫無意義的。更周全的歷史詮釋、更具代表性的篇章、更廣泛的層面，都可以在增訂時重作調整。

編輯這本書，原先是周浩正先生慫恿的；編寫過程中，陳恒嘉先生的辛勤奔走、編寫諸友人的案牘勞形，都令我甚為感動感激。我知道他們之所以願意如此辛勞，是因為相信這本書可以成為現代國民「必讀」的歷史讀本，相信中國歷史的源流與發展可以借此展示出

來。但我偶爾也會憶起陸放翁的詩句:「鏡雖明,不能使醜者妍;酒雖美,不能使悲者樂」(《對酒嘆》)。沒有一部歷史能自然彰示其意義,除非讀者自有其存在的感受與之相應;我們也不能從任何一部歷史著作中學到什麼,假若我們並無歷史感。讀者能從這些改變中國的文章裡,改變自我,呼喚起自己的存在感受來與它對應,以期相視而笑,莫逆於心嗎?

或許,這也是個轉捩點吧?

進本草綱目疏
李建元

　　李建元，明蘄州（今湖北蘄春）人，李時珍的兒子，曾代父呈獻《本草綱目》和遺表，其餘生平事蹟不詳。李時珍（一五一八－一五九三），字東璧，號瀕湖，為明代有名的醫學家。二十四歲時，跟從父親李言聞習醫，勤讀古醫書。後來發現古代《本草》書有許多問題，乃進行修改。曾到許多地方採集、觀察藥草，做實地驗證。先後花費將近三十年的時間，參閱八百多家書籍，稿本經過三次修改，才完成《本草綱目》一書。此書為我國古代重要的醫書，曾被翻譯成數國文字。他另外著有《奇經八脈考》《瀕湖脈學》。

背 景

　　《本草經》為我國現存最早的一部藥學專書，大約編成於漢代，原作者姓名已失傳；因古代有神農嘗百草的傳說，後人便把此書的著作歸於他的名下，所以又稱《神農本草經》。書名《本草》，乃因中藥包括植物類、動物類、礦物類的藥物，其中以植物類的藥物占多數，故以《本草》為名，寓有以草類藥物主治疾病的意思。這部書在六朝以後，流傳得非常廣泛，唐、宋時，多次經由政府詔令纂修，增補了許多新的藥物。明代的李時珍，更以一己之力修改、補充古代

的《本草》書，編撰《本草綱目》一書，完成集《本草》學大成的工作。

李時珍出身於一個三代相傳的醫戶人家，從小就受到醫學的薰陶。不過他早年仍致力於科舉，雖然十四歲就考中秀才，但考舉人卻遭到三次失敗。後來因見父親醫治病人和受自己患病幾乎喪命的影響，便在二十四歲時立志改行學醫。他在研讀古代醫書時，發現書上有不少錯誤，同時由於醫學的進步，新的藥物不斷增加，遂激起他修補醫書的念頭。

從三十五歲起，到六十一歲，李時珍花費了將近三十年的心血，一方面到各地調查藥物，一方面博覽八百多種各家醫書，艱辛地完成了五十二卷的《本草綱目》，全書有一千八百九十二種藥物（包括三百七十四種新藥），收集一萬一千九十六種藥方，並繪製三卷圖譜（有一千一百一十一幅插圖），足見其規模宏偉。

《本草綱目》著成後，未能立即刊行。直到李時珍死後三年（萬曆二十四年，一五九六），才由他的兒子李建元獻給朝廷，卻被擱置一旁；後來經由南京書商胡承龍幫助，才使此書刊行傳世。

影響

《本草綱目》一書分成十六部，六十類，大致按照從無機到有機、從簡單到複雜、從低級到高級的標準排列，方法十分科學。此書矯正了一些不合理的傳說，也保存和介紹了許多前人的藥方、醫理，為初學者提供了很大的便利。

四百餘年來,習醫者莫不人手一部。一六〇六年,此書傳入日本;一六四七年,波蘭人卜‧彌根將其譯成拉丁文;後來又有韓、法、德、英、俄等譯本,足見此書之受世人注重,價值的確不凡。

原 文

湖廣黃州府儒學增廣生員李建元謹奏,為遵奉明例訪書,進獻《本草》以備採擇事:

臣伏讀禮部儀制司勘合一款:「恭請聖明敕儒臣開書局,纂修正史,移文中外,凡名家著述,有關國家典章,及紀君臣事蹟,他如天文、樂律、醫術、方技諸書,但成一家名言,可以垂於方來者,即訪求解送,以備採入藝文志。如已刻行者,即刷印一部送部,或其家自欲進獻者聽,奉此。」

臣故父李時珍,原任楚府奉祠,奉敕進封文林郎、四川蓬溪知縣。生平篤學,刻意纂修,曾著《本草》一部。甫及刻成,忽值數盡。撰有遺表,令臣代獻。臣切思之:父有遺命而子不遵,何以承先志?父有遺書而子不獻,何以應朝命?矧今修史之時,又值取書之會,臣不揣譾陋,不避斧鉞,謹述故父遺表。

臣父時珍,幼多羸疾,長成鈍椎,耽嗜典籍,若啖蔗飴。考古證今,奮發編摩,苦志辨疑訂誤,留心纂述諸書。伏念《本草》一書,關係頗重,注解群氏,謬誤亦多。行年三十,力肆校讎,歷歲七旬,功始成就,野人炙背食芹,尚欲獻之天子,微臣採珠聚寶,敢不上之

明君[1]？

　　昔炎黃辨百穀，嘗百草，而分別氣味之良毒；軒轅師岐伯，遵伯高，而剖析經絡之本標；遂有《神農本草》三卷，藝文錄為醫家一經[2]。及漢末，而李當之始加校修[3]。至梁末，而陶弘景益以注釋，古藥三百六十五種，以應重卦[4]。唐太宗命司空李勣重修[5]。長史蘇恭表請修定，增藥一百一十四種[6]。宋太祖命醫官劉翰詳校[7]。宋仁宗再詔補注，增藥一百種[8]。召醫唐慎微合為《證類》，修補眾《本草》五百種[9]。自是人皆指為全書，醫則目為奧典。

　　夷考其間，瑕疵不少。有當析而混者，如葳蕤、女萎，二物而併入一條；有當並而析者，如南星、虎掌，一物而分為二種。生薑、薯

---

1 「野人炙背食芹」二句：指將無關緊要的事物呈獻皇帝。嵇康《與山濤書》：「野人有快炙背而美芹子者，欲獻之至尊，雖有區區之意，亦已疏矣。」
2 炎黃辨百穀，嘗百草：指神農氏嘗百草滋味，以辨別何者可食，何者不可食。事見《淮南子·修務篇》。
3 李當之始加校修：李當之為華佗弟子，曾修《神農本草經》，當時並不流行。
4 陶弘景益以注釋：陶弘景有《名醫別錄》七卷，世稱《本草經集注》，記載藥物七百三十種，較《神農本草經》多一倍。
5 唐太宗命司空李勣重修：此處有誤，命司空英國公李勣修陶弘景所注《神農本草經》的是唐高宗。其書世稱《英國公唐本草》，共七卷。
6 長史蘇恭表請修定：唐高宗顯慶二年（六五七），右監府長史蘇恭奏請修訂陶弘景《本草經集注》，詔命長孫無忌等人與他共同編撰，歷時兩年完成，這部書世稱《唐新本草》，包括圖經目錄五十四卷，為我國第一部國家藥典。
7 宋太祖命醫官劉翰詳校：宋太祖開寶六年（九七三），命劉翰、馬志等九人校訂唐人《本草》醫書，並予刊行。此書世稱《開寶重定本草》，共二十一卷，為首次印刷的《本草》藥典。
8 宋仁宗再詔補注：宋仁宗嘉祐二年（一〇五七），詔掌禹錫、林億等同諸醫官重修《本草》，此即《嘉祐補注神農本草》，共二十卷。當時又命蘇頌別撰《圖經本草》，成書二十一卷，雖然考證明，但圖與說不相應，錯誤很多。
9 召醫唐慎微合為《證類》：宋徽宗大觀二年（一一〇八），唐慎微取《嘉祐補注神農本草》及《圖經本草》合為一書，又採取各書籍有關藥物者附入各條之後，共三十一卷，名《證類本草》，呈上朝廷，改名《大觀本草》。

蘋,菜也,而列草品;檳榔、龍眼,果也,而列木部。八穀,生民之天也,不能明辨其種類;三菘,日用之蔬也,罔克的別其名稱。黑豆、赤菽,大小同條;消石、芒硝,水火混注。以蘭花為蘭草、卷丹為百合,此寇氏《衍義》之舛謬[10]。謂黃精即鉤吻、旋花即山薑,乃陶氏《別錄》之差訛。酸漿、苦膽,草菜重出,掌氏之不審;天花、栝樓,兩處圖形,蘇氏之欠明。五倍子,構蟲窠也,而認為木實;大蘋草,田字草也,而指為浮萍。似茲之類,不可枚陳,略摘一二,以見錯誤。

若不類分品列,何以印定群疑?臣不揣猥愚,僭肆刪述,重複者芟之,遺缺者補之。如磨刀水、潦水、桑柴火、艾火、鎖陽、山柰、土茯苓、番木鱉、金柸、樟腦、蠍、虎、狗蠅、白蠟、水蛇、狗寶、秋蟲之類,並今方所用,而古本則無。三七、地羅、九仙子、蜘蛛香、豬腰子、勾金皮之類,皆方物土苴,而稗官不載。今增新藥凡三百七十四種,類析舊本,分為一十六部。雖非集成,實以粗備。有數名或散見各部,總標正名為綱,餘各附釋為目。正,始也;次以集解、辨疑、正誤,詳其出產形狀也;次以氣味、主治、附方,著其體用也。上自墳典,下至傳奇,凡有相關,靡不收採,雖命醫書,實該物理。

我太祖高皇帝首設醫院,重設醫學,沛仁心仁術於九有之中[11]。世宗肅皇帝即刻《醫方選要》,又刻《衛生易簡》,藹仁政仁聲於率土之遠。伏願皇帝陛下,體道守成,遵祖繼志,當離明之正位,司考文之

---

10 寇氏《衍義》:宋徽宗政和年間,寇宗奭撰《本草衍義》。
11 九有:即九州,指全國。《詩經·商頌·玄鳥》:「奄有九有。」注:「九有,九州也。」

大權，留情民瘼，再修司命之書。特詔良臣，著成昭代之典，治身以治天下；書當與日月爭光，壽國以壽萬民。臣不與草木同朽，臣不勝冀望屏營之全。臣建元為此一得之愚，上干九重之覽；或准行禮部轉發史館採擇，或行醫院重修。父子銜恩，存歿均戴。臣無任膽天仰聖之至。

萬曆二十四年十一月日進呈。十八日奉聖旨：「書留覽，禮部知道，欽此。」

《本草綱目》

譯　文

湖廣黃州府儒學增廣生員李建元為遵奉朝廷訪求書籍的命令，進呈《本草》供給選擇，恭敬地呈奏：

我敬讀禮部儀制司制定的律文：「皇上下詔，命儒臣開辦書局，纂寫編修正史，將公文發佈於朝廷內外，凡是著名學者的書籍，與國家典章制度相關，以及記述君臣的事蹟，和其他如天文、樂律、醫術、方技等方面的書，只要成一家之言，可以流傳於未來的，立刻尋訪搜求，呈進朝廷，供給收錄於藝文志中。如果已經刻板印行，立刻呈送一部到禮部，如果願意親自呈送的，隨他的意思，奉此。」

先父李時珍，原來擔任楚王府的奉祠正，奉詔進封文林郎、四川蓬溪縣知縣。生平專心求學，有意著作，曾撰成《本草》一書。即將印行，忽然逝世。留有遺表，命我代為呈獻。我再三思考：父親的遺命為人子的不遵行，怎能算是繼承父親的志願？父親留有遺書，為

人子的不呈獻，怎能算是回應朝廷的詔命？何況現在正是纂修史書的時候，又遇到朝廷訪求書籍的機會，我不曾考量自己的粗淺鄙陋，不怕刀斧的殺戮，恭敬地呈述先父的遺表。

我的父親李時珍自幼身體瘦弱多病，長大後反應遲緩魯鈍，卻沉迷於書本，好像吃蔗糖一般。考察古書，印證今事，努力編纂書籍，刻苦從事辨正疑問、訂正錯誤，用心撰寫了許多書籍。謹思《本草》這部書，關係十分重大，各家的注解錯誤也多。三十歲時，全力校正錯誤，直到七十歲，才全部完成。鄉下人曝晒陽光、食用芹菜，還想獻給皇帝；臣子採集珠玉，怎敢不獻給聖明的君主呢？

從前神農氏分別穀物，嘗食藥草，而分別它們氣味的好壞；黃帝以岐伯為師，尊崇伯高，因而明白經穴脈絡的始末；遂有三卷的《神農本草經》，藝文志著錄為醫家的書籍。到了漢朝末年，李當之才加以校正修訂。到了梁朝，陶弘景又加以注釋，增加藥物三百六十五種，以符合重卦的數目。唐太宗命司空李勣重新修訂。長史蘇恭也上表請求修訂，增加藥物一百一十四種。宋太祖命令醫官劉翰詳細校訂。宋仁宗又下詔改正注釋，增加藥物一百種。醫官唐慎微受詔合取圖、書，編成《證類本草》，根據各種《本草》書，修訂增補五百種。從此以後，人人都認為是完整的《本草》書，醫生則視為深奧的寶典。

考察各書，發現有很多缺點。有應該分開卻混為一種的，如葳蕤、女萎，本是兩種藥材，卻合併成一種；有應該合併卻分開的，如南星、虎掌，本是一種藥物，卻分成兩種。生薑、薯是菜類，卻列入草部；檳榔、龍眼是果類，卻列入木部。八穀是百姓所食用的，不能

明白分別它們的種類；三菘是日常食用的蔬菜，不能確實分別它們的名稱。黑豆、赤菽的大小形狀不同，卻合在一條；消石、芒硝涼熱性質不一，卻混淆注釋。將蘭花當作蘭草、卷丹當作百合，這是寇宗奭《本草衍義》的錯誤。認為黃精就是鉤吻、旋花就是山薑，這是陶弘景《名醫別錄》的錯誤。酸漿、苦膽，重見於草部、菜部，這是掌禹錫不夠仔細；天花、栝樓，重複出現圖形，這是蘇頌不夠詳明。五倍子是蟲造的窠巢，卻認為是樹木的果實；大蘋草就是田字草，卻錯指為浮萍。像這一類的缺失，多得不能一一陳述，只指出幾條，以顯示前人的錯誤。

假如不區分品類，怎能證明眾人的疑問？我不考量自己的卑賤愚昧，超過本分地從事刪改敘述，一方面刪改重複的，一方面補充遺漏的。如磨刀水、潦水、桑柴火、艾火、鎖陽、山柰、土茯苓、番木鱉、金柑、樟腦、蠍、虎、狗蠅、白蠟、水蛇、狗寶、秋蟲等等，就是現在所用的藥方，古代的書中卻沒有。三七、地羅、九仙子、蜘蛛香、豬腰子、勾金皮等等，都是土產糟粕，民間史書卻不記載。現在增加新的藥物共三百七十四種，根據舊書，分成十六部。雖然不是集大成，規模已經大略具備。有好幾種名稱或分散在各部的，標示它的正名為總綱，其餘的附注為子目。首先標出正名，其次彙集注解、辨明疑問、訂正錯誤，詳細說明出產的地點和形狀；其次敘述氣味、主治、附方，顯明本性與功用。上至上古的典籍，下至民間的小說，凡是相關的，無不收錄，雖然稱為醫書，實際上包括了物種的原理。

我朝太祖高皇帝首先設立醫院，又設置醫學，在全國擴大仁心仁術。世宗肅皇帝已刻《醫方選要》，又刻《衛生易簡》，於邊境四周

擴充仁政仁聲。謹願皇上體會正道而保守已成的事業，遵循祖先的志業，端居明德的帝位，主持稽查文藝的大權，留心民間的困苦，再次纂修有關人命的醫書。特地詔命賢良的大臣，撰著清明時代的經典，治療身體，也治理國家。此書應該可以與日月爭奪光彩，延長國祚，也延長百姓的生命。我能夠不和草木一同腐朽，實在不敢奢望而感到無限恐懼。我李建元為了這點不夠完美的意見，煩擾皇上閱讀；或准予送交禮部，轉給史館選擇，或交給醫院，重新修訂。父子同懷恩德，不論生者死者，都會感恩。我非常感謝皇上的恩德。

萬曆二十四年（一五九六）十一月進呈。十八日接到聖旨批示：「書本留供閱覽，並通知禮部，欽此。」

（蔣秋華／編寫整理）

譯幾何原本引
利瑪竇

利瑪竇（MatteoRicci，一五五二—一六一〇），字西泰，義大利人。少時，受父命至羅馬求學，後入神學院，從名師丁先生治數學。二十六歲，請願東來傳教，於三十一歲抵澳門。自此十年間，一面學習中文，一面傳佈教義，足跡不離肇慶、韶州二府。萬曆二十三年（一五九五）北行南京，結識徐光啟。後隨王忠銘等人至北京；未幾，被遣回，返居南京。利瑪竇頗具雄心，所以廣結名流，終於在二十八年（一六〇〇）再入北京，獻上自鳴鐘、《萬國圖志》等物，乃得定居於此，在士大夫中傳教。五十六歲，與徐光啟譯成《幾何原本》前六卷，後來又在李之藻的協助下，譯《同文算指》十一卷。這兩部書對中國算學的影響很深，葉向高甚至說：「毋論其他事，即譯《幾何原本》書，便宜賜葬地矣！」利瑪竇在華的譯著有數十種，大部分收入《天學初函》中。卒後，葬在北京阜成門外。

利瑪竇像

背 景

中國算學自古就很發達，一九二一年在西安半坡發掘的陶器中，已有刻著很清楚數目字的陶片。據考證，半坡文化屬於五千年前左右的新石器時代，這是中國人使用數字的最早證據。而三千五百年前的甲骨文中，也發現了大量的數字，並且已經使用最簡易又科學的十進位了。

先秦諸子書中，有用九九乘法計算數量的記載，《禮記・內則篇》也說：周代兒童「六年教之數與方名……十年出外就傅……學書計」。可見算學已是小學教育中的必修課程。

據學者專家考證，寫於二千五百年前春秋中葉的《周髀算經》，以述天算學說為主，也有了「周三徑一」（$\pi=3$）的知識了。而聞名於世的純粹算學專著——《九章算術》，也是周秦漢代數學發展的總括，內容共分九類，已包括數學應有的理論基礎。如：方田（測量各種形狀的田地面積）、粟米（求百分率）、衰分（用比例解決的算術級數與幾何級數問題）、商功（求各類物體的體積，包括圓錐、棱錐、城牆、水道）、方程（列表解析聯立方程組）、勾股（求直角三角形面積）等，都不遜於現代數學，其中聯立方程解法，西歐在一千九百年後才創造出來。

一千四百年前，南朝齊人祖沖之已演算出圓周率至小數第八位，比西方早了一千一百年。半世紀後，中國演算法傳入日本；隋末，日本乃派遣專使來華學演算法，所以日本早期的算學教育，實在就是隋唐的中國演算法。

宋代三百年間，更是中國算學的黃金時代，發明了高次方程解法，且有高達十次方的，可說是中國算學最具代表性的貢獻。

可是，自從元代伊斯蘭教盛行，朝廷引用阿拉伯演算法後，百年之間，中國不見一部值得重視的著作，算學幾乎呈現了衰退的現象。最可笑的是，明代承元朝《授時曆》編成的《大統曆》，已三百餘年未加訂正，其中天象測定已與實際觀察不符了。

直到義大利教士利瑪竇來華，首度將西算學輸入中國，國人才略窺西算奧秘；才知道中國算學發展雖早，卻一直都沒有編輯整理出完備的系統理論，就像滿腹經綸的學究，只知玩弄文字遊戲，卻不知學以致用、經世濟民。

影 響

利瑪竇有心將西歐最寶貴的算學經典《幾何原本》呈給中國算學家，以便算學能重新在經世濟民、敬授天時的實務上開闢新的天地，所以費盡心力，終於將之譯成中文。

《幾何原本》十五卷，討論的內容共有九類：一卷論三角形，二卷論線形，三卷論圓形，四卷論內接形與外接形，五卷論比例之理論，六卷論比例之研究，七至十卷論整數與幾何的關係，十一卷論立體幾何學初步，十二至十五卷論立體。內容幾乎與我國已有的知識相同，只是原作者歐幾里得把全書五百餘道論題，像珍珠項鍊一樣串聯起來，不但清楚一貫，而且不能前後隨意更動，實在是理論系統異常細密謹嚴的學說。中國算學長於計算者恰好顯示為另一典型，長於演

繹推理，自有其優異的地方。

這本譯著，開了西算東傳的大門。直到清初，因為信徒偶像崇拜，及教士涉及帝位爭奪政變，雍正乃驅逐教士出境，西算輸入才告一段落。自此以後，中國消化吸收已傳入的西洋算學，進行改弦易轍的研究，像戴震、阮元、李善蘭等人，都有不錯的成績。

不過，鴉片戰爭以後，教士再度來華，掀起了第二次文化東漸的浪

利瑪竇口述、徐光啟肇述之《幾何原本》書影

潮，西方算學自此已露出明顯的影響，中國算學也變成了現代世界數學的一部分，僅有珠算這門傳統學科未被淘汰。

由中國算學史看來，《幾何原本》是中西算學交流的起點，讓國人認清了系統論證的重要，對清代樸學求實證的觀念，多少有些啟發作用，所以我們選了這篇序文，說明它的時代背景，及對中國算學環境的影響。

原　文

夫儒者之學，亟致其知，致其知，當由明達物理耳。物理渺隱，人才頑昏，不因既明累推其未明，吾知奚至哉！

吾西陬國雖褊小，而其庠校所業格物窮理之法，視諸列邦為獨備

焉，故審究物理之書，極繁富也。彼士立論宗旨，惟尚理之所據，弗取人之所意。蓋曰：「理之審，乃令我知；若夫人之意，又令我意耳。」知之謂，謂無疑焉，而意猶兼疑也。然虛理、隱理之論，雖據有真指，而釋疑不盡者，尚可以他理駁焉；能引人以是之，而不能使人信其無或非也。獨實理者、明理者，剖散心疑，能強人不得不是之，不復有理以疵之。其所致之知，且深且固，則無有若幾何一家者矣！

幾何家者，專察物之分限者也。其分者若截以為數，則顯物幾何眾也；若完以為度，則指物幾何大也。其數與度，或脫於物體而空論之，則數者立演算法家，度者立量法家也；或二者在物體而偕其物議之，則議數者如在音相濟為和而立律呂樂家，議度者如在動天迭運為時而立天文曆家也。

此四大支流析百派：

其一量天地之大，若各重天之厚薄，日月星體去地遠近幾許、大小幾倍，地球圍徑、道里之數；又量山嶽與樓臺之高、井谷之深，兩地相距之遠近，土田、城郭、宮室之廣袤，廩庾、大器之容藏也。

其一測景以明四時之候、晝夜之長短、日出入之辰，以定天地方位，歲首三朝、分至啟閉之期，閏月之年，閏日之月也[1]。

其一造器，以儀天地，以審七政次舍，以演八音，以自鳴知時，以便民用，以祭上帝也[2]。

---

1 歲首三朝：正月初一的早晨。三朝，因為元旦是「歲之朝、月之朝、日之朝」，所以稱三朝。
2 八音：用金、石、絲、竹、匏、土、革、木等八種材料製成的樂器，也就是鐘、磬、弦、管、笙、塤、鼓、柷等樂器。

其一經理水土木石諸工,築城郭,作為樓臺宮殿,上棟下宇,疏河注泉,造作橋樑,如是諸等營建,非惟飾美觀好,必謀度堅固,更千萬年不圮不壞也。

其一制機巧,用小力轉大重,升高致遠,以運芻糧,以便洩注;乾水地,水乾地,以上下舫舶。如是諸等機器,或借風氣,或依水流,或用輪盤,或設關捩,或恃空虛也。

其一察目視勢,以遠近、正邪、高下之差,照物狀可畫立圓立方之度數於平版之上,可遠測物度及真形;畫小使目視大,畫近使目視遠,畫圓使目視球,畫像有坳突,畫室有明暗也。

其一為地理者,自輿地山海全圖,至五方四海,方之各國,海之各島,一州一郡,歛布之簡中,如指掌焉;全圖與天相應,方之圖與全相接,宗與支相稱,不錯不紊;則以圖之分寸尺尋,知地海之百千萬里;因小知大,因邇知遐,不誤觀覽,為陸海行道之指南也。

此類皆幾何家正屬矣。若其餘家,大道小道,無不借幾何之論,以成其業者。

夫為國從政,必熟邊境形勢,外國之道里遠近、壤地廣狹,乃可以議禮賓來往之儀,以虞不虞之變。不爾,不妄懼之,必誤輕之矣!

不計算本國生耗、出入、錢穀之凡,無以謀其政事。自不知天文而特信他人傳說,多為偽術所亂熒也。

農人不預知天時,無以播殖百嘉種,無以備旱乾水溢之災,而保國本也。

醫者不知察日月五星躔次,與病體相視乖和逆順,而妄施藥石針砭,非徒無益,抑有大害;故時見小恙微痾,神藥不效,少壯多夭

折,蓋不明天時故耳[3]。

商賈憒於計會,則百貨之貿易、子母之入出、儕類之衰分,咸晦混;或欺其偶,或受其偶欺,均不可也[4]。

今不暇詳諸家借幾何之術者,惟兵法一家,國之大事,安危之本,所須此道,尤最亟焉。故智勇之將,必先幾何之學;不然者,雖智勇,無所用之。彼天官時日之屬,豈良將所留心乎?

良將所急,先計軍馬芻粟之盈詘,道里地形之遠近險易、廣狹死生。次計列營佈陣形勢所宜,或用圓形以示寡,或用角形以示眾,或為卻月象以圍敵,或作銳勢以潰散之[5]。其次,策諸攻守器械,熟計便利,輾轉相勝,新新無已。備觀列國史傳所載,誰有經營一新巧機器,而不為戰勝守固之藉者乎?以眾勝寡,強勝弱,奚貴?以寡弱勝眾強,非智士之神力,不能也。

以余所聞,吾西國千六百年前,天主教未大行,列國多相并兼[6]。其間英士,有能以羸少之卒,當十倍之師,守孤危之城,禦水陸之攻,如中夏所稱公輸、墨翟九攻九拒者,時時有之[7]。彼操何術以然?熟於幾何之學而已。

---

3 躔次:天文學家將天上二十八宿分為十二區域,日月星辰在固定的時間中,經過一個區域。這個「區域」的古稱就叫作「躔次」。
4 衰分:貨物稅賦的比例。衰分為《周禮‧地官》的九數之一,以御貴賤廩稅。衰是指比例,分是指分配,又作差分,以差平而分,故名。
5 卻月象:半月形的陣勢。庾信《邱乃敦崇傳》:「澆沙聚石之營,卻月橫雲之陣。」
6 天主教未大行:耶穌在世,正當中國王莽篡漢之際。稍後,羅馬由尼祿當政,至西元六九年止。九八年起,羅馬進入共和全盛時期,至一八〇年結束。直到三八〇年基督教立為國教,羅馬都處在地方諸侯強弱兼併的混亂中。利瑪竇說的正是這個時期。
7 九攻九拒:九次進攻,九次抵禦成功。事見《墨子‧公輸篇》。魯人公輸般為楚王造雲梯以攻宋,墨子見公輸般於王前,互為攻守之策,「公輸般九設攻城之機變,子墨子九距之;公輸般之攻械盡,子是子之守圉有餘」。

以是可見此道所關世用，至廣至急也。是故經世之俊偉志士，前作後述，不絕於世，時時紹明增益，論撰蓁為盛隆焉。

乃至中古，吾西庠特出一聞士，名曰歐幾里得，修幾何之學，邁勝先士，而開迪後進，其道益光[8]。所製作甚眾甚精，生平著書，了無一語可疑惑者。其《幾何原本》一書，尤確而當。曰原本者，明幾何之所以然，凡為其說者，無不由此出也。故後人稱之曰《歐幾里得》，以他書逾人，以此書逾己。

今詳味其書，規摹次第，洵為奇矣[9]！

題論之首，先標界說，次設公論、題論所據，次乃具題。題有本解，有作法，有推論，先之所徵，必後之所恃。十三卷中，五百餘題，一脈貫通，卷與卷、題與題相結倚，一先不可後，一後不可先，累累交承，至終不絕也。

初言實理，至易至明，漸次積累，終竟乃發奧微之義。若暫觀後來一二題旨，即其所言，人所難測，亦所難信；及以前題為據，層層印證，重重開發，則義如列眉，往往釋然而失笑矣！

千百年來，非無好勝強辯之士，終身力索，不能議其隻字。若夫從事幾何之學者，雖神明天縱，不得不藉此為階梯焉。此書未達而欲坐進其道，非但學者無所措其意，即教者亦無所措其口也。

---

8 歐幾里得（前三三〇—前二七五）：柏拉圖的弟子，希臘數學家。他將古代幾何學上的知識編輯整理出數學史上第一部有完整理論體系的著作，也就是舉世聞名的《幾何原本》十三卷。直到今日，歐美的數理教學，仍以它為底本，可見它的價值之高。

9 詳味其書：《幾何原本》的內容，儘量把題論減少，而重於演繹與嚴密的形式理論。每道論題都有定義、公論、公理三項。定義是限定其意義，如：「線是有長度的，卻無寬度。」公論是不能自明亦無法證明，卻在幾何學上應視為「真實」者，如：「有限的直線可作無限的延長。」公理則是一種雖無法論證，卻是自明的一般概意，如：「與同一物相等的兩物，是相等的。」

吾西庠如向所云幾何之屬幾百家，為書無慮萬卷，皆以此書為基，每立一義，即引為證據焉。用他書證者，必標其名，用此書證者，直云某卷某題而已，視為幾何家之日用飲食也。

至今世，又復崛起一名士，為竇所從學幾何之本師，曰丁先生，開廓此道，益多著述[10]。竇昔遊西海，所過名邦，每遘顯門名家，輒言：「後世不可知，若今世以前，則丁先生之於幾何，無兩也。」先生於此書，覃精已久，既為之集解，又復推求續補凡二卷，與元書都為十五卷。又每卷之中，因其義類，各造新論，然後此書至詳至備，其為後學津梁，殆無遺憾矣！

竇自入中國，竊見為幾何之學者，其人與書，信自不乏，獨未睹有原本之論。既闕根基，遂難創造，即有斐然述作者，亦不能推明所以然之故。其是者，己亦無從別白；有謬者，人亦無從辨正。當此之時，遽有志翻譯此書。質之當世，賢人君子，用酬其嘉，信旅人之意也。

而才既菲薄，且東西文理又自絕殊，字義相求，仍多闕略，了然於口，尚可勉圖，肄筆為文，便成艱澀矣！嗣是以來，屢逢志士左提右挈，而每患作輟，三進三止。嗚呼！此遊藝之學，言象之粗，而齟齬若是，允哉始事之難也。有志竟成，以需今日。

歲庚子，竇因貢獻，僑邸燕臺[11]。癸卯冬，則吳下徐太史先生來。太史既自精心長於文筆，與旅人輩交遊頗久，私計得與對譯，成書不

---

10 丁先生：即德國數學家克拉維斯（Christopher Clavus，一五三七―一六一二）。
11 歲庚子：利瑪竇在明神宗萬曆八年（一五八〇）抵澳門，從事傳教工作。萬曆二十八年庚子（一六〇〇），攜帶日晷、渾儀、地圖、自鳴鐘等物品到北京，獻給神宗。

難。於時以計偕至。及春薦南宮,選為庶常。然方讀中秘書,時得晤言,多諮論天主大道,以修身昭事為急,未遑此土苴之業也。客秋,乃詢西庠舉業,余以格物實義應。及譚幾何家之說,余為述此書之精,且陳翻譯之難,及向來中輟狀。

先生曰:「吾先正有言:『一物不知,儒者之恥[12]。』今此一家已失傳,為其學者,皆暗中摸索耳。既遇此書,又遇子不驕不吝,欲相指授,豈可畏勞玩日,當吾世而失之。嗚呼!吾避難,難自長大,吾迎難,難自消微。必成之。」

先生就功,命余口傳,自以筆受焉。反覆輾轉,求合本書之意。以中夏之交,重復訂政,凡三易稿。

先生勤,余不敢承以怠。迄今春首,其最要者前六卷,獲卒業矣。但《歐幾里得》本文已不遺旨。若丁先生之文,惟譯注首論耳。太史意方銳,欲竟之。余曰:「止,請先傳此,使同志者習之,果以為用也,而後徐計其餘。」太史曰:「然!是書也,苟為用,竟之何必在我。」遂輟譯而梓是,謀以公佈之,不忍一日私焉。

梓成,寶為撮其大意,並諸簡端。自顧不文,安敢竊附述作之林,蓋聊敘本書指要,以及翻譯因起,使後之習者,知夫創通大義,緣力俱艱,相期增修,以終美業[13]。庶俾開濟之士,究心實理。於向所陳百種道藝,咸精其能,上為國家立功立事,即寶輩數年來旅食大官,受恩深厚,亦得藉手萬分之一矣!

---

[12]「一物不知」二句:即使只有一件事情不知道,也算是讀書人的恥辱。《陔餘叢考》:「陶淵明謂范隆曰:『一物不知,君子之恥。』」

[13] 緣力:助緣之力。《無量壽經》:「因力、緣力。」疏:「慧遠曰:近善知識,聽聞正法,名為緣力。」

萬曆丁未，泰西利瑪竇謹書。

《幾何原本》

譯文

　　讀書的目的，在獲得知識；要獲得新知，該從明達事物之理做起。物理微妙隱晦，不易察見，人的智慧又頑鈍昏昧，如果不借著已知的事理去推論未知的事理，我們怎能得到新知呢？

　　我的祖國義大利雖是西方偏遠的小國，可是學校裡教導學生格物窮理的方法，卻比別的國家完備。所以詳論物理的書籍，也非常龐雜豐富。義大利人談論事理的原則，只崇尚義理依據，不管個人的私意。他們這麼說過：「義理詳盡可靠，才能使我獲得真知；如果是個人的私意，那只能讓我一時高興罷了。」所謂「真知」，是一點兒疑問都沒有，而「私意」卻多少摻了些疑問在裡頭呀！可是，「義理」也有虛理、隱理這類不具體的說法。雖然它們的定義有依據，可是對問題的解釋卻不夠完盡，還可用其他的理論來批駁它。所以這兩類說法，只能引導人從表面去認同它，卻不能讓人相信它是絕對的真理。只有實理、明理這種具體的義理，剖析散盡了人們心中的疑惑，能夠很強烈地讓人信賴它，再也找不出其他理論來批評它。由這種義理所獲得的知識，既深刻又牢固，其中最具代表性的，就是幾何學所說的理了。

　　幾何學是什麼呢？我們常說「人生幾何」，這個「幾何」，涵括了數量的觀念，所以幾何學也就是專門查究物體的數量和度限的學

問。所謂「數量」，就是把分析物體的結果用數目來表示，以顯示出物體數量的多寡；「度限」則是由物體可見部分的外觀，來推算物體實際的大小。幾何學所推算出來的數量與度限，有時是離開了實體而虛論的，所以又稱專論數目的是「演算法家」，專論度限的是「量法家」。如果實體包含了數量與度限兩種，那麼推算數量的就好像五音十二律的組合而為曲調，所以又立「律呂樂家」；推算度限的，就好像天上眾星運行的方位不同，因此將全天分成十二區域，所以又立「天文曆家」。

幾何學有這四大派別，由此又可細分為百種家派。其中較具代表性的有七派：

第一派是測量天地的大小。比如九重天裡，各重天的厚薄；天空中，日月星辰距地球的遠近，它們的品質、直徑是地球的幾倍？地球的直徑又有多少？山嶽和樓臺有多高？山谷和水井有多深？兩個定點位置的確實距離有多遠？農田、城郭、宮殿的面積，大小糧倉與斗斛的容積，都是這一派測量的對象。

第二派，測量日影以定四季的分野、晝夜的長短和日出日沒的時間，並且測定當時地球所處的方位。訂立每年正月初一和春分、秋分、夏至、冬至的確實時間，以及閏月、閏日該設置在何年、何月之中。

第三派，製造各種器具，作為天地間各項行事的準則。作渾天儀，以標明日月及五星的運行方位；作樂器，推演八類樂器的音調，各為它們定下標準音；作自鳴鐘，以推知時刻，方便人們利用，以祭祀上帝。

第四派，費心經營水、土、木、石這些工程。如建築城牆和樓臺、宮殿，測量棟樑、屋宇的大小，疏浚河川，引注泉水，建造橋樑等。這些營建工程，不但講究外觀修飾的華麗，更要求成品的堅固，即使經歷了千萬年，都不致傾頹毀損。

　　第五派，善於製造小巧精妙的機械，用很小的力量就能轉動龐大的物體，將它們提升到高處或移到遠方，用來搬運糧食與灌溉農田，又能讓河畔的水位降低或升高，以使船舶上下。這類機器，有的是借用風力，有的是借流力，也有的用絞盤、滑輪，或桅桿、吊車，或空氣壓縮的力量。

　　第六派，以視覺能力觀察物體形勢。利用遠近距離、正斜角度和高低位置的差別，照著物體外觀的形狀，在平面圖上，繪出立方體或球形體的視角度，以測出遠處物體的度量和真正形狀。將物體畫小了，等於視野無形中擴大；將距離畫近了，等於眼睛看得更遠；畫得圓，就像真的見到球體。畫出來的人物圖像有立體感，畫出來的屋室也有光線明暗的分野。

　　第七派，偏重地理輿圖。從包括山嶽海洋的世界全圖，到本國、鄰國，與四海的區域圖，海中的各個島嶼，四境外的每個國家，與本國的每一州里、每一郡縣，全都很清楚地畫在分區地圖上，看天下形勢，就好像看自己的手掌五指一樣。地形總圖與圓天相對應，各幅區域圖與總圖相接續，總圖與分圖的比例都有一定，都不錯雜、不紊亂；如此就可以用地圖的比例尺，推算出土地、海洋的面積大小了。由小幅地圖，可推知國土面積的廣大；由眼前的平面圖，可推知遠處城鎮的方位。不會誤導觀者的判斷，真是海陸旅行者的最佳指南呀！

上述七派，都可說是幾何學中的正統流派。至於其他家數，無論大小、盛衰，都是借著幾何學的理論，來建立他們的學說的。

一般說來，從政治國，一定要熟悉四境的形勢、友邦距離的遠近、該國領土的大小，才可進一步討論建立邦交，議定二國交往的禮儀，以備發生意外時知所應對。如果不先做瞭解，就會對他國產生誤解，不是毫無道理地畏懼它，就是大意地輕看它。

如果為政者不計算本國的生產與消耗、收入與支出、錢幣與穀物等的一般狀況，就不能訂出完善的經濟政策。一個人如果不瞭解天象徵兆，卻只相信別人的傳言，就容易為騙術所迷惑。

農人不能預見天候節氣的變化，就不能適時播種各類作物，就無法儲存糧食，以防備旱災水患的來襲，國家也將因此面臨困境。

醫生如果不知道日月五星運行的方位，會對人體產生不同的引力，進而影響病情，就隨意調配藥方，如此一來，對病情非但毫無幫助，而且會有大害。所以我們常見，有些人雖是小病微恙，卻用再多的神奇妙藥也治不好，年輕輕的或身強力壯，就夭折早逝了。這都是不明白天時影響人體的緣故呀！

商人如果不明白稽核財物出納的方法，那麼各種商品的買賣、本息的進出、貨稅的比例，都會混淆不清。用心不良的，可能趁機欺騙自己的夥伴，或者為夥伴所欺，這些都是不好的結果。

現在沒有太多時間詳述各派幾何學家，以及用幾何學做事的實例。不過，兵法這一派，管的是國家大事，影響國家的安危，仰賴幾何學的地方也更為深切。所以睿智勇猛的將領，一定要熟悉幾何學，不然的話，即使再勇猛睿智，都不能發揮才能。《周禮・天官》中的

時日之類的學問,不正是良將應該學習的嗎?

　　良將最需知道的,第一是計算軍士、馬匹、糧草的多寡,戰地距離的遠近,和戰場的寬狹、地形的險阻平曠、攻守的難易。 第二要算計布列陣營的最好方法。 或者用自衛式的圓形陣營,偽裝己方軍力薄弱;或者用前尖後廣的角形陣營,顯示軍力的強盛;或者擺出布袋狀的缺月陣營來包圍敵軍; 或者用長矛直衝式的銳勢陣營來衝散敵人。 第三,對於攻城守禦的輔助械具,考量清楚它的長處,並且逐步加以改進,就能永遠都保有最新式的武器了。 我們看看各國史書裡的記載,哪一個戰爭中得勝或守禦堅固的將領,不是借助改良過的新巧器械呢?如果只憑武力,以人多戰勝人少,以力強戰勝力弱,那有什麼可貴的? 想要用寡弱的兵力來戰勝強盛的大敵,除了聰明睿智外,器械的神奇助力也是不可或缺的。

　　以我所知,我們西歐各國,在一千六百多年前,天主教還未盛行時,各個諸侯國大多相互兼併。 在那種時代,常有睿智之士,用很少的兵力,堅守孤危的城市,抵禦十倍敵軍的水陸夾攻,卻能安然解圍。 那種情形,也恰如中國發生在周朝的一次有名戰例一樣:墨翟和公輸般在楚王面前,表演九次攻城,九次禦敵,墨翟的守禦始終占上風。 他們用什麼方法能如此厲害呢? 只不過是熟於幾何學罷了。

　　由此可知,幾何學能幫助治國,範圍甚廣,而且被殷切地需要。 所以,有心經略世事的俊傑人士,前前後後的有關著作,不絕於世,而且每每增益詳盡的解說,論撰也非常豐富。

　　到了中古時代,西歐學界崛起了一位名叫「歐幾里得」的人傑。他的幾何學不但超越了前輩大師,也為後學開創了新天地,他的聲望

學問因此更為響亮。他的學說創見非常多，也非常精闢，平生所有的著作理論，後人竟連一個漏洞都找不出。其中《幾何原本》這部書，更是精確而適當。書名《原本》，是為了說明幾何學原來的根本，所以歐氏的所有學說論據，也都從這本書中的論證引申出來。後來的人一致認為：歐氏的書都比別人的精闢，而《幾何原本》這部書又比他本人更為有名，所以乾脆將書名改稱《歐幾里得原理》，或直稱《歐幾里得》而不名其原稱了。

仔細研討這本書的內容、編排次序，就會發覺，它真是完美無缺啊！

在每一道論題的前面，都先標明該論的界說定義，再設立公論和論題依據，最後才寫出論題程序。每一道論題都有正解，有作法，有推論；前段的論證，一定可作為後段的依據。在十三卷裡，五百多道論題，都是一貫相通的，前卷與後卷，上題與下題，都相互緊密結合，先論證的題卷不能放在後頭，後卷的論題也絕不可先行解析。一卷一卷，一題一題，交相承接，直到卷末都連續不斷。

每一道論題的解析，都是由非常淺明具體的說理做開頭，漸漸由這些論證，證到後段的理論，到末了竟然能發掘出非常深奧微妙的道理。如果不管這一道題而先看後面的一兩題旨義，就會認為它的論證定義不太合理，甚至難以置信；可是依據上一題的論證一層一層地推闡印證，一道一道的例證發蒙，就會覺得它的理論非常清楚，具體得像觀察眉毛一樣可靠，往往令讀者會心地失聲笑了起來。

一千多年來，確有不少好勝善辯的學者，一輩子鑽研考究《幾何原本》，卻始終找不出它的缺點。至於研究幾何學的人士，即使是天

縱英才,也不能不倚賴它的論證來闡述自己的學說。如果不明瞭它的義旨,卻想教授幾何學,不但學生無法領會教師的理論,教師自己也會不知如何啟口。

西歐的幾何學派有數百家之多,所寫的有關書籍不下數萬卷,都是用這本書作為立論依據。如果用別的書為證,一定要標明那本書的名稱細目,可是用這本書為證,只要說「第幾卷、第幾題」即可。可見這本書對於幾何家來講,已如日常飲食一般重要而普遍了。

到了現在,又出現了一位睿智的學者,那就是我的幾何學老師丁先生。他開拓了幾何學的範疇,有了更多的著作。我以前在地中海遊學時,在許多國家遇到過許多幾何學家,他們都對丁先生推崇備至,異口同聲地說:「以後情形如何,我不知道;不過到現在為止,幾何學界裡,丁先生是獨一無二的大師!」丁先生潛心鑽研《幾何原本》已經很久了,曾耗費一番心血替它作了集解,後來更推究旨意,作為兩卷的補編,與原本合起來是十五卷。在每卷之中,都因著它的義理類別,分別設立新的論述,才使得這本書真正達到了詳盡完備、一無掛漏的地步。要拿它作為後學者的津梁,是再也不會有缺憾了!

我來到中國以後,也曾遇見過研究幾何學的人士。這些學者與他們的作品,相信不在少數,可是我卻不曾看過像《幾何原本》這麼完美的論證。他們既缺乏最基本的理論,當然就不容易有創見;即使很難得地有些發現,也不能推論明白這些發現的依據。因此,對於自己正確的發現,無法表達清楚而使人明白;有錯誤的地方,別人也不能替他們分析辨正。有鑑於此,所以我興起了翻譯《幾何原本》的念頭,或許能對有心人稍有助益。希望諸位賢達,體諒我的用心,相信

我這遠來人的誠摯心意。

但是我的學識淺薄，加上中國和西歐的文字完全不同，所以翻譯起來，很難達意。雖然我會說些中國話，可是要寫成文字，就非常困難了。自從有心譯作以來，也常遇到有心人士的幫助，卻斷續中止了三次。唉！運用文字描述物象的輪廓，本來是很簡單的事，竟然這麼難辦。俗話說「開頭難」，實在是不假呀！不過，我也相信「有志者事竟成」，怕煩不做，才永無成功的可能！

萬曆二十八年（一六〇〇），我帶了一些精巧的機械器具，獻給當今皇帝，順便就在京城住了下來。三十一年（一六〇三）冬，蘇州人徐光啟太史也到京城來。徐太史不但文筆很好，而且是我在南京認識的朋友，當時我就想，如果能和他一起翻譯《幾何原本》，應該容易多了。所以就等待機會，向他提議。到了新春，朝廷在南宮祭天時，他被選為翰林院庶吉士，那時我也常在宮中藏書館看書，所以偶爾和他見面聊天。起初多半談論有關天主救世的道理和靈修認識真主的大事，不暇說到翻譯書籍這類瑣屑的小事。去年秋天，他主動問到西方的教育概況，我才用具體的格物事例回答他。後來又談到了幾何家的學說，我告訴他《幾何原本》的精奧處，而且提及翻譯的困難和時譯時輟的情形。

徐太史聽了，頗有興趣地說：「中國先賢曾經說過：『讀書人要廣泛求知，即使只有一件事情不知道，也可說是讀書人的羞恥！』現在幾何學說已經失傳了，從事研究的人都各自在暗中摸索，實在令人難過。既然有這麼一本經典之作，又承蒙你這麼謙虛地想要傳授給我們，我們怎能因為怕煩怕累，就與它失之交臂，一去不返呢？唉！如

我逃避困難，困難會愈積愈多；我面對它，克服它，它自然會消失無蹤。這本書一定能翻譯成功！」

於是徐太史準備紙筆，由我口述，他譯為文字。每一句文意，都反覆再三地修改，務求合乎原書本意。最後，還用漢文將全部譯稿重新修訂，總共改了三次才定稿。

徐太史很用心，我也就不敢偷懶。到今年春初，終於將最重要的前六卷譯完了，而且《幾何原本》的真正意義，也都能完全表達出來。至於丁先生增補的卷數，只在譯注前略微談及而已。徐太史興致方濃，想要一道譯完它，我建議說：「可以了。我們先將譯完的部分出版，讓有心人學習，如果真的有用，以後再慢慢譯完其餘九卷。」徐太史也表贊同地說：「好吧！如果這本書真的能為大家所接受，也不必非在我手裡譯完不可！」於是停止翻譯而付印，希望能早日出書而不致冷藏無用。

書版刻好以後，我寫了篇大意，放在書前。想想自己的文章實在不行，哪敢奢望躋身於著作之林呢？只是稍微敘述一下本書的旨意大要和翻譯的經過緣由，讓有心的讀者知道，要將這種經典理論翻譯翔實，實在不易，只有同心協力，才能完成大事。同時也希望這本書，對於從政濟民的人士，在經世實務上有些許幫助。前文所說的百種家派，都能擷取它們的優點，為國家開創建設立下功勞，也算是我們這些寄旅京師的外邦人，備受照顧之餘，所能回報的些微心意了。

萬曆三十五年（一六〇七），義大利人利瑪竇謹書。

（黃復山／編寫整理）

《天工開物》序
宋應星

　　宋應星（一五八七——一六六六），字長庚，明江西奉新人，約卒於清世祖順治年間。他是一位偉大的科學家，著有《天工開物》，這部書記載了許多古代的農、工技術，是研究我國科學史的重要典籍。此外，他還有不少著作，可惜大都失傳了。直到近年，才又發現《野議》《思憐》等作品，這些都是思想性的著作，可以看出他的憂國情操和批評精神。

背景

　　古代中國雖有不少科學技術發明，但因傳統觀念的輕忽，將所有的器物製作視為淫巧末技，以致科學無法獲得良好的發展環境，至於有關科技的著作，也因工匠地位的卑下和被士人視為風雅餘事的緣故，而不受到尊重，所以流傳得並不廣泛，散失亡逸的情形相當嚴重。這便給世人造成「中國沒有科學」的錯誤印象。

　　明代末年，出現了一位偉大的科學家，那就是《天工開物》的作者——宋應星。他出身於一個科第很盛的家族，自曾祖父宋景起，代代都有人中舉，神宗萬曆四十三年（一六一五），宋應星與兄宋應升同中舉人。然而宋應星對於當時深受八股取士影響的學術風氣十分不

滿,因此花費心力撰作《天工開物》一書,希望借此矯正世俗重文輕工的態度。

《天工開物》刊行於崇禎十年(一六三七)。這是一部包羅萬象,綜合傳統科技的偉大著作。此書的書名來歷,作者沒有加以說明,徐益壽認為出自《書經》的「天工人其代之」和《易經》的「開物成務」二語。丁文江則以為書名乃取義於「物生自天,工開於人,曰天工者,兼人與天言之耳」。一就經典考名,一自書名究義,二說其實相通而不悖。此書分上、中、下三卷,一共十八篇,包括各種農、工生產的技術,是作者經過十幾年的實地搜羅和觀察,以自己見解作成有系統的記載。各篇附有圖片,共一千一百一十一種,可補文字說明之不足。

影響

《天工開物》於明末刊行兩次後,除《古今圖書集成》和《授時通考》引載部分外,在中國本土便不見流傳了。像這麼一部重要的科技著作,竟然受到如此的冷落,足見古代中國科學發展是如何困難了。不過此書幸運地傳入日本,因而得以保存至今。

《天工開物》在日本曾經兩次正式刊行,並有許多抄本流傳,又有不少學者引用於科技著作內,其受重視的程度,根本不是國人所可企及的。到了民國初年,在丁文江、章鴻釗、羅振玉的努力尋訪下,失傳了二百多年的《天工開物》,才自日本傳回中國,重與國人見面。該書對於近年的科技史研究有很大的貢獻。

大歷史・大文章 近代篇　57

原　文

　　天覆地載，物數號萬，而事亦因之，曲成而不遺，豈人力也哉[1]？事物而既萬矣，必待口授目成而後識之，其與幾何？萬事萬物之中，其無益生人與有益者，各載其半；世有聰明博物者，稠人推焉。乃棗梨之花未賞，而臆度楚萍；釜鬵之範鮮經，而侈談莒鼎[2]。畫工好圖鬼魅而惡犬馬，即鄭僑、晉華，豈足為烈哉[3]？

　　幸生聖明極盛之世，滇南車馬，縱貫遼陽，嶺徼宦商，衡遊薊北。為方萬里中，何事何物，不可見見聞聞。若為士而生東晉之初，南宋之季，其視燕、秦、晉、豫方物，已成夷產；從互市而得裘帽，何殊肅慎之矢也[4]？且夫王孫帝子，生長深宮，御廚玉粒正香，而欲觀

---

1 曲成而不遺：萬事萬物隨機應變而成其形態或道理，不為他物所拘牽。《易經・繫辭》：「曲成萬物而不遺。」孔穎達疏：「曲成者，乘變以應物，不繫於一方者也。」
2 棗梨：交梨、火棗，古人說是神仙所食的仙果、仙丹。《真誥》：「玉醴金漿，交梨、火棗，此則飛騰之藥，不比金丹。」楚萍：指楚昭王所獲得的萍實。《孔子家語・致思篇》：「楚（昭）王渡江，江中有物，大如斗，圓而赤，直觸王舟。舟人取之。王大怪之，遍問群臣，莫之能識。王使使聘於魯，問於孔子。子曰：『此所謂萍實者也，可剖而食之，吉祥也。唯霸者為能獲焉。』」莒鼎：指晉平公送給子產的方鼎。《左傳・魯昭公七年》：「晉侯（平公）有間，賜子產莒之二方鼎。」
3 畫工好圖鬼魅而惡犬馬：指俗人喜歡虛妄不實的事物，不明白是非標準。《韓非子・外儲說左上》：「客有為齊王畫者，齊王問曰：『畫孰最難者？』曰：『犬馬最難。』『孰易者？』曰『鬼魅最易。夫犬馬，人所知也，旦暮罄於前，不可類之，故難；鬼神無形者，不罄於前，故易之也。』」罄，見的意思。
4 肅慎之矢：肅慎，春秋戰國時期，北方夷狄之國，古亦稱息慎、稷慎，周始稱肅慎。其疆域傳說不一，大概在今黑龍江牡丹江市寧安市以北，直至沿混同江南北岸一帶。《國語・魯語下》：「肅慎氏貢楛矢。」《三國志・魏書》：「（甘露三年夏）遼東郡言肅慎國遣使重譯而入貢，獻其國弓三十張，長三尺五寸，楛矢長一尺八寸……領貂皮四百枚。」

耒耜；尚宮錦衣方剪，而想像機絲[5]。當斯時也，披圖一觀，如獲重寶矣！

　　年來著書一種，名曰《天工開物》。傷哉貧也！欲購奇考證，而乏洛下之資；欲招致同人，商略贋真，而缺陳思之館[6]。隨其孤陋見聞，藏諸方寸而寫之，豈有當哉？

　　吾友塗伯聚先生，誠意動天，心靈格物，凡古今一言之嘉，寸長可取，必勤勤懇懇而契合焉。昨歲《畫音歸正》，繇先生而授梓；茲有覆命，復取此卷而繼起為之，其亦夙緣之所召哉！

　　卷分前後，乃貴五穀而賤金玉之義，《觀象》《樂律》二卷，其道太精，自揣非吾事，故臨梓刪去。丐大業文人，棄擲案頭，此書於功名進取，毫不相關也。

　　時崇禎丁丑孟夏月，奉新宋應星書於家食之問堂。

《天工開物》

譯　文

　　上天覆蓋之下，大地承載之上，物的種類稱得上有萬種之多，而萬事萬物隨機變化，成為各種形態或道理，而一點也沒有遺漏，難道是人力造成的嗎？事物既然有上萬種那麼多，必須等到別人的口頭講

---

[5] 玉粒：即精米。《北齊書・顏之推傳》：「襄陽阻其銅符，長沙閉其玉粒。」尚宮：女官名，唐因隋制，置尚宮局尚宮二人，掌導引中宮，總理宮務。

[6] 乏洛下之資：缺乏錢財，此借用洛陽紙貴的典故。《晉書・文苑傳》：「（左思）欲賦三都……移家京師，乃詣著作郎張載，訪岷邛之事。遂構思十年……及賦成……（皇甫）謐為其賦序，張載為注魏都，劉逵注吳、蜀而序之。……張華見而歎曰：『班（固）、張（衡）之流也。』……於是豪貴之家競相傳寫，洛陽為之紙貴。」

述和自己親眼見到,然後才瞭解,那能知道多少呢?萬事萬物之中,對人生沒有好處和有好處的,各占一半;世上有聰明博通事物的人,必為眾人推崇。 但是連交梨、火棗都沒有看過,就想揣度楚王得萍實的吉凶; 連釜鬵的模樣都沒有見過,就想大談莒鼎的真假。 畫圖的人喜歡畫未曾見過的鬼魅,而討厭畫實有其物的犬馬,那麼就算是鄭國的子產、晉朝的張華,又有什麼值得稱美的呢?

幸運地生在聖明強盛的時代,西南地區雲南的車馬,可以直通東北的遼陽,嶺南邊地的遊宦和商人,可以橫遊河北一帶。 在這萬里的區域內,有什麼事物不能耳聞目見呢?如果士人生在東晉初期或南宋末葉,他們會把河北、陝西、山西、河南的土產看成外國的產品;與外國通商所換得的皮裘、帽子,和古代得到肅慎國進貢的弓矢,又有什麼不同呢?而帝王的子孫,在深宮中長大,御廚裡正飄著米飯的香味,卻想觀看種田的農具; 宮女正在剪裁華美的衣服,卻想像著機杼織布的情形。 在這個時候,打開圖案一看,不就像獲得至寶一樣嗎?

近年來寫了一部書,名叫《天工開物》。 可惜家中太窮困了,想購買一些奇巧的東西,卻缺乏錢財;想要召集嗜好相同的朋友,討論物品的真假,卻沒有招待的館舍。 只能照著藏在心中的孤陋寡聞寫出來,難道很妥當嗎?

我的好友塗伯聚先生,誠意可以感動上天,心智可以探知事理,凡是古往今來的簡短嘉言,有一點可取的,一定誠心誠意地照著去做。 去年,我所寫的《畫音歸正》,就由先生印刷,現在又有吩咐,要接著印刷這一部書,這種情誼或許是前世因緣所帶來的吧!

書分成前後兩卷,是以五穀為貴而以金玉為賤的意思,《觀象》

《樂律》兩卷,其中的道理過於精深,自量不是我能勝任的事,所以在將要印刷時,把它刪去。追求功名的文士,可以將此書丟棄在桌子上,因為這書和進取功名一點關係也沒有。

明思宗崇禎十年(一六三七)四月,奉新宋應星寫於家食之問堂。

(蔣秋華/編寫整理)

即位詔
李自成

　　李自成（一六〇六—一六四五），本名鴻基，陝西米脂雙泉里人。他勇猛有才略，卻氣盛好鬥，明思宗崇禎初，投闖王高迎祥。高死後，他繼稱闖王，聲勢漸大。後稱帝於西安，建國號曰大順，更名自成。復率眾東趨，勢如破竹，遂攻陷北京。思宗自縊，明朝因而滅亡。吳三桂引清人入關，大敗自成。自成西走，於九宮山為村民所殺。他一身關係明、清兩朝的興亡。

背景

　　明朝自中葉以後，就不斷有人民起事，雖然大都迅速討平，卻帶給朝廷很大困擾。神宗末年，由於滿洲人的興起，連年征戰，以致糧餉不敷運用，乃不得不加重稅賦，使得人民生活倍加困苦。恰巧又碰上連串的災荒，收成欠佳，不夠完糧納稅。饑餓的民眾無以為生，遂鋌而走險，嘯聚為盜。這種情形以陝西、山西最嚴重。朝廷派遣軍隊征剿，反因發不出薪餉，激起軍隊譁變。叛軍與饑民結合，使亂事擴大。他們一同搶掠，四處逃竄，成為「流寇」。他們之所以不停地流動，一方面是躲避官軍的圍捕，一方面則尋找災荒較輕的地區就食。

　　亂軍之中，起初以高迎祥的聲勢最為浩大，他自稱「闖王」，率

領群雄,與官軍周旋。後來高迎祥雖被擒殺,張獻忠、李自成卻繼之而起,繼續與官軍對抗。由於朝廷剿撫的政策搖擺不定,將領又養敵自重,不肯盡力清剿,所以亂事一直無法平定,反軍的勢力反而日益坐大。思宗崇禎十六年(一六四三),繼稱闖王的李自成攻陷西安,在謀士牛金星、李岩的輔佐下,於次年稱帝,建號大順,改元永昌,設置官吏,大封功臣。

影 響

　　本篇是李自成即位時發佈的詔書。文中指斥明朝君臣不能體恤百姓的罪過,確實道出了當時的弊病癥結。然而,最可注意的是,文中他以招服的口吻,曉諭明朝的君臣,已充分反映出他的一統野心。

　　李自成稱帝之後,不久便攻下北京,迫使思宗自縊身亡,結束了明王朝的統治。不過,他雖然直接造成明朝的滅亡,卻還來不及統一全國,便為吳三桂引入的滿洲人所敗,間接促成異族入主中國。

　　不過在對抗清人的過程中,義軍餘部又扮演了很重要的角色,高傑、李定國、孫可望等人,原本就是李自成、張獻忠的手下大將,由於他們奮勇抵抗,使得清人無法在短時期內統一中國。

原 文

　　上帝鑒觀,實維求瘼;下民歸往,祇切來蘇。命既靡常,情尤可見。粵稽往代,爰知得失之由;鑒往識今,每知治忽之故。茲爾

明朝，久席太寧，浸弛綱紀。君非甚暗，孤立而煬蔽恆多；臣盡行私，比黨而公忠絕少。賂通官府，朝端之威福日移；利擅宗紳，閭左之脂膏殆盡。肆昊天聿窮乎仁愛，致逃民爰苦於祲災。

朕起布衣，目擊憔悴之形，身切恫瘝之痛，念茲普天率土，咸罹困窮，詎忍易山、燕水，未蘇湯火[1]！期於恆、冀，綏靖黔黎[2]。猶慮爾君若臣，未達帝心，未喻朕志，是以質言正告：爾能體天念祖，度德審幾，朕將嘉惠前人，不吝異數——如杞如宋，享祀永延，用彰爾之孝；有室有家，民人胥慶，用彰爾之仁[3]。凡茲百工，勉保乃辟，抑商孫之後祿，慶嘉客之休聲[4]。克殫厥猷，臣誼靡忒。

惟今詔令，允布腹心。君其念哉！罔怨恫於宗工，勿貽危於臣庶。臣其慎哉！尚效忠於君父，賡詒谷於身家。永昌元年，謹詔。

《清代通史》

譯文

上帝審視下民，為了求得民間疾苦；百姓歸附順從，誠心盼望獲得解救。天命既然不一定，民心的向背卻是可以清楚地看見。考察

---

1 易山、燕水：指河北地區，是明代北京近畿之地。易山，山名，在天津薊縣東南。燕水，水名，有中易、北易、南易之分，均出河北易縣境內。
2 恆、冀：也指河北地區。恆，恆山，在河北境內。冀，河北簡稱。
3 異數：異於尋常的禮遇，指對於退位君主的優待。如杞如宋：周武王滅商以後，封夏的後代於杞，封商的後代於宋，藉以表示興滅繼絕的美意。
4 商孫：殷商的後代。《詩經·商頌·那》有「湯孫」，指商湯的後代，而「湯孫」即「商孫」。」慶嘉客之休聲：慶賀嘉客的美妙樂聲。《詩經·商頌·那》：「鞉鼓淵淵，嘒嘒管聲。既和且平，依我磬聲。於赫湯孫，穆穆厥聲。庸鼓有斁，萬舞有奕。我有嘉客，亦不夷懌。」嘉客，助祭者。《那》是一首祭祀商湯的詩，此處所引部分，乃描述祭典中演奏禮樂的情形。

從前的朝代，可以知道施政適當和不當的原因；觀察過去的事，可以知道未來，因而經常發現治理疏忽的原因。明朝久居太平，法紀漸漸鬆懈。君主並非十分昏庸，卻因孤立而經常被蒙蔽；臣子全都營私舞弊，成群結黨，因而公忠體國的人非常少。賄賂通行於官府，君主的權力慢慢轉移；利益專攬於縉紳，鄰里的血汗產物幾乎被榨乾了。因此，上天斷絕了對人間的慈愛，以致百姓受到很大的災害。

我原是一個平民，親眼看到人民困苦的情形，親身體會深沉的痛苦，想到全國各地都遭受如此的困苦，怎麼忍心讓近畿一帶的百姓陷身水深火熱之中，因而親自來到這裡安撫老百姓。尚且擔心你們君主大臣不能通曉我的心意，還不瞭解我的志願，所以嚴正地告誡：你們如果能體會天意，顧及祖先，衡量自己的品德，審察實際的情況，我會造福前朝的人，給予不同於平常的禮遇——就像（夏）杞、（商）宋一樣，長久地享受子孫的祭祀，以表現你們的孝思；保有家室，和人民一同慶祝，以表現你們的仁愛。所有的官員，盡力保護你們的君主，讓明室享受爵祿，足以舉行祭祀祖先的禮樂。盡力發揮你們的智謀，不可變更了臣子的情義。

現在這項詔令，開誠佈公地表達我的心意。做君主的要多想想啊！不要使大臣怨恨，不要危害臣民。做臣子的要小心啊！還要盡心效力於君主，才會繼續賜福給你本身和家人。永昌元年（一六四四），敬謹地詔告。

（蔣秋華／編寫整理）

上攝政王啟
范文程

范文程（一五九七——一六六六），字憲斗，明清之際遼東瀋陽（今屬遼寧）人。范文程在清太祖時投歸清人，甚得太祖、太宗信任，凡有章奏，皆由他代批。世祖即位，他首先倡議進窺中原；入關之後，一切典制、計畫，如去苛捐、加封爵、崇諡號……皆其手定，可說是清初一大功臣。卒諡文肅。

背景

自從努爾哈赤以「七大恨」（一，殺父祖之仇；二，明朝處置不公；三，明朝背盟；四，明朝助北關拒建州；五，明朝兵助葉赫；六，明朝不許清人刈獲；七，明朝作威作福）誓師，企圖取明而有天下之後，太宗、世祖，也莫不時時覬覦著，歷年來不知發生過多少戰爭。幸而有熊廷弼、袁崇煥、孫承宗等人竭力死守，再加上號稱「天下第一關」的山海關，阻絕了清人的大軍，明朝才得以苟延殘喘。

在此期間，清太宗銳意規劃，先行平撫了蒙古、察哈爾、朝鮮等地，穩固了根基。到世祖初年，兵甲堅強，府庫充實，便積極展開了侵略的步驟。而此時的明朝，在閹宦弄權、君主忌刻之下，盜賊蜂起，自壞長城，情況更不如從前了。一強一弱，形勢之分明，早已註

定明朝滅亡的命運。

影 響

　　清世祖元年（一六四四），清軍大舉南下，范文程這封啟文，實在是最大的關鍵。在文中，他詳細剖析了兩國強弱的形勢，以及各種招攬人心的方針，等於替清人擬下了必勝的決策，相信即使明代不亡於流寇，也將不免亡於清人。

　　本來，清人估計在山海關一役，必將有一番苦戰。誰料到，師行途中，李自成攻陷了北京，吳三桂又因陳圓圓之故，向清人輸款求援，大開山海關門。於是，侵略之舉一變而為弔民伐罪之師，而山海關一役，清人不費吹灰之力便獲勝了。

　　從此，明幟易為清幟，二百六十八年的統治便於焉開始了。

原 文

　　乃者有明，流寇踞於西土，水陸諸寇，環於南服，兵民煽亂於北陲，我師燮伐其東鄙，四面受敵，其君若臣，安能相保耶？顧雖天數使然，良由我先皇帝憂勤肇造，諸王大臣祗承先帝成業，夾輔沖主，忠孝格於蒼穹，上帝潛為啟佑，此正欲攝政諸王建功立業之會也。

　　竊惟成丕業以垂休萬禩者此時，失機會而貽悔將來者亦此時。何以言之？中原百姓蹇罹喪亂，荼苦已極，黔首無依，思擇令主以圖樂業。雖間有一二嬰城負固者，不過自為身家計，非為君效死也。是則

明之受病種種，已不可治。河北一帶，定屬他人，其土地人民，不患不得，患得而不為我有耳！

蓋明之勁敵，惟在我國，而流寇復蹂躪中原，正如秦失其鹿，楚漢逐之。我國雖與明爭天下，實與流寇角也。為今日計，我當任賢以撫眾，使近悅遠來，蠢茲流孽，亦將進而臣屬於我。彼明之君，知我規模非復往昔，言歸於好，亦未可知。倘不此之務，是徒勞我國之力，反為流寇驅民也。夫舉已成之局而置之後，乃與流賊爭，非長策矣！

曩者棄遵化、屠永平，兩經深入而返[1]。彼地官民必以我為無大志，縱來歸附，未必撫恤，因懷攜貳，蓋有之矣。然而，有已服者，有未服宜撫者，是當申嚴紀律，秋毫勿犯。復宣諭以昔日不守內地之由，及今進取中原之意，而官仍其職，民復其業，錄其賢能，恤其無告，將見密邇者綏輯，遙聽者風聲自翕然而向順矣！夫如是，則大河以北，可傳檄而定也。河北一定，可令各城官吏，移其妻子，避禍於我軍，因以為質；又拔其德舉素著者，置之班行，俾各朝夕獻納，以資輔翼。王於眾論擇善酌行，則聞見可廣，而政事有時措之宜矣。

此行或直趨燕京，或相機攻取，要於入邊之後，山海、長城以西，擇一堅城頓兵而守，以為門戶，我師往來，斯為甚便，惟攝政王察之。

《東華錄》

---

[1] 兩經深入而返：清人在入關以前，曾兩次入犯北京。第一次在崇禎二年（天聰三年，一六二九），大軍直薄北京城下，袁崇煥、祖大壽自山海關兼程來援，清兵才退去。第二次在崇禎三年（一六三〇），直打到盧溝橋，但恐孫承宗率山海關兵來援，因而議和退去。兩次孤軍深入，都因山海關道路未通，大軍不能南下，因而作罷。這是形勢逼人，「昔日不守內地」的真正原因在此，絕非其後所謂的弔民伐罪云云。

譯 文

　　現在明國有流寇盤踞在西邊，水陸群盜環繞在南方，北方邊境又有軍民叛亂，而我軍正協同攻打他們東邊的城鎮。在四面受敵的情勢下，他們君臣等人，又怎能互相保全呢？雖說這是因為明朝的氣數已盡，但更是由於我先皇皇太極憂心勤奮地創建國家，而諸位王公大臣又能誠敬地秉承先皇的大業、輔弼年幼的君主，因此忠孝之心直達蒼天，感動上帝在暗中保佑著我們，這正是要攝政及諸王建功立業的大好時機呀！

　　我認為建立大業以享有萬世福祉正在此時，而失去大好機會以致將來後悔也在此時。怎麼說呢？中原百姓經歷了艱苦的戰亂，痛苦已經到達極點了，百姓無可依靠，都希望能找到良好的君主，以使他們安居樂業。雖然偶爾有一兩個依恃堅固的城池，力圖頑抗的人，也無非是為個人身家性命著想，而不是為君主實力效命。由此可見明朝的種種弊病，已到無藥可救的地步了。河北一帶一定將為他人所有，那裡的人民、土地，不必擔心得不到，只怕得而復失，不能長期為我們所擁有而已！

　　明朝的最主要敵人，只有我國；而流寇居中又蹂躪中原，這情況正如同秦朝失去人心，楚、漢二雄起而互相爭逐。我國雖和明朝爭奪天下，實際上流寇才是我們競爭的對象。為今之計，應該任用賢人以安撫百姓，使近者悅遠者來，即使像那些愚昧的流賊，也將歸順臣服於我們。而明朝的君主知道我們的勢力和從前大不相同了，想跟流

寇言歸於好，也說不定。假如不在這方面努力，將徒然耗費我國的力量，驅使百姓投向流寇呀！對已成定局的大事業棄而不顧，反而去跟流寇作無謂的爭奪，這絕不是好計策！

　　過去我們放棄遵化、屠滅永平，兩次深入內地又回來。那些地方的官民一定認為我們胸無大志，縱使投降歸附，也未必能得到優渥的撫恤，因而三心二意，胸懷異志，是免不了的。但是，有些已經歸順的，有些尚未歸順而應該安撫的，這些都應該嚴格申明紀律，一切不許有所侵擾。同時再宣告從前不堅守內地的原因，以及現在我們進取中原的大志。官吏依舊居於原有的職位，人民都回復到自己的本業，進用賢能的人，撫恤窮苦的百姓。這樣的話，將會使近處的人立刻綏服，而遠方的人聽到風聲，也就自然而然地歸順了。這樣的話，黃河以北，只要傳佈一道檄文，就可以底定了。河北一旦底定，就可以命令各城的官吏，將他們的妻子移送到我軍來避禍，我們可以拿他們當人質；同時拔擢那些平常就具有聲望的人，置之於朝廷的行列，使他們早晚都能貢獻智慧，以輔佐我們。諸王在眾人的意見中，則選擇最好的斟酌而行，這樣，見聞可以增廣，而政治措施也就能因時制宜了。

　　這次揮軍南下，或者是直奔北京，或者是相機行事。最重要的是，在進入邊境之後，立刻在山海關及長城的西側，選擇一座堅固的城池，派重兵駐防，作為出入的門戶，我軍往來，將有很大的方便。希望攝政王仔細考慮一下。

（林保淳／編寫整理）

薙髮令
福臨

這三道「薙髮令」,是由多爾袞和清世祖福臨發佈的。清兵入關前後,多爾袞是握有實權的人,天下底定,大抵皆是他的功勞。世祖福臨,年號順治,在位共十八年(一六四四—一六六一),是清人入關後的第一個皇帝。

福臨像

背景

這三道有關薙髮的詔令,前後顯然相當不一致,個中原因,自然是清初統治者深悉中國人的傳統觀念,處心積慮所作的安排。

在中國人的傳統觀念中,自孔子稱讚「微管仲,吾其被髮左衽矣」之後,衣冠服飾便成為涇渭分明的夷夏之別。因此歷代異族入主中原,都不敢在衣冠服飾上有強迫變更之舉,一旦有之,必招致強烈的反抗。如元朝之盡變華夏衣冠,便成為明初群雄據以號召中原人民的藉口。如宋濂的《喻中原檄》:「達人志士,尚有冠履倒置之嘆。」徐達的《平胡表》:「崇編髮而章服是遺,紊族姓而彝倫攸斁。」都是令清人引以為懼的。因此,在他們併吞中原的野心尚未完成之前,絕

不肯冒天下之大不韙自取禍害。清人初入關時，也曾下過薙髮令，但立刻引起強烈的反抗。為了不功虧一簣，於是立即改弦易轍，頒佈了「照舊束髮，悉聽其便」的諭文。

但是，揚州淪陷、清廷在中原勢力已經鞏固之後，猙獰的面貌立刻顯露無遺。順治二年（一六四五）一連頒下的兩道上諭，正說明了他們的用心。當時盛傳的「留頭不留髮，留髮不留頭」的俗諺，便是薙髮令雷厲風行的寫照。

影 響

這項措施，當然招致了一連串的反抗，如歸莊糾合崑山縣民擊殺縣令閻茂才，就是由反對薙髮令而激起的。薙髮令初下，歸順清廷的士子，也紛紛表示反對的意見，但是這許多冒死請命的士人，如陳名夏，都被扣上了「蠱惑紳士，包藏禍心」的罪名，不但身死族夷，而且釀成了一場株連甚廣的冤獄。連孔子後裔孔文驃為「衍聖公」孔允植說情，認為孔家衣冠，自孔子以來二千多年，都一仍舊制，未之或改，建議朝廷「重儒尊道」，讓孔家「奉先世衣冠」，也被順治帝以「姑念聖裔，可予免死」革職參辦，可見推行的決心。想要規避薙髮令，在當時只有一個消極的辦法，那就是出家當道士或和尚，明末遺民如魏天民、方以智、呂留良之所以出家，即是如此。

從此，腦後拖著一道「豬尾巴」就成了中國人的表徵，備受西洋人揶揄和嘲諷。一直到宣統年間，詔令解除薙髮規定後，束縛了中國人二百六十多年的辮子，才逐漸消失。

原 文

一

　予前因分別順降之民，故以薙髮分順逆；今聞甚拂民願，是反乎予以文教定民之本心矣[1]。自茲以後，天下臣民，照舊束髮，悉聽其便。（順治元年多爾袞諭）

二

　江南之定，皆王與諸將同心報國所致，各處文武軍民，自應盡令薙髮，倘有不從，軍法從事[2]！（順治二年上諭）

三

　向來薙髮之制，所以不即劃一，聽令自便，蓋欲天下大定，始行此制。今者天下一家，君猶父也，父子一體，豈容違異？自今以後，京師內外，限旬日；直隸各省地方，自部文到後，亦限旬日，盡令薙髮[3]。遵依者，為吾國之民；遲疑者，為逆命之寇。若惜愛規避，巧言爭辯，決不寬恕！（順治二年上諭）

《東華錄》

---

1 薙髮：薙髮是滿洲人源自金國的習俗，從額角兩端，引一條直線，依此直線，剃去直線以外的頭髮，然後將所餘留的頭髮，在腦後交織成股，編成一條辮子，俗稱「豬尾巴」。
2 王：指清太祖努爾哈赤第十五子豫親王多鐸。這道上諭是頒給他的。
3 直隸：指今河北省。依清代制度，河北一帶直屬京師管轄，所以稱直隸。部文：指禮部的公文。這篇上諭是順治帝下令給禮部轉頒的，所以叫「部文」。

譯文

一

我之前以薙髮與否作為人民歸順或叛逆的根據，最近聽說薙髮令很違反人民的本願，這種情形，跟我欲以文德教化來安定人民的初衷相反。從現在開始，普天下的臣子、百姓，都可以依照明朝舊制留頭髮，一切聽其自便。〔順治元年（一六四四）多爾袞諭〕

二

江南底定，都是你（多鐸）和諸位將領同心協力、報效國家的功勞。各地方的文武百官、軍隊人民，都應該命令他們一律薙髮，若不遵命，以軍法嚴辦！〔順治二年（一六四五）上諭〕

三

以前有關薙髮的制度，之所以不立刻劃一規定，而聽任人民自便，實在是希望等到天下完全平定之後，才極力推行。現在天下已是一家了，皇帝就像父親一樣，父親和子弟都是一體的，怎能容許有違異的情況出現？從現在開始，京城內外各地，限令十天；直隸和其他各省，在接獲禮部公文後，也限令十天，一律嚴行薙髮。肯遵從的，才是我大清的子民；一旦有所遲疑，將視同抗命的匪寇。假如有愛惜頭髮，蓄意逃避命令，而且巧言狡辯的人，絕對不加饒恕！〔順治二年（一六四五）上諭〕

（林保淳 / 編寫整理）

致史可法書
多爾袞

多爾袞（一六一二—一六五〇），清太祖第十四子，入關之役，功勞最大。親迎世祖入關，威權盛極一時，受封為「攝政王」。清代開國伊始的制度，多半由其擬定。死後因罪被削爵，直到乾隆四十三年（一七七八）才昭雪，諡曰「忠」。

又，此文據傳出於李雯之手，雯字舒章，少與陳子龍齊名，仕清為中書舍人，一時草創詔誥皆出其手。

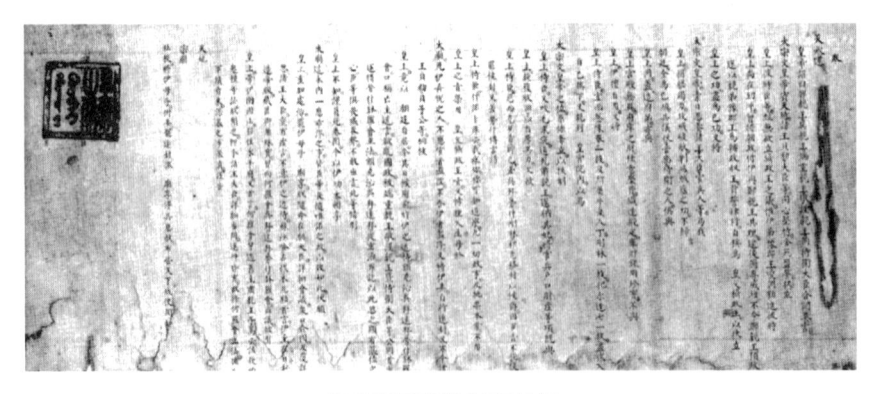

多爾袞母子撤出廟享詔

背 景

清順治元年（一六四四）四月，吳三桂開山海關，引清兵入關，

大敗李自成。清兵遂長驅入京,五月一日,抵達北京,距入關不過七天而已,而清代一統之局已經奠定。

同一天,福王被馬士英迎入南京,五月十五日,即帝位,也自成一個偏安的小朝廷。大學士史可法奉命督師淮陽,身繫南朝安危。

清廷自入據北京,頗採取了一些籠絡人心的辦法,如追諡、安葬崇禎,蠲除三餉、豁免錢糧等。這些措施,無非是為揮軍南下做準備。

七月二十九日,多爾袞致書史可法,威脅利誘,兼而有之,明顯地展露了清廷企圖統一中原的野心。

影 響

九月十五日,史可法回信給多爾袞,詞句不卑不亢,但國貧勢弱,不免有求和之意。

順治二年(一六四五)三月,清軍平定關陝,移師東征。四月二十五日,多鐸攻陷揚州,史可法壯烈成仁。五月初九,南京城破,結束了南明第一個小朝廷。

多爾袞的這一封信,事實上已敲響了明祚的喪鐘,其後雖有史可法、鄭成功等的力匡時艱,卻仍無力挽回以漢族為中心的政治主導,使漢族第二度淪入北方游牧民族統治之下,對後世的影響是空前的。

原 文

予向在瀋陽,即知燕京物望,咸推司馬。後入關破賊,得與都人

士相接,識介弟於清班;曾托其手勒平安,拳致衷緒,未審以何時得達[1]?

比聞道路紛紛,多謂金陵有自立者。夫君父之仇,不共戴天,《春秋》之義,有賊不討,則故君不得書葬,新君不得書即位,所以防亂臣賊子,法至嚴也。闖賊李自成,稱兵犯闕,手毒君親,中國臣民,不聞加遺一矢。平西王吳三桂介在東陲,獨效包胥之哭,朝廷感其忠義,念累世之宿好,棄近日之小嫌,爰整貔貅,驅逐狗鼠[2]。入京之日,首崇懷宗帝后諡號,卜葬山陵,悉如典禮[3]。親郡王將軍以下,一仍故封,不加改削;勳戚文武諸臣,咸在朝列,恩禮有加。耕市不驚,秋毫無擾。方擬秋高氣爽,遣將西征,傳檄江南,聯兵河朔,陳師鞠旅,戮力同心,報乃君國之仇,彰我朝廷之德。豈意南州諸君子,苟安旦夕,弗審事機,聊慕虛名,頓忘實害,予甚惑之!

國家之撫定燕都,乃得之於闖賊,非取之於明朝也。賊毀明朝之廟主,辱及先人,我國家不憚征繕之勞,悉索敝賦,代為雪恥,孝子仁人,當如何感恩圖報?茲乃乘逆寇稽誅,王師暫息,遂欲雄據江南,坐享漁人之利,揆諸情理,豈可謂平?將以謂天塹不能飛渡,投鞭不足斷流耶[4]!

夫闖賊但為明朝崇耳,未嘗得罪於我國家也。徒以薄海同仇,特申大義。今若擁號稱尊,便是天有二日,儼為勍敵。予將簡西行之

---

[1] 介弟:即令弟,指史可法的弟弟史可程。
[2] 包胥之哭:伍子胥伐楚,申包胥往求於秦哀公,依庭牆而哭,七日不絕,哀公遂感動而發兵救楚。這裡是說吳三桂向清廷乞師,和申包胥一樣,出於一片忠義之心。
[3] 首崇懷宗帝后諡號:清兵入關,追諡明思宗為「莊烈愍皇帝」,陵曰「思陵」。
[4] 投鞭不足斷流耶:西晉初,前秦苻堅率大軍直逼淝水,自詡兵多將廣,單是投下馬鞭,即可斷絕長江洪流。這裡採反詰語氣,表示清兵人多勢眾。

銳，轉旆東征，且擬釋彼重誅，命為前導。夫以中華全力，受制潢池；而欲以江左一隅，兼支大國，勝負之數，無待蓍龜矣[5]！

予聞君子之愛人也，以德，細人則以姑息。諸君子果識時知命，篤念故主，厚愛賢王，宜勸令削號歸藩，永綏福祿。朝廷當待以虞賓，統承禮物，帶礪山河，位在諸王侯上，庶不負朝廷伸義討賊，興滅繼絕之初心[6]。至南州群彥，翩然來儀，則爾公爾侯，列爵分土，有平西王之典例在，惟執事實圖賴之。

晚近士大夫好高樹名義，而不顧國家之急，每有大事，輒同築舍[7]。昔宋人議論未定，兵以渡河，可為殷鑒。先生領袖名流，主持至計，必能深維終始，寧忍隨俗浮沉？取捨用違，應早審決，兵行在即，可西可東，南國安危，在此一舉。願諸君子同以討賊為心，毋貪一身瞬息之榮，而重故國無窮之禍，為亂臣賊子所笑，予實有厚望焉。

《記》有之：「惟善人能受善言。」敬布腹心，佇聞明教。江天在望，延跂為勞。書不盡意。

《東華錄》

---

5 潢池：《漢書・龔遂傳》：「海瀕遐遠，不沾聖化，其民困於饑寒，而吏不恤，故使陛下赤子，盜弄陛下之兵於潢池中耳。」潢池本指小水池而言。弄兵潢池，表示其勢力不必高估，不過是饑民暴亂而已。其後，潢池便用來代表小撮的盜匪。這裡是說明朝連流寇都抵抗不了，又如何與清人抗衡。

6 待以虞賓：舜繼堯而立，國號虞，待堯子丹朱以賓禮，故稱虞賓。這裡是說若福王肯投降，清廷將援例以賓客之禮對待福王。帶礪山河：《漢書・高惠高后文功臣表序》：「封爵之誓曰：使黃河如帶，泰山若礪，國以永存，爰及苗裔。」這是說封賞功臣，即使黃河變得像衣帶一樣窄，泰山變得像磨刀石一樣小，也不會加以侵奪。多爾袞借此表示福王投降之後，仍可世受封，「位在諸王侯上」。

7 輒同築舍：《詩經・小雅・小旻》：「如彼築室於道謀，是用不潰於成。」這是說建築房屋的人，自己沒有一個主見，反而向路上的行人詢問，而眾議紛紜，因此終究無法完成。

譯 文

　　我從前在瀋陽的時候，就知道北京眾望所歸的人，首推大司馬你。後來進山海關擊潰流賊，能夠有機會和京城中的人士往來，認識位於清要之官的令弟；曾經托請他親手致信，誠懇地表達我內心的欽慕，不知道什麼時候到達你手中？

　　最近聽到路人議論紛紛，都說金陵城中有人自立為王。所謂君父之仇，是不共戴天的；而《春秋》一書的大義，在有亂賊沒有討平之前，是不能寫上「葬」字，新立的國君也不能寫上「即位」二字的；這是為了防止亂臣賊子獨攬大權，筆法非常嚴格。闖賊李自成舉兵造反，攻打京城，親手殺害了崇禎皇帝，而中國臣民卻不曾聽到有人起兵討賊的（連一支箭也未曾發過）。平西王吳三桂雖處於遼東偏遠之地，卻獨有他肯效法申包胥在秦廷痛哭的精神，向我們求救。我朝廷感念他的忠義之心，又眷顧著你我兩國數代以來的交情，因而拋棄近年來的一些小摩擦，整頓精銳的兵馬，入關驅逐了流賊這狗鼠之輩。進入京師當天，立刻加封崇禎皇帝及皇后諡號，並選擇吉日良辰，將他們安葬在「思陵」，一切都依照帝王之禮進行。親王、郡王、將軍以下的明朝宗室，仍舊承襲以前的爵位，不曾加以改變或削除；而功臣、外戚及文武百官，也都仍在朝為官，而且屢加恩典禮敬。農人、商人照常營生，一點都不敢侵擾。正打算趁著秋高氣爽的日子，派遣軍隊西征，並傳檄到江南，在河朔聯合二地軍旅，好好地犒賞士兵，振奮軍心，大家同心協力，為你們報君父的大仇，以彰顯我朝廷的恩德。沒想到江南諸位，卻只求苟安於一時，不仔細考慮這

大好的機會，只圖擁有空虛的名位，卻忘了實際的禍害，我實在感到很納悶。

我朝廷撫定北京，是由闖賊手中得來，而不是自明朝搶來的。闖賊毀壞明朝的宗廟，侮辱歷代祖宗，我朝廷不辭征伐、修繕的辛勞，盡行索取了我們已經枯竭的賦稅，替明朝雪恥復仇，任何一個孝子或有仁心的人，應該如何感恩圖報才是？如今竟乘著逆賊尚待誅鋤、王師暫時休息的時候，想要在江南獨據稱雄，坐收漁人之利，以情理來衡量，難道公平嗎？難道是認為我們的勁旅不能飛渡長江天塹、士兵之眾多不夠投鞭斷流嗎？

闖賊只是為害於明朝而已，並不曾得罪於我國。只是基於同仇敵愾的義憤，因此特地為你們伸張正義。假如現在你們擁帝號自立，便等於是天有二日，形成敵對的尖銳局面。我將挑選預備西征的精銳，掉轉旗幟東征，而且打算赦免他們（流賊）的殺身重罪，命令他們當我的前鋒。當初你們以整個中國的力量，尚且為區區的盜賊所牽制；如今想要以小小的江左，同時抗拒我國，勝敗的結果如何，不須占卜就可以明白了。

我曾聽說：君子以德愛人，小人則以姑息。諸位如果真能識時務、知天命，衷心懷念故主崇禎皇帝，而且深深愛戴福王，應該及早勸動他削除國號，臣屬我國，以永久保享福祿。我朝廷一定以賓客之禮對待他，同時賞賜優渥，使他世世受封，地位高於其他的王侯。這才不會辜負了我朝廷伸張正義、討滅流賊、重興被滅絕的明朝的本意！至於江南的俊傑，如果肯翩然惠臨，臣服於我，則封你們為公為侯，享爵祿、分土地，有平西王吳三桂的前例可以遵辦，希望你們仔

細地考慮考慮。

　　最近的一些士大夫，很喜歡標榜虛名，而不顧及國家的急難，每到面臨重大事件，往往像築室道旁一樣沒有主見。從前宋人還在議論紛紜的時候，敵兵早已輕騎過江的事例，可以作為很好的借鑒。先生你領袖群倫，主持大計，一定能深切考慮整個情勢的本末，怎麼忍心隨俗浮沉呢？接不接受、投不投降，應該及早決定清楚。我的大軍即將出發，可以往東，也可以往西，江南的安危，就在你一念之間了。希望諸位能同心討賊，不要因貪圖一時的榮華富貴，而加深了國家無窮的禍害，為亂臣賊子所譏笑。對此，我實在冀望深切呀！

　　《禮記》曾說：「只有善人才能接納善言。」這裡我誠懇地表露我的心意，等待著你的賜教！遠遠望去，是長江邊一片湛藍的天空，我翹首企盼你的回音，希望不要使我等得太辛苦。紙短言長，不再多說了。

（林保淳 / 編寫整理）

與荷蘭守將書
鄭成功

鄭成功像

鄭成功（一六二四—一六六二），本名森，字明儼，號大木，福建南安人。南明唐王賜姓朱，封延平郡王，一般都以「賜姓」或「國姓爺」（Roksing Koxiga）稱呼他。清兵攻福建，其父芝龍獻仙霞嶺而降。他不肯附逆，詣孔廟燒卻儒服，決意為明室盡忠，展開了一連串恢復的壯舉。戰事失利後，退據臺灣，銳意整備，頒屯田各令，從事建設工作。鄭成功是臺灣開發過程中最重要的人物，驅逐荷蘭人，使臺灣回到中國版圖，是他一生中最大的功績。

背 景

本文選自連橫《臺灣通史》卷一《開闢記》，是鄭成功順治十八年（一六六一），自江南敗退後，進取臺灣時，寫給當時荷蘭人派遣的臺灣總督鄂易度（Coyet）的勸降信。

臺灣之隸屬中國版圖，可上溯至隋煬帝浮海東征時，元代正式設

巡司於澎湖，明代逐漸開拓，但未設官治理，淪為海盜盤踞之地。明熹宗天啟四年（一六二四），荷蘭人入據安平港，築熱遮蘭城（Fort Zeelandia）及赤嵌城（Fort Providentia），作為南洋貿易的根據地，並於明思宗崇禎十三年（一六四〇），擊退以淡水、雞籠為根據地的西班牙人，佔領了全臺灣，實施殖民政策。

清世祖順治十七年（一六六〇），鄭成功自江南敗歸，元氣大傷，自知中原一時間難以恢復，遂欲尋求海外基地，作復興明室的準備。於是，聽從陳永華的建議，謀取臺灣。順治十八年（一六六一），鄭成功以百艘兵船泊澎湖，進圖鹿耳門。鹿耳門外本是淺灘，荷蘭人又沉破船隻於港口，企圖阻止鄭成功的進攻。十八年四月，海潮驟漲一丈多，鄭成功遂自安平附近登陸，先攻下赤嵌城，後圍攻熱遮蘭城。雙方僵持數月，荷蘭總督鄂易度在彈盡援絕之下開城投降。被荷蘭人盤踞三十八年之久的臺灣，終於復歸中國所有。

影　響

鄭成功以一介儒生，抱著孤臣孽子之心，毅然承擔起復國的重任，這份心力的貢獻，自然是令人敬仰的。但是恢復臺灣的功績，才是他一生中最值得稱道的大事。雖然在他死後二十二年（一六八三），唯一奉明正朔的臺灣也被清廷收服，未能持續他的志業，但是卻促使清廷加強了對臺灣的重視，不但使臺灣得以逐漸開發，更與中國緊聯起密不可分的血脈。歷經甲午割臺、抗日戰勝光復等，臺灣在近代中國史上，實有不可比擬的重要地位。撫今思昔，不能不令人由

衷地欽慕！

原　文

　　執事率數百之眾，困守城中，何足以抗我軍？而余尤怪執事之不智也。

　　夫天下之人，固不樂死於非命。余數告執事，蓋為貴國人民之性命，不忍陷之瘡痍爾。今再命使者，前往致意，願執事熟思之。

　　執事若知不敵，獻城降，則余當以誠意相待；否則，我軍攻城，而執事始揭白旗，則余亦止戰，以待後命。我軍入城之時，余嚴飭將士，秋毫無犯，一聽貴國人民之去，若有願留者，余亦保護之，與華人同。

　　夫戰敗而和，古有明訓；臨事不斷，智者所譏。貴國人民，遠渡重洋，經營臺島，至勢不得已，而謀自衛之道，固余之所壯也。然臺灣者，中國之土地，久為貴國所據。今余既來索，則地當歸我，珍瑤不急之物，悉聽而歸。若執事不聽，可樹紅旗請戰，余亦立馬以觀。毋游移而不決也！

　　生死之權，在余掌中，見機而作，不俟終日。唯執事圖之！

　　　　　　　　　　　　　　　　　　　　《臺灣通史》

譯　文

　　將軍率領數百名士卒，困守在城中，怎麼能抵抗我的軍隊呢？而

我更奇怪的是將軍居然如此不聰明。

　　天下沒有人願意死於橫禍。我屢次勸告將軍，無非為貴國人民的性命著想，不忍心使他們沉陷在困窘殘破的境地中罷了。現在我再派遣使者，前往表達意思，希望將軍仔細地考慮一下。

　　將軍若是知道不能抵抗，就獻城投降，我一定以誠心相待；否則在我的軍隊攻城時，將軍才舉白旗投降，我也可以休戰，以等待最後的決定。我的軍隊進城的時候，我一定嚴格命令士卒，不准有絲毫的侵擾，任由貴國人民離開，假如有人願意留下，我也會保護他們，和華人相同。

　　打敗了就談和，自古以來就有明白的訓示；而面對大事不能決斷，則是為有智慧的人所譏笑的。貴國人民遠渡重洋，經營臺灣島，到了形勢不利時而謀求自衛，固然是我所欣賞的事。但是，臺灣本就是中國的領土，長久地被貴國佔據，現在我既然來討取，土地自然應該歸還我們；至於珍珠美玉等等不重要的東西，全部聽任你們帶走。假如將軍不肯聽從，可以豎立紅旗要求作戰，我也將騎馬觀戰。不要再猶疑不決了。

　　生死的權柄，在我掌握之中。明白禍福的徵兆，就該立刻有所行動，不要再拖延時日了！希望將軍好好考慮。

（林保淳／編寫整理）

撤藩詔
玄燁

玄燁（一六五四──一七二二），即清聖祖，年號康熙，在位六十一年間，是清朝國勢最強的時候。平定「三藩之亂」、招撫臺灣鄭氏，是他最重要的功業。從此，清朝國基便穩固下來了。

玄燁像

背景

吳三桂自引清兵入山海關後，一路為清軍作前導，自四川向雲南進逼，擒殺桂王，立下不少汗馬功勞。南方底定後，被封於雲南，與平南王尚可喜（廣東）、靖南王耿精忠（福建），並稱「三藩」。

三藩封立之後，吳三桂等人勢力鼎盛，幾乎凌駕於清廷之上。且又自恃功高，往往驕縱專橫，早就成了清廷的心腹大患。康熙皇帝親政之後，屢次想變置三藩，卻因為實力不足，隱忍未發。

康熙十一年（一六七二），耿精忠意圖謀反，聯合尚、吳二藩，待機欲行。其時尚可喜與其子之信不合，且年事已高，不願再動干戈，遂於次年三月上疏，請求撤藩，以歸老遼東。耿、吳二藩，深為驚恐，又不知朝廷意欲何為，便連袂上疏，均以年老撤藩請求，想要

探聽清廷的動向。吳三桂本以為他功勞甚大，清廷一定會優詔慰留，仿照明代沐英世世鎮守雲南的前例，得以永保爵祿。豈料康熙皇帝認為三藩之反，只是遲早的問題，不如趁其準備未周、倉促發難的時候，予以徹底消滅。於是採納了兵部尚書納蘭明珠和刑部尚書莫洛的建議，准許撤藩。撤藩詔便是在這種情形下頒示的。

影 響

這篇詔書是康熙十二年（一六七三），聖祖（玄燁）親自頒寫的令諭，實行撤藩。由於這個詔令，引發了所謂的「三藩之亂」。

吳三桂接到詔旨，大為恐慌，倉促之際，稱兵造反，打著「復興明室」的旗號，建國號為周，號召天下。初起時，頗給清廷相當的威脅。但由於名不正言不順，一般志士皆唾棄不與合作，遂於康熙二十年（一六八一），宣告失敗。身死（吳三桂死於十七年八月，距稱「周」號僅五個月）藩除，歷時八年的「三藩之亂」，終告平定。

撤藩詔的直接影響，就清廷而言，等於是抓住了除去權臣心腹之患的機會，對鞏固國基有相當大的幫助。而自亂平之後，藩兵盡撤回京師，改以八旗兵駐防，直接由朝廷統屬，不再分封諸王土地，清代中央集權的制度也就更加嚴密了。

原 文

自古帝王平定天下，式賴師武臣力。及海宇寧謐，必振旅班

師，休息士卒；俾封疆重臣，優遊頤養，賞延奕世，寵固河山，甚盛典也[1]！

王夙篤忠貞，克擴猷略，宣勞戮力，鎮守岩疆，朕釋南顧之憂，厥功懋焉！但念王年齒已高，師徒暴露，久駐遐荒，眷懷良切。近以地方底定，故允王所請，搬移安插。

茲特遣禮部侍郎折爾肯、翰林院學士傅達禮，前往宣諭朕意。王其率所屬官兵，趣裝北來，慰朕眷注。庶幾旦夕覯止，君臣偕樂，永保無疆之休。至一應安插事宜，已飭有司飭庀周詳。王到日，即有寧宇，無以為念！

《東華錄》

譯文

自古以來，帝王之所以能平定天下，都依靠軍隊的勇武和臣子的盡心盡力。等天下安定之後，一定收兵回朝，使兵士得到充分的休息；且使分封在邊的重要臣子，能夠閒暇自得地頤養天年。朝廷的賞賜累代不絕，恩寵比山河還要堅固，實在是很好的制度！

平西王等，平日懷持著深厚的忠貞之心，又能貢獻重大的謀略，不辭辛勞地鎮守著險要的邊疆，使我能解除南方的憂患，功績實在很大！但是我顧念諸王年紀已大，整天隨軍隊暴露在山野之間，駐守在遙遠的邊荒這麼久，對各位的顧惜實在非常深切。最近由於地方安

---

[1] 振旅：古時候軍隊調動，出兵打仗叫「治兵」，收兵回朝叫「振旅」。

定，因此准許你們的請求，將你們遷移到內地安插。

　　茲特派禮部侍郎折爾肯、翰林院學士傅達禮二人，前往雲南宣示我的意思。平西王你們應該率領所有的官兵，立刻整理行裝北上，以慰藉我一片關懷眷戀之意。希望能夠從此早晚相見，君臣同樂，以保存無窮無盡的福祉！至於一切安插的事宜，已經命令主管單位整治就緒，平西王你們一到北京，便有安靖的地方，不必擔心！

（林保淳／編寫整理）

舉博學鴻儒詔
玄燁

背景

清人入關以後,深知當時中國社會以知識分子為中堅,若想長遠地控制中國,一定要先駕馭當時的知識分子。因此,各種針對知識分子而來的政治措施,無不以使他們俯首貼耳為目的。

一方面,清廷以高壓的手段,施行嚴酷的統治,經常以一些微介的小事,造成株連甚廣的大獄,冀能收得殺雞儆猴的效果,使知識分子在動輒得咎的恐懼中,不敢有所作為。如順治十五年(一六五八)的科場獄、十八年(一六六一)的哭廟案,及康熙二年(一六六三)的明史獄、六年(一六六七)的沈天甫詩獄,都造成相當慘烈的結果。另一方面,清廷似也看出了知識分子貪求富貴功名之心,於是又採取籠絡的方式,如購求遺書、拔舉人才、開明史館等,以收買人心。

影響

清廷籠絡士人最高明的一招,便是舉「博學鴻儒」。康熙十七年(一六七八),聖祖下詔,令舉博學鴻儒。次年三月,聖祖在體仁閣親自校試,考以詩賦。當時推薦的名單有一百四十三人,取中五十

人，其中不乏在清初文學、學術、政治上具有相當聲望的人，如朱彝尊、汪琬、尤侗、陳維崧等皆是。其應徵之踴躍，也是出乎康熙意料的。其中只有杜越、應撝謙、魏禧、范鄗鼎、傅山、李顒六個人，寧死不肯赴試，其他一百三十七個人都參加了。彼時亡國未久，這些所謂的「勝國遺老」，竟這麼快就忘懷了國仇家恨，令人唏噓不已。可見在清廷以高壓、籠絡交替運用的政治手腕下，一收一放之間，的確是扼住了大部分知識分子的咽喉，為清初百餘年的統治奠定了良好的基礎。

原 文

　　自古一代之興，必有博學鴻儒，振起文運，闡發經史，潤色詞章，以備顧問、著作之選[1]。朕萬幾餘暇，游心文翰，思得博學之士，用資典學。我朝定鼎以來，崇儒重道，培養人才，四海之廣，豈無碩彥奇才，學問淵通，文藻瑰麗，可以追蹤前喆者？凡有學行兼優，文詞卓越之士，不論已仕未仕，在京三品以上及科道官員，在外督撫布按，各舉所知，朕將親試錄用[2]。其餘內外各官，果有真知灼見，在內開送吏部，在外開報督撫，代為題薦。務令虛公延訪，期得真才，以副朕求賢右文之至意。

《東華錄》

---

[1] 博學鴻儒：唐玄宗開元十九年（七三一），開博學宏詞科，以考拔學問淹通的能文之士，南宋也曾設置此科。清代則稱為博學「鴻」詞，舉入的學者，稱博學鴻儒。
[2] 科道：清代制度，都察院所屬有吏、戶、禮、兵、刑、工六科給事中，以及十五道監察御史，統稱為「科道官」。

譯 文

　　自古以來，任何朝代的興起，都有學問廣博的學者，提振起一代的文運，闡揚經書史籍的要義，做出優秀的文章，以充作顧問和著作的人選。我在公事繁忙的閒暇時，經常流覽文藝，非常希望能得到學識豐富的學者來主持學術。我大清自定鼎中原以來，崇信儒家，重視道統，極力培養人才，天下如此之大，難道沒有俊彥奇才，學問淹博、文辭瑰麗，足以媲美前賢的嗎？凡是有學問品行兼優，文筆超卓的人，無論是否做過官，在京城內，三品以上的大臣和六科十五道的官員；在各省，則總督、巡撫、布政使、按察使等官，可各自推舉人才，我將親自甄試錄用。其他內外各官員，若真的具有真知灼見，在京城中，可將所舉人才的名字報往吏部，在各省則報往督撫，請他們代為題名推薦。務必要虛心公正地延攬訪求，以盼取得真正的人才，而不負我求取賢才、重視文學的一番美意！

（林保淳／編寫整理）

與友人論學書[1]
顧炎武

顧炎武像

顧炎武（一六一三—一六八二），初名絳，清兵破南京後，志存恢復明室，改名炎武，字寧人，江蘇崑山人。明末清初的儒學大師，與黃宗羲（梨洲）、王夫之（船山）並稱「清初三大儒」，後世學者尊稱其為「亭林先生」。他為學主張「經世致用」，以「博學於文」「行己有恥」作為學者的治學目標。在史學上，他的治學方法開啟了「考據學」的途徑；在理學上，則發出「經學即理學」的號召，又將哲學與經學冶為一爐，對清代的學風有很大的影響。因此，後人稱他為「清代樸學的導師」。

背景

明末清初是中國近三百年來的轉捩點，宋明以來發皇滋長的理學，在此告一段落，清代二百多年的學風，則由此展示另一個契機。

---

[1] 友人：即湯斌（一六二七—一六八七），字孔伯，號潛庵。《湯子遺書》卷五，有《答顧寧人書》，便是本文的回函。

無論是就政治、思想、經濟、學術而言,都是關鍵的一刻。

顧炎武成長於明清嬗遞之交,一方面,國破家亡的慘痛經驗,刺激了他的心靈;一方面,自明代以來的各種腐敗現狀,則充分提供了他反省的內涵。在痛定思痛的心情下,顧炎武針對當時的社會現象、學術風氣,展開了相當嚴厲的批評,與同時的若干學者,共同開啟了「經世致用」的學風。

「經世致用」的主張,主要在於強調知識分子所應肩負的責任,呼籲讀書人應以「有益於天下後世」作為治學的終極目標。在這個前提下,知識分子首先須具備相當的品格修養,以儒家「修齊治平」的信條為努力的方向,這便是「行己有恥」。在這裡,他間接地批評了當時投靠清人的「貳臣」。其次,須具備豐富的學識,以配合時代的需要,作種種改革和創建,這便是「博學於文」。基於此,他批評了宋明以來空談心性、束書不觀的學者。唯有結合「行己有恥」和「博學於文」兩者,知識分子才足以做出有益於天下國家的事業。

在顧炎武自己,他是傾全力向這個目標邁進的,他的許多著作,如《天下郡國利病書》《亭林詩文集》《音學五書》等,都說明了他努力的成果。而《日知錄》一書,「上篇經術,中篇治道,下篇博聞」,更是他萃聚平生志業完成的,可以視作其一生學術及思想的代表作。

影 響

這篇文章很扼要地說明了顧炎武的為學主張,充分表露了他身為

一個知識分子的胸襟與抱負,他曾經沉痛地說過:「天下興亡,匹夫與有責焉。」這句話,無論對當時的學者,或現代的國民而言,都是強而有力的「暮鼓晨鐘」,對後人的啟迪和影響功莫大焉。

原 文

比往來南北,頗承友朋推一日之長,問道於盲。竊嘆夫百餘年以來之為學者,往往言心言性,而茫乎不得其解也[2]。命與仁,夫子之所罕言也;性與天道,子貢之所未得聞也。性命之理,著之《易傳》,未嘗數以語人。其答問士也,則曰「行己有恥」;其為學,則曰「好古敏求」;其與門弟子言,舉堯舜相傳所謂危微精一之說,一切不道,而但曰「允執其中,四海困窮,天祿永終」[3]。嗚呼!聖人之所以為學者,何其平易而可循也!故曰「下學而上達」。顏子之幾乎聖也,猶曰「博我以文」。其告哀公也,明善之功,先之以博學。自曾

---

[2] 百餘年以來之為學者:這裡指的是明代嘉靖、隆慶以來的一干學者。其中尤以繼承泰州學派的李贄(卓吾)所宣導的狂禪,及以顧憲成為首的東林學者,最為顧炎武所抨擊。他們所代表的弊病,一是空談心性,一是門戶之見,這兩項都是顧炎武深惡痛絕的「亡國根源」。

[3] 危微精一之說:指《尚書・大禹謨》中的「人心惟危,道心惟微,惟精惟一,允執厥中」十六個字。這十六個字,相傳是堯禪位於舜時,用來勉勵舜的話;舜在禪位給禹時,也依樣用來勉勵禹。這就是著名的「虞廷十六字真言」。宋、明理學家之言心、性、天道,往往以這十六字為依據,造成了相當巨大的影響,這就是「危微精一」之說。這十六個字牽涉到的問題極廣,由於孔子在《論語》中只提到「允執厥中」四個字,因此有不少學者相當懷疑這十六字的真實性。但是一直到閻若璩的《古文尚書疏證》寫成,舉出了強而有力的證據,證明這十六字是梅賾捏合《荀子・解蔽》和《論語・堯曰》的話拼湊出來的之後,才正式終結了這十六個字的地位和影響力。閻若璩稍後於顧炎武,因此顧炎武在寫這封信時,並不能肯定這十六個字是偽造的。但是,他基於反對空談心性的立場,相當有力地攻擊了這十六個字所代表的當時學風。

子而下，篤實無若子夏，而其言仁也，則曰「博學而篤志，切問而近思」。今之君子則不然，聚賓客門人之學者數十百人，「譬諸草木，區以別矣」，而一皆與之言心言性，捨多學而識，以求一貫之方，置四海之困窮不言，而終日講危微精一之說，是必其道之高於夫子，而其門弟子之賢於子貢，祧東魯而直接二帝之心傳者也[4]。我弗敢知也。

《孟子》一書，言心言性，亦諄諄矣。乃至萬章、公孫丑、陳代、陳臻、周霄、彭更之所問，與孟子之所答者，常在乎出處、去就、辭受、取與之間。以伊尹之元聖，堯舜其君其民之聖德大功，而其本乃在乎千駟一介之不視不取。伯夷、伊尹之不同於孔子也，而其同者，則以「行一不義，殺一不辜，而得天下不為」。是故性也，命也，天也，夫子之所罕言，而今之君子之所恆言也；出處、去就、辭受、取與之辨，孔子、孟子之所恆言，而今之君子所罕言也。謂忠與清之未至於仁，而不知不忠與清而可以言仁者，未之有也；謂不忮不求之不足以盡道，而不知終身於忮且求而可以言道者，未之有也[5]。我弗敢知也。

---

[4] 祧東魯：東魯即指孔子。祧是遠廟。周代在祭祀祖先的儀式上，有其一定的禮節。例如天子七廟，除始祖或賢明之祖不變外，其他世次疏遠的祖先，都要依制將神主遷移到祧廟。由於世代久遠，祧廟祖先的關係與現存子孫較疏遠，因此「祧」字也轉換成帶有輕視、不尊重的意思了。二帝：指堯和舜。

[5] 謂忠與清之未至於仁：孟子在《萬章下篇》中曾說孔子是「聖之時者也」，而謂其集伊尹（任）、伯夷（清）、柳下惠（和）的大成。因此，在孟子的理論系統中，孔子所代表的「仁」，是涵蓋了「清」「任」和「和」三種德行的，亦即只有「任」或「清」或「和」，並不能說是「仁」。歷代學者都相當重視這個區別。但是，顧炎武卻注意到，只強調「仁」而忽略「忠」「清」的重要，正是當時學風只空談心性之理，而忽視切實踐履所顯示出來的弊病，因此特別強調，若不「忠」、不「清」，更無法企及「仁」的境界。所以下文有「不知不忠與清而可以言仁者，未之有也」的話。下面談到「不忮不求」和「盡道」之間的關係，同樣也是出之以「補偏救弊」的態度，加以針砭。

愚所謂聖人之道者如之何？曰「博學於文」，曰「行己有恥」。自一身以至於天下國家，皆學之事也；自子臣弟友以至出入、往來、辭受、取與之間，皆有恥之事也。恥之於人大矣！不恥惡衣惡食，而恥匹夫匹婦之不被其澤，故曰「萬物皆備於我矣，反身而誠」。嗚呼！士而不先言恥，則為無本之人；非好古而多聞，則為空虛之學。以無本之人，而講空虛之學，吾見其日從事於聖人而去之彌遠也。雖然，非愚之所敢言也，且以區區之見，私諸同志而求起予。

《亭林文集》

譯　文

　　最近我南北奔波，承蒙朋友們因我年歲稍長而推重，向我這麼一個宛如盲目的人請教。我經常感慨最近一百多年來從事於學問的人，往往將「心」「性」的問題掛在口邊，而實際上卻茫茫然，一點都不明白其中的道理。「命」和「仁」，是孔子很少深入討論的；「性」和「天道」，則是聰慧如子貢也不曾聽孔子談起的。有關「性命」的道理，孔子只寫在《易經》的「繫辭傳」中，未曾屢屢以此教導門人。他在回答「士」所需具備的條件時，則說「在行事時須有醜惡之心」；談論自己治學的態度時，則說「喜好古代流傳下來的知識，而且勤奮地去追求」；和門人弟子討論學問時，則對於相傳是堯舜二帝心傳的「危微精一」的說法，一概不提，而只說「為政者要誠信地掌握中正之道，否則，當天下的百姓都陷於困苦貧窮時，上天所賜給你的祿位，也將永遠結束了」。

唉！聖人治學的態度，是多麼平易近人而可以遵循啊！這就是他所說的「下學人事，上達天命」。像顏回這麼一個幾乎可以說是聖人的人，也說「用學術文化來擴大我的知識領域」。而孔子也曾向魯哀公說過，要明白自身誠善的功效，首先必須作廣泛的學習。自曾子以下，孔門中最篤厚切實的沒有一個人比得上子夏，但是他談論到「仁」時，也不過說「廣泛地攝取知識，且篤實地堅守志趣；懇切地向人請教，且深切考慮切合實際的問題」。然而，當今的學者就不一樣了，他們聚集了上百名弟子、朋友，而這些人的天賦資稟，就像世間各類型的草木一樣，是極不一致的，但是他們卻不顧這些區別，完全以「心」「性」去教導他們，捨棄了以廣泛的學習來獲得知識的途徑，而奢求有什麼「一貫」的方法；將天下人民的苦難棄置不顧，卻整天講論什麼「危微精一」的道理。依此而言，他們所謂的道理，必定超過孔子，而他們的弟子也應該比子貢還賢能，因此可以疏遠孔子，而直接繼承堯舜二帝的心傳了吧？這一點我可不敢妄下定論。

《孟子》這本書，談「心」論「性」，可說是相當懇切頻繁了，但是在萬章、公孫丑、陳代、陳臻、周霄、彭更等弟子向他請教問題，以及孟子回答的時候，卻經常在有關出處、進退、收受、施與等切實的問題上作討論。以伊尹這麼偉大的聖哲，曾造就了使商湯成為像堯舜般的賢明、人民如堯舜之民般的安居樂業的大功勞，孟子卻認為他的成就，是由於有「若不合乎道義，即使是四千匹駿馬或一點點的東西，也不肯看它一眼、取來自用」的道德作基礎所致。伯夷、伊尹所達到的道德境界和孔子是有所不同的，但是在「即使只做了一件不義的事，只殺了一個無罪的人，就能取得天下，也是不肯做的」

的道德意識上,卻是相同的。因此,所謂「性」「命」和「天」,孔子很少談到,卻是當今學者經常掛在口邊的;至於有關出處、進退、收受、施與的辨別,是孔子、孟子經常討論,而當今學者卻很少提起的。他們宣稱,「忠」和「清」的德行,還沒有達到「仁」的境界,卻不知道若是不忠、不清則根本不可能企及「仁」;他們又認為,僅僅不嫉妒、不貪求,是無法完全說明「道」的,卻不知道終生貪嫉而可以體認出「道」,也是萬萬不可能的事!他們的意見,我可不敢苟同。

　　我所說的聖人之道又是如何呢?是「廣博地攝取知識」,是「以羞恥心來約束自己的行為」。從個人的修身養性,以至於治國平天下的道理,都是學習的對象;從父子、君臣、兄弟、朋友間的關係,以至於出處、進退、收受、施與的行為,都應該存有羞惡之心。羞惡之心對一個人而言,是太重要了!但我們不應該在自己衣食的醜劣上存有羞恥感,而應該以普天下的人民無法蒙受到自己的恩澤而感到羞愧。所以孟子曾經說過:「萬物的當然道理,都齊備在我的性分內,我們必須隨時反躬自省,要求自己能夠忠誠踏實。」唉!身為一個讀書人,若不先以羞惡之心修養自己,一定是沒有根基的人;不喜好古代流傳下來的知識,並且廣博地學習、聽聞,則所從事的學問也一定是空虛而不切實用的。以一個沒有根基的人,去講論空泛不實的學問,雖然日日以聖人為終極目標,我看卻是越離越遠了。雖然我的意見如此,但卻不是我所敢倡言高論的,不過以我小小的意見,私底下提供給各位同志作參考,而盼望著能對我有所啟發罷了。

(林保淳 / 編寫整理)

尼布楚條約

背 景

　　《尼布楚條約》是中國第一個與外邦簽訂的平等條約,時為康熙二十八年(一六八九)九月九日。中國的簽署人是索額圖,以天主教教士張誠(Gerbillon)、徐日升(Pereira)為翻譯;俄國全權代表則為費要多羅(Theodorus Alexieviez Golowin),地點則在尼布楚,故稱「尼布楚條約」。

　　《尼布楚條約》簽訂的緣起,首先是由於俄國人銳意東侵,覬覦黑龍江一帶豐沃的土地及礦產所引發的。在短短的十幾年間,俄國人在雅克薩及精奇里江一帶,建築了許多城堡,展露了侵佔的野心。

　　清康熙皇帝在平定「三藩之亂」後,顧慮到俄國人的勢力會延伸到清人的老家東北一帶,因此決意堵塞其勢力的滋長,派兵諭示俄人退出雅克薩。俄人不從,遂有兩次雅克薩之戰發生。其時清朝正是鼎盛時期,俄國境內則葉卡捷琳娜女王專政,內亂紛起,兩次戰役,中國皆大勝。然戰事過後,俄人因戰地遼遠,接應不及;中國則因「三藩之亂」初平,不欲勞師邊境,遂雙雙有意講和,開啟了和議的序幕。

影 響

　　和議的目的，主要有兩點，一是雙方劃定國界，一是清廷欲向俄國索討逃入俄境的罕帖木兒。前者在數經交涉之後，依照清廷的意思，釐割了相當令人滿意的疆界，並刻碑為記；後者則因罕帖木兒已在莫斯科受希臘正教的洗禮，終究未能達成。

　　《尼布楚條約》是中國以戰勝者的姿態簽訂下來的，因此條約的內容對中國較為有利，比起鴉片戰爭以後一連串喪權辱國的不平等條約，是值得大書特書的。但是，俄國人在此條約中，卻也在無形中佔據了廣大的西伯利亞之地，又兼占了貿易互市之利，使其能在動亂中休養生息，培育了日後侵略中國固有疆土的勢力。咸豐年間，俄國人不費一兵一卒之力，以虛聲恫嚇，遂又席捲了外興安嶺以南江北濱海數千里的膏腴之地，而今河山依舊，國境全非，撫今追昔，豈不令人慨嘆！

原 文

　　第一條　俄國與清國之境界，以入於黑龍江之綽爾納河附近之格爾必齊河，及循此河之水源，遠至於東海岸所綿亙之山脈為定界。循此山脈之南阪所流出之河川，及南方一帶之地，則屬於大清帝國；此山脈之北方所有地方及河川，則依然為莫斯科帝國之領土。又，眉勒以上之支流為爾客河，南方一帶之地，屬於大清帝國，北部為莫斯科帝國之所屬。現時爾客河之南方，所有市府或住民，當移住於河之北岸。

　　第二條　俄國人所稱雅克薩地所建造之堡砦，當悉行毀壞，其所

居住之俄國人，當悉攜其財產，退去至莫斯科政府之境土。兩國間無論何國之獵夫，不得以何等之口實，橫越境界。如有一人或二人擅自越界捕獵，或竊盜者，即行捕縛，送所在官司，准所犯之輕重懲處。如有十人乃至十五人一隊，武裝逾境狩獵，又掠奪者，或與外人相互殺戮者，當具其事情，報告於兩國皇帝；於其罪狀既明者，即當處犯者以死罪。其關於民人相互之私交，則無論為如何之事情，兩國間不得開戰爭。

第三條　兩國間於過去一切之事，當永久忘卻，毋留記憶。

第四條　本條約締結之日以後，無論何國人，不得容他國之逃亡者及脫走之兵。若於他領內脫走而來之時，隨即捕縛，交付於境界所在之官衙。

第五條　在清國領土內現住之俄國人民，及在俄國領土內現住之清國人民，仍得居住原處。

第六條　兩國民持有旅行免狀時，無論於何地之領內，得交通以營其貿易。

本條約之正文，兩國全權委員，於記名捺印後交換，以滿、蒙、漢、俄、臘丁五種文字，記其條文，鏤刻之於石碑，建諸境界，永為兩國親善之標準[1]。

《清代通史》

（林保淳／編寫整理）

---

1 石碑：《尼布楚條約》簽訂後，中、俄兩國在邊境上立碑紀念，將條約內容刻在碑上，文字略有更動，但不影響原意。界碑有三：一在格爾必齊河東岸，一在額爾古納河南岸，另一個已不可考，據曾親至其地的楊賓在《柳邊紀略》所言，在東北方威伊克的阿大林山。

《明儒學案》序
黃宗羲

黃宗羲像

黃宗羲（一六一〇—一六九五），字太沖，號梨洲，又號南雷，浙江餘姚人。他是明末清初著名的史學家和思想家，與顧炎武、王夫之齊名，並稱「清初三大儒」。

在思想上，他以「經世致用」的觀點，調和了朱、陸間的異同，並直接針對專制政體進行剖析、反省的工作，《明夷待訪錄》是最能代表他這方面意見的著作；在史學方面，《明儒學案》有系統地勾勒出明代學術思想的全貌；《宋元學案》則草創體例，使黃百家、全祖望得以續成全書，呈現宋元兩代的學術潮流；《明史案》則是萬斯同《明史稿》的底本，《明史》一代巨作的完成，也有賴於此。這些都是他的成績。其中最重要的，自然是《明儒學案》了。其他的著作，大抵皆收在《黎洲遺著彙刊》中。

背 景

　　明末是一個政治局勢相當混亂的時代,而思想上自王學末流以狂禪的姿態出現之後,也引起了很多學者的反感。黃宗羲早年曾入東林書院,他的父親黃尊素則受到宦官迫害而死。明朝滅亡後,黃宗羲隱懷著國破家亡的痛苦,極力奔走恢復,卻終告失敗。政治上的種種經歷,激使他對明代的整個政經措施、人文環境,作了通盤而徹底的檢討。他體認到一個讀書人在亂世應肩負的責任,並時時以天下國家為己任,從而提出了「經世致用」的主張,作為個人使命的終極目標。

　　黃宗羲曾就各個角度,對他所處時代的各項環境作了深刻的反省。就思想家的立場而言,程朱、陸王之爭,及王學末流的墮落,無疑是他最關心的對象,如何就前賢的種種言論,整理出一個切合實際的系統,以矯正當時的弊病,也成為他念茲在茲的努力方向。這點,促使他以八年的時間,傾心致力於《明儒學案》的撰寫,終於成就了一代學術史的巨作。

影 響

　　《明儒學案》六十二卷,卷首列「師說」,上起明初方孝孺,下迄明末許孚遠,評介了明代二十五位學者的思想要點和行為得失,可視作全書論斷的標準。其下區分派別,按時代先後,列了十九個學案。先敘述王學的先驅和朱學的傳人,立「崇仁」(吳與弼)、「白沙」(陳獻章)、「河東」(薛瑄)、「三原」(王恕)四學案,共九卷;繼

以「姚江學案」（王守仁）為首，以三十三卷的篇幅，評述王守仁的學術思想及王學的傳播和分派；再立「諸儒學案」十五卷，分敘介於程朱和陸王之間的學者，而以個人為主；最後則殿以「東林」「蕺山」（劉宗周）兩學案，共五卷，表彰東林清議，以及作者的本師。每一學派的評介，都條理分明地自其淵源派別開始，概括學術要旨，然後列舉代表人物，立小傳略敘其一生經歷，摘錄重要言論，提示學術特點，最後加以評論。

全書綱舉目張，井井有條，將明代三百年的學術思想，進行了系統分明、結構嚴謹的分類排比，因此無論在選材和編排上，都有超卓的成就，使這部書成為研究明代學術思想的經典之作，同時，也可以說是中國第一部具有詳贍系統的學術史巨著。

原文

盈天地皆心也[1]。變化不測，不能不萬殊。心無本體，工夫所至，

---

1 盈天地皆心也：「心」是明代王陽明一脈學說中最重要的一個觀念。有關「心」的哲理相當繁複，在此處無法進行詳細分析。大體上，王陽明認為各種道德行為之道德性，皆是源於一「心」，因此不贊同朱熹於外在所涉對象探求的主張，以為唯有在「心」上探尋，才是最根本的，因而倡言「心即理」。世間一切的價值規範，皆由此「心」而生，因此世間萬物的規律，儘管各有不同，卻都是「心」的作用，都須自「心」直截體認。因而黃宗羲說：「充滿於天地之間的一切規律，都是『心』的作用。」基本上，黃宗羲承繼其師劉宗周的系統，仍脫離不了陽明學說的範疇。以下他對朱熹一脈學說的批評，也是站在「心即理」的立場出發的。

即其本體²。故窮理者，窮此心之萬殊，非窮萬物之萬殊也³。是以古之君子，寧鑿五丁之間道，不假邯鄲之野馬，故其途亦不得不殊⁴。奈何今之君子，必欲出於一途，使美厥靈根者，化為焦芽絕港⁵？

夫先儒之語錄，人人不同，只是印我之心體，變動不居，若執成定局，終是受用不得⁶。此無他，修德而後可講學。今講學而不修德，又何怪其舉一而廢百乎？時風愈下，兔園稱儒，實老生之變相；坊

2「心無本體」三句：本體，本然的實體。工夫，即實踐。本體和工夫，其實就是清初儒者經常爭論的「體」「用」二字。在王陽明學說系統中，「心」並不是人體中實質的心臟，而是代表「自覺活動的主體」，是一種「能力」，本身並無形質可見，故亦無善惡可言，因有「無善無惡心之體」之說。至於「工夫」，陽明云：「有善有惡意之動。」認為須在「誠意」上下功夫，並由此通往「為善去惡」的具體道德實踐。也唯有在具體實踐中，才能顯現出「心」的本體。黃宗羲之意，也是說「心沒有所謂的本體，實踐的工夫做到那裡，那裡就是心的本體」。

3「故窮理者」三句：這幾句話主要在批評朱熹「即物窮理」的說法。在朱熹的觀點中，萬事萬物皆各有其「理」，「理」決定了萬事萬物的存有，但是這些各有不同的「理」，其實是由一個先天存在的「理」分出來的——這就是「理一分殊」。因此，若要體認這個先天之理，便可經由體認萬事萬物之理的過程來完成，所以他說：「凡天下之物，莫不因其已知之理而益窮之，以求至乎其極。至於用力之久，而一旦豁然貫通焉，則眾物之表裡精粗無不到，而吾心之全體大用無不明矣！」（《大學章句》格物補傳）大致上，朱熹採取了向外探尋「理」的方向，和王陽明返之於「心」的向內方向是完全不同的。黃宗羲思想屬王學一脈，故不贊同朱子的觀點，認為「所謂的窮盡『理』，是極力推究『心』所涵蓋的一切之『理』，而不是向外窮盡天地間萬事萬物的『理』」。

4 寧鑿五丁之間道：這句話出自古代的神話，如《水經注》說：「秦惠王欲伐蜀，而不知道，作五石牛，以金置尾下，言能屎金，蜀王負力，令五丁引之成道。」這個神話，本來是傳述五個大力士開闢艱險的蜀道的故事，黃宗羲借此說明：心既然是萬殊的，學問也是一樣，不必出於一途，因此，古時的君子，「寧可不避艱難，效法五丁開鑿蜀道的精神，自闢途徑」。不假邯鄲之野馬：其意是不走現成方便的途徑。假，借。邯鄲之野馬，不詳所指，大概是用「邯鄲學步」的典故。

5 使美厥靈根者：指完美靈通的心。靈根，即指心而言。揚雄《太玄》卷六《養篇》：「藏心於淵，美厥靈根。」焦芽：焦枯的根芽。這裡借用了佛家的術語。佛家稱求真道之心為「菩提心」，不能發「菩提心」，謂之「焦芽敗種」。絕港：斷絕的河流，指心的閉塞不通。港，水的支流。

6 語錄：俗語體文字的一種。語錄本來是佛教使用俚俗的語言，記載師說時的一種方式，後來宋代儒者講學時，弟子也用當時的俗語記載下來，也沿襲語錄之稱。如程頤、朱子等都有語錄。這裡泛指從前儒者流傳下來的書籍。

人詭計,借名冊以行書[7]。誰立廟庭之中正?九品參差;大類釋氏之源流,五宗水火;遂使杏壇塊土,為一鬨之市,可哀也夫[8]!

義幼遭家難,先師蕺山先生視義如子,扶危定傾,日聞緒言[9]。小子瞿瞿,夢奠之後,始從遺書得其宗旨,而同門之友,多歸忠節[10]。歲己酉,毗陵惲仲升來越,著《劉子節要》。仲升,先師之高第弟子也。書成,義送之江幹。仲升執手丁寧曰:「今日知先師之學者,惟

---

[7] 兔園稱儒:這裡是指連誦習瑣碎駁雜的《兔園策》的人,居然也被尊稱為儒者。兔園,即《兔園策》。《五代史・劉嶽傳》:「《兔園策》者,鄉校俚儒教田夫牧子之所誦也。」老生之變相:年老的書生往往拘執己見,習而不變,所以黃宗羲借此表示那些兔園儒者之言論,不過都是變相的老生常談罷了,沒有什麼精闢的見解。老生,即老生常談。「坊人詭計」二句:是在指摘當時一些詭計多端的書商,往往冒用他人的名字刊印書籍,以利銷售。坊人,指書商。名冊,有些本子作「名母」或「名每」,可能是錯誤的。冊,通「貫」,指籍貫。名冊,就是泛指名字而言。

[8] 「誰立廟庭之中正」二句:這裡是感慨學術上意見紛紜,九品參差,卻沒有人能像魏文帝那樣在朝廷中立出一個標準,去甄別其中的是非邪正。廟庭,即朝廷。九品中正,是魏文帝所制定的一種官員制度,在郡縣設小中正,州設大中正,區別人物,以上上、上中、上下、中上、中中、中下、下上、下中、下下九個等級定其高下;然後由小中正上之於大中正,再上之於司徒,送尚書選用。自魏施行九品中正法後,一直到隋朝開皇年間才被廢止。參差,不齊的樣子。「大類釋氏之源流」二句:這裡指儒學中意見之分歧,就像佛家禪宗之分為五宗,彼此勢如水火一樣,已到了相當嚴重的地步。明末儒者經常互相排擠、傾軋,因此黃宗羲有此感慨。釋氏,即佛教。五宗,原指佛家的天臺、華嚴、法相、三論和律宗。不過這裡似指禪宗的五家。禪宗自六祖慧能以下,南宗有溈仰、臨濟、曹洞、雲門、法眼五宗,彼此意見不合,所以說「五宗水火」。「杏壇塊土」二句:這裡是說儒者的講壇變成了各立門戶,像鬨市一般爭名逐利的場所。杏壇,在曲阜孔廟之中,相傳孔子曾講學於此,因此用它來代表儒者講學的地方。一鬨之市,即鬨市。

[9] 幼遭家難:指黃宗羲的父親黃尊素遭魏忠賢殺害的事。先師蕺山先生:即劉宗周(一五七八——一六四五),字起東,號念台,明末儒學大師,講學以「慎獨」為宗旨,學者稱為「蕺山先生」。明亡後絕食而死。黃宗羲著成此書時,劉宗周已死,故稱「先師」。《明儒學案》中有《蕺山學案》。

[10] 夢奠:相傳殷代習俗,人死後殯葬在兩楹之間。孔子死前七日,曾經夜夢坐奠於兩楹之間,知道自己將死,所以後來便稱死為「夢奠」。

吾與子兩人，議論不容不歸一。惟於先師言意所在，宜稍為通融[11]。」羲曰：「先師所以異於諸儒者，正在於意，豈可不為發明？」仲升欲羲敘其《節要》，羲終不敢，是則仲升於殊途百慮之學，尚有成局之未化也[12]。

　　羲為《明儒學案》，上下諸先生，深淺各得，醇疵互見，要皆功力所至，竭其心之萬殊者，而後成家，未嘗以懵懂精神，冒人糟粕。於是為之分源別派，使其宗旨歷然。由是而之焉，固聖人之耳目也。間有發明一本之所在，非敢有所增損其間。此猶中衢之樽，後人但持瓦甌椰杓，隨意取之，無有不滿腹者矣。

　　書成於丙辰之後，中州許酉山暨萬貞一各刻數卷，而未竣其事。然鈔本流傳，頗為好學者所識。往時湯公潛庵有云：「學案宗旨雜越，苟善讀之，未始非一貫。」此陳介眉所傳述語也。壬申七月，一病幾革，文字因緣，一切屏除。仇滄柱都下寓書，言北地隱士賈若水者，手錄是書而嘆曰：「此明室數百年學脈也，可聽之埋沒乎？」亡

---

11 言意所在：意，即「誠意」，在劉宗周慎獨之學的理論系統中，「誠意」是最關鍵處，故言「大學之道，誠意而已」，又言「格致者誠意之功……故格致與誠意，二而一，一而二者也」。劉宗周將「誠意」的工夫，視同「慎獨」，與陽明所說有很大出入，自成一系，故弟子在疏通師說時，意見也各不相同。惲日初、黃宗羲在這點上頗有爭論，因此惲日初要求黃宗羲和他「通融」。

12 義終不敢：這句話是謙詞。其實黃宗羲之不肯為《劉子節要》作序，主要是因為不贊同惲日初的觀點，認為惲日初將「意」拘執於「毋意」之上，未免有成見在心，曲解了老師的原意。《南雷文定》五集《答惲仲升論子〈劉子節要〉書》說：「夫先師宗旨，在於慎獨。其慎獨之功，全在『意為心之主宰』一語。……原老兄之心，總礙於《論語》『毋意』之一言，以從事於意，終不可以為宗旨，故於先師之言意者，一概節去以救之。弟則以為不然。」很明顯地說明了黃宗羲對《劉子節要》的不滿。殊途百慮之學：這句話出自《易經‧繫辭傳下》：「天下同歸而殊途，一致而百慮。」這是說「天下人的目標是相同的，而所走的途徑卻不一；天下人的趨向是一致的，而想法卻是多樣的」。黃宗羲為學，不贊同取一固定而現成的途徑，而要求力行實踐，自闢坦途，所以用這句話來批評惲仲升的拘執成見。

何，賈君逝。其子醇庵承遺命刻之。

嗟乎！溫公《通鑑》成，嘆世人首尾畢讀者少。此書何幸，而累為君子所不棄乎！暫徹呻吟，口授兒子百家書之。

康熙三十二年癸酉，黃宗羲序。

《明儒學案》

譯 文

充滿天地之間的一切規律，都是「心」的作用。心變化多端，因此不能不有各種不同。心沒有所謂的本體，實踐的工夫做到哪裡，哪裡就是心的本體。因此所謂的窮理，是窮盡這個心的各種不同狀況，而不是去推究萬事萬物的各種不同現象。因此古時候的君子，寧可不避艱難，效法五丁開山的精神，自闢途徑，而不願意走現成方便的路，故而他們的取徑，也不得不有所不同。為什麼現在的諸位學者，硬是要使他們走上同一條路徑，使完美通靈的心，化為焦枯的根芽或如斷絕的河流一般閉塞？

前人所流傳下來的語錄，個個都不同，不過用來印證自己的心體之變化多端而已，如果執定成說，食古不化，將會永遠無法獲得益處。這沒有其他的原因，修養了道德之後才可以講學。今人只知講學而不去修身養性，又怎能怪他們舉一而廢百呢？世風日下，連誦讀《兔園策》的人也可以自居儒者，其實都只是老生常談而已；而書商詭計多端，往往冒用他人的名字刊行書籍。有誰能定出一個標準，以甄別意見紛紜的學術是非？這些駁雜的意見，真像是禪宗的五家一

樣，鬧得水火不容。因而使儒者的講壇，成為像市場一般爭名逐利的場所，實在令人悲哀！

　　我自小慘罹災禍，先師戢山先生視我如子，協助我改過遷善，因而能經常聽到一些富有啟發性的教誨。我一向用心不專，直到先師過世之後，才從他的遺書中約略體會到先師學問的宗旨所在，而當時一些同門的師兄弟，卻大多已為國盡忠了。己酉（一六六九）那一年，毗陵惲日初來到越地，著了一本《劉子節要》。日初是先師的得意門生，大作完成後，我送他到江邊。日初握著我的手囑咐道：「如今能明白老師學術的人，唯有我和你兩個人了，因此在意見上不能不劃一。希望你能在老師談論到『意』的地方，和我稍微溝通一下。」我說：「老師之所以和其他學者不一樣的地方，正在於『意』的見解上，怎麼能夠不闡發清楚呢？」日初希望我為他的《劉子節要》寫序，我終是不敢，這是由於日初在「殊途百慮」的觀念上，還有一些成見在心，不能開通的緣故。

　　我作《明儒學案》這一部書，研究諸位學者的學術，發現他們雖然有深淺之別、醇駁之分，但都是他們下苦功所得，極力探究心的各種不同，然後才能成一家之言。絕沒有昏昧糊塗、沿襲前人糟粕的地方。因此我將他們分別淵源、流派，使他們的學說宗旨得以清清楚楚地呈現出來。對這些言論加以探討，一定能對聖人的學問有所補助。其中偶爾有發揮本心所在的一些言論，我也不敢對他們有所增損。這就好像是放在大街上的大罐子一樣，後人只要拿著一些小容器隨意汲取，沒有不滿載而歸的。

　　這部書完成在丙辰年（一六七六）以後，中州的許三禮和鄞縣萬

言曾每人刻了幾卷，但沒有全部完工。不過手抄本流傳頗廣，相當受到好學之士的好評。過去湯公潛庵曾說：「學案之類的書，宗旨駁雜不純，但若能細心體會，未嘗不能收到一貫的效果。」這是陳錫嘏轉告我的。壬申年（一六九二）七月，我差點病死，有關文字著述的事，一概屏除不管。仇兆鰲從京城來信，說北方的隱士賈潤，曾一面抄錄這本書，一面感嘆道：「這是明朝三百年來的學術淵源，能夠聽任它被埋沒掉嗎？」沒多久，賈先生過世，他兒子賈醇庵秉承遺命，將此書刻成。

唉！司馬光完成《資治通鑑》後，曾感慨世上能從頭到尾讀過的人很少，而這部書又是何等幸運，屢次為諸位先生所不忍棄置啊！我暫且停止一下呻吟聲，口授這篇序文，命兒子百家為我記錄下來。

康熙三十二年（一六九三）癸酉，黃宗羲序。

（林保淳／編寫整理）

頒大義覺迷錄諭
胤禛

胤禛（一六七八——一七三五），即清世宗，年號雍正，在位十三年。世親承康熙之緒，無論內政、外交、軍事都頗有建樹，是清代盛世的英主之一，但是個性陰狠刻毒，誅戮過甚，在他壓制之下，發生過好幾次株連甚廣的文字獄，呂留良、曾靜之獄，便是其中最大的一樁。

胤禛像

背景

雍正七年（一七二九），雍正頒佈了《大義覺迷錄》一書，一場株連甚廣的文字獄算是告一段落。一方面，清廷又以鮮血殘酷地寫下了強制高壓的一頁慘史，而另一方面，也引發出一些值得後人深思的問題。

此獄牽涉的人物極廣，始作俑者則是曾靜和張熙師徒二人。曾靜是一個志在排清的愛國之士，因偶然的機會讀到呂留良評點的時文，深為其中所諭的夷夏之防所感動，因此結識了呂留良之子呂毅中及門徒嚴鴻逵、沈在寬，意氣相投下，更堅定了其排清的意志。

其時雍正初即位，由於誅戮過甚，朝野人人自危，曾靜認為這是一個絕佳的機會；又聽說陝甘總督岳鍾琪心中對雍正頗為憤懣，因此派遣張熙赴陝，以岳鍾琪是岳飛的後代勉勵他，鼓動他起義造反。

結果他們被岳鍾琪出賣，具折奏聞。曾、張二人被捕下獄。審訊結果，得知曾靜之所以謀叛，實在是受了呂留良言論的影響，於是大肆搜捕呂、嚴、沈等人及家藏書籍。定讞的結果，呂留良、呂葆中、嚴鴻逵都戮屍示眾，呂毅中、沈在寬斬決，族人殛誅，孫輩發配為奴；而一些自稱門人或刊刻、私藏呂留良書籍的人，也都株連坐罪。

然而，「罪魁禍首」的曾靜和張熙卻出人意料地被免罪釋放。雍正下諭刊刻《大義覺迷錄》，偽造曾靜的口供，極力抨擊呂留良。

這本來是一件單純的政治謀叛事件，然而，在雍正處心積慮的安排下，卻釀成了一樁文字獄。

其中的關鍵，則在於呂留良流傳書籍中到處充斥的排清見解、夷夏之防。清人以異族入主中原，遭受反抗，最畏懼的就是民間普遍存在的種族意識，他們之所以命令落髮、改服衣冠、銷毀書籍、籠絡士人，無非就是為了消除中國人根深蒂固的夷夏觀念，使中國人永遠臣服於清廷之下。

但是，他們的控制再嚴厲，不可諱言地，以種族意識為基礎的起義革命，仍舊有一觸即發的可能。因此，清廷一向是小心翼翼地企圖竭力堵防這個漏洞。曾靜謀叛的事件，正給了清廷一個良機，可以偽造曾靜的悔過書，在理論上給予夷夏之防一個致命的反擊。所謂「大義覺迷」無非是用君臣之義牢牢扼住夷夏之防的咽喉罷了。

雍正此心，昭然可見，因此不懲處曾、張，反而對呂留良的言論

施以殘酷的打擊,而犧牲者也都是涉及呂留良的人。

影 響

平心而論,雍正在本文中所述的道理,就現代人而言,無疑也是相當具有說服力的,尤其是對「夷狄」觀念的認定,在援古證今的論述之下,很難就理論上加以反駁。但是,這只是就統治者的立場而言,若是以亡國子民而言,則再激烈的反抗也順理成章,是任何理論都無法加以否定的。因此,其中是非唯一取決的標準,不是理論,而是政治力量的強弱。種族意識所激揚的政治力量若足以推翻統治者,一切自然不成問題;但是若統治者的力量足以壓倒一切,卻仍有一個極重要的關鍵:清廷口口聲聲欲除種族地域的界線,滿漢一視同仁,然而實際的行動又是如何呢?這點,我們翻閱清朝全史,從「留髮不留頭,留頭不留髮」,一直到「寧贈外人,不予家奴」,一路上迤迤邐邐地說明了清廷心中壁壘分明的種族界限。實際行動與口談理論顛倒若此,充分證明了雍正的理論其實不過是挾著強勢政治的「強詞奪理」而已!

《大義覺迷錄》的頒行,在清廷言行不一

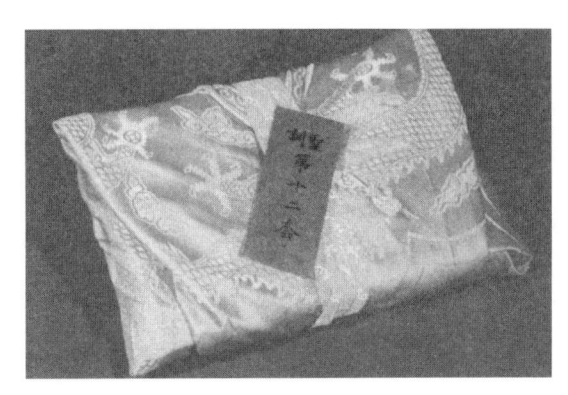

清朝皇帝聖訓

的政治歧視下,並未能達到它消除種族意識的目的,反而使有智之士看穿了清廷欲蓋彌彰的伎倆,因此,排清的意識依舊在暗中滋長著。直到乾隆在位的六十年間,籠絡、高壓的控制得到全面施展,才逐漸「寂泊無所聞」。也因此,《大義覺迷錄》被乾隆列為禁書,曾靜、張熙被殺,只徒然寫下清廷殘酷的一頁而已!

原 文

自古帝王之有天下,莫不由懷保萬民,恩加四海,膺上天之眷命,協億兆之懽心,用能統一寰區,垂庥奕世。蓋生民之道,惟有德者可為天下君,此天下一家,萬物一體,自古迄今,萬世不易之常經,非尋常之類聚群分、鄉曲疆域之私衷淺見,所可妄為同異者也。

《書》曰:「皇天無親,惟德是輔。」蓋德足以君天下,則天錫佑之,以為天下君。未聞不以德為感乎,而第擇其為何地之人而輔之之理。又曰:「撫我則後,虐我則仇。」此民心向背之至情。未聞億兆之歸心,有不論德而但擇地之理。又曰:「順天者昌,逆天者亡。」惟有德者乃能順天,天之所與,又豈因何地之人而有所區別乎?

我國家肇基東土,列聖相承,保乂萬邦,天心篤佑,德教宏敷,恩施遐暢,登生民於衽席,遍中外而尊親者,百年於茲矣[1]!夫我朝既仰承天命,為中外生民之主,則所以蒙撫綏愛育者,何得以華夷而有殊視?而中外臣民既共奉我朝以為君,則所以歸誠效順、盡臣民之道

---

[1] 登生民於衽席:是說使人民受到良好的照顧。衽、席,都是席子的意思,從前人坐臥都用席子,因此有舒適、安穩的含義。

者，尤不得以華夷而有異心。此揆之天道，驗之人理，海隅日出之鄉，普天率土之眾，莫不知大一統之在我朝，悉子悉臣，罔敢越志者也。

乃逆賊呂留良，凶頑悖惡，好亂樂禍，俶擾彝倫，私為著述，妄謂德祐以後，天地大變，亙古未經，於今復見[2]。而逆徒嚴鴻逵等，轉相附和，備極猖狂，餘波及於曾靜，幻怪相煽，恣為譏謗。至謂八十餘年以來，天昏地暗，日月無光。在逆賊等之意，徒謂本朝以滿洲之君，入為中國之主，妄生此疆彼界之私，遂故為訕謗詆譏之說耳。不知本朝之為滿洲，猶中國之有籍貫。舜為東夷之人，文王為西夷之人，曾何損於聖德乎？

《詩》言「戎狄是膺，荊舒是懲」者，以其僭王猾夏，不知君臣之大義，故聲其罪而懲艾之，非以其為戎狄而外之也。若以戎狄而言，則孔子周遊，不當至楚應昭王之聘；而秦穆之霸西戎，孔子刪定之時，不應以其誓列於《周書》之後矣[3]。蓋從來華夷之說，乃在晉、宋六朝偏安之時，彼此地醜德齊，莫能相尚，是以北人詆南為島夷，南人指北為索虜。在當日之人，不務修德行仁，而從事口舌相譏，已為至卑至陋之見。今逆賊等於天下一統、華夷一家之時，而妄判中外，謬生忿戾，豈非逆天悖理、無君無父、蜂蟻不若之異類乎？

且以天地之氣數言之，明代自嘉靖以後，君臣失德，盜賊四起，生民塗炭，疆圉靡寧。其時之天地，可不謂之閉塞乎？本朝定鼎以

---

2 德祐：宋恭帝的年號，恭帝是宋代最後一個君主，自此以後便是元朝。因此呂留良以宋之亡於蒙古為亙古未經的天地大變，如今明亡於清，等於是「於今復見」了。
3 其誓：指《尚書》中的《秦誓》。《書序》：「秦穆公伐鄭，晉襄公帥師敗諸崤，還歸，作《秦誓》。」《秦誓》是《尚書・周書》的最後一篇。

來，掃除群寇，寰宇乂安，政教興修，文明日盛，萬民樂業，中外恬熙，黃童白叟，生不見兵革。今日之天地清寧，萬姓沾恩，超越明代者，三尺之童亦皆洞曉，而尚可謂之昏暗乎？夫天地以仁愛為心，以覆載無私為量，是以德在內近者，則大統集於內近；德在外遠者，則大統集於外遠。孔子曰：「故大德者必受命。」自有帝王以來，其揆一也。今逆賊等以冥頑狂肆之胸，不論天心之取捨、政治之得失，不論民物之安危、疆域之大小，徒以瑣瑣鄉曲為阿私，區區地界為忿嫉，公然指斥，以遂其昧棄彝倫、滅廢人紀之逆意；至於極盡狂吠之音，竟敢指天地為昏暗！豈皇皇上天，鑒觀有赫，轉不如逆賊等之智識乎？

且自古中國一統之世，幅員不能廣遠，其中有不向化者，則斥之為夷狄，如三代以上之有苗、荊楚、獫狁，即今湖南、湖北、山西之地也，在今日而目為夷狄可乎？至於漢唐宋全盛之時，北狄、西戎世為邊患，從未能臣服而有其地，是以有此疆彼界之分。自我朝入主中土，君臨天下，並蒙古極邊諸部落，俱歸版圖，是中國之疆土開拓廣遠，乃中國臣民之大幸，何得尚有華夷中外之分論哉！從來為君上之道，當視民如赤子；為臣下之道，當奉君如父母。如為子之人，其父母即待以不慈，尚不可以疾怨忤逆，況我朝之為君，實盡父母斯民之道，殫誠求保赤之心，而逆賊尚忍肆為訕謗，則為君者不知何道而後可也。

從前康熙年間，各處奸徒竊發，動輒以朱三太子為名，如一念和尚、朱一貴者，指不勝屈。近日尚有山東人張玉，假稱朱姓，托於明之後裔，遇星士推算有帝王之命，以此希冀，鼓惑愚民，見被步軍

統領衙門拿獲究問。 從來異姓先後繼統,前朝之宗姓,臣服於後代者甚多,否則隱匿姓名,伏處草野,從未有如本朝奸民假稱朱姓,搖惑人心,若此之眾者。 似此蔓延不息,則中國人君之子孫,遇繼統之君,必至於無噍類而後已,豈非奸民迫之使然乎? 況明繼元而有天下,明太祖即元之子民也,以綱常倫紀言之,豈能逃篡竊之罪? 至於我朝之於明,則鄰國耳!且明之天下,喪於流賊之手,是時邊患四起,倭寇騷動,流賊之有名目者不可勝數,而各村邑無賴之徒,乘機劫殺,其不法之將弁兵丁等,又借征剿之名,肆行擾害,殺戮良民請功,以充獲賊之數。 中國民人,死亡過半,即如四川之人,竟致靡有孑遺之嘆,其偶有存者,則肢體不全,耳鼻殘缺,此天下人所共知。 康熙四五十年間,猶有目睹當時情形之父老,垂涕泣而道之者,且莫不慶幸我朝統一萬方,削平群寇,出薄海內外之人於湯火之中,而登之衽席之上。 是我朝之有造於中國者,大矣,至矣!至於厚待明代之典禮,史不勝書。 其藩王之後,實繫明之子孫,則格外加恩,封以侯爵,此亦前代未有之曠典。 而胸懷叛逆之奸民,動則假稱朱姓以為構逆之媒,而呂留良輩又借明代為言,肆其分別華夷之邪說,冀遂其叛逆之志,此不但為本朝之賊寇,實明代之仇讎也。

　　且如中國之人,輕待外國之入承大統者,其害不過妄意訾議,蠱惑一二匪類而已,原無損於是非之公、倫常之大。 倘若外國之君入承大統,不以中國之人為赤子,則中國之人其何所托命乎? 況「撫之則後,虐之則仇」,人情也,若撫之而仍不以為後,殆非順天合理之人情也。 假使為君者以非人情之事加之於下,為下者其能堪乎? 為君者

尚不可以非人情之事加之於下，豈為下者轉可以此施之於上乎？孔子曰：「君子居是邦也，不非其大夫，況其君乎？」又曰：「夷狄之有君，不如諸夏之亡也。」夫以春秋時百里之國，其大夫猶不可非，況我朝奉天承運，大一統太平盛世，而君上尚可謗議乎？且聖人之在諸夏，猶謂夷狄為有君，況為我朝之人，親被教澤，食德服疇，而可為無父無君之論乎？

韓愈有言：「中國而夷狄也，則夷狄之；夷狄而中國也，則中國之。」歷代以來，如有元之混一區宇，有國百年，幅員極廣，其政治規模，頗多美德，而後世稱述者寥寥；其時之名臣學士，著作頌揚，紀當時之休美者，載在史冊，亦復燦然具備。而後人則故為貶詞，概謂無人物之可紀、無事功之足錄，此特懷挾私心，識見卑鄙之人，不欲歸美於外來之君，欲貶抑淹沒之耳！不知文章著作之事，所以信今傳後，著勸戒於簡編，當平心執正而論，於外國入承大統之君，其善惡尤當秉公書錄，細大不遺。庶俾中國之君見之，以為外國之主且明哲仁愛如此，自必生奮勵之心；而外國之君見是非之不爽，信直道之常存，亦必愈勇於為善，而深戒為惡。此文藝之功有補於治道者當何如也！倘故為貶抑淹沒，略其善而不傳，誣其惡而妄載，將使中國之君，以為既生中國，自享令名，不必修德行仁，以臻郅隆之治；而外國入承大統之君，以為縱能夙夜勵精，勤求治理，究無望於載籍之襃揚，而為善之心，因而自怠，則內地蒼生，其苦無有底止矣！其為人心世道之害，可勝言哉？況若逆賊呂留良等，不惟於我朝之善政善教、大經大法，概為置而不言，而更鑿空妄撰，憑虛橫議，以無影無響之談，為惑世誣民之具，顛倒是非，紊亂黑白，以有

為無，以無為有，此其誕幻譸張，誑人聽聞，誠乃千古之罪人。所謂「民不畏死，凡民罔不憝」，不待教而誅者也，非止獲罪於我國家而已！

此等憸邪之人，胸懷思亂之心，妄冀僥倖於萬一，曾未通觀古今大勢：凡首先倡亂之人，無不身膏斧鑕，遺臭萬年。夫以天下國家之鞏固，豈烏合鼠竊之輩所能輕言動搖？即當世運式微之時，其首亂之人，歷觀史冊，從無有一人能成大事者。如秦末之陳涉、項梁、張耳、陳餘等，以至元末之劉福通、韓林兒、陳友諒、張士誠等，雖一時跳樑，究竟旋為灰燼；而唐宋中葉之時，其草竊之輩，接踵疊跡，亦同歸於盡。總之，此等奸民，不知君臣之大義，不識天命之眷懷，徒自取誅戮，為萬古之罪人而已！

夫人之所以為人而異於禽獸者，以有此倫常之理也，故五倫謂之人倫，是缺一則不可謂之人矣。君臣居五倫之首，天下有無君之人而尚可謂之人乎？而懷無君之心而尚不謂之禽獸乎？盡人倫則謂人，滅天理則謂禽獸，非可因華夷而區別人禽也。且天命之以為君，而乃懷逆天之意，焉有不遭天之誅殛者乎？朕思秉彝好德，人心所同，天下億萬臣民，共具天良，自切尊君親上之念，無庸再為剖示宣諭；但憸邪昏亂之小人，如呂留良等胸懷悖逆者，普天之下，不可言止此數賊也，用頒此旨，特加訓諭。若平日稍有存此心者，當問天捫心，各發天良，詳細自思之。

朕之詳悉剖示者，非好辯也。古昔人心淳樸，是以堯舜之時，都俞吁咈，其詞甚簡；逮至殷周之世，人心漸不如前，故殷《盤》周《誥》，所以告誡臣民者，往復周詳，肫誠剴切，始能去其蔽錮，

覺其愚蒙，此古今時勢之不得不然者[4]。每見陰險小人，為大義所折，理屈詞窮，則借聖人之言，以巧為詆毀，曰「是故惡夫佞者」，不知孔子之以子路為佞，因數路「何必讀書，然後為學」之語而發[5]。蓋以無理之論，而欲強勝於人，則謂之佞，所謂「禦人以口給」也。若遇呂留良、嚴鴻逵、曾靜等逆天背理、惑世誣民之賊，而曉以天經地義、綱常倫紀之大道，使愚昧無知、平日為邪說陷溺之人，豁然醒悟，不至遭天譴而罹國法，此乃為世道人心計，豈可以謂之佞乎？天下後世，自有公論。

著將呂留良、嚴鴻逵、曾靜等悖逆之言，及朕諭旨，一一刊刻通行，頒佈天下各府州縣、遠鄉僻壤，俾讀書士子及鄉曲小民共知之。並令各貯一冊於學宮之中，使將來後學新進之士，人人觀覽知悉。倘有未見此書，未聞朕旨者，經朕隨時察出，定將該省學政及該縣教官從重治罪！特諭。

《東華錄》

譯文

　　自古以來的帝王之所以能擁有天下，都是由於愛護人民，施恩四海，獲得上天的眷顧，受到百姓的愛戴，才能統一天下，傳之永久。

---

4 都俞吁咈：這四個字都是《尚書・堯典》中的發語詞，由於《堯典》文字簡潔，所以胤禛借這四個字來表示堯舜時代由於民風淳樸，所以「用詞甚簡」。周《誥》：《尚書・周書》有五篇誥：《大誥》《康誥》《酒誥》《召誥》《洛誥》，文字都很長，所謂「殷《盤》周《誥》，佶屈聱牙」，比起《堯典》，繁難多了。
5 何必讀書，然後為學：《論語・先進》：「子路使子羔為費宰。子曰：『賊夫人之子。』子路曰：『有民人焉，有社稷焉。何必讀書，然後為學？』子曰：『是故惡夫佞者。』」

教養人民的法則，是唯有有道德的人才能夠當君主，這是天下一家，萬物一體，自古至今，永遠不會改變的道理，不是平常人隨意分別種類，懷著地域觀念的一些淺薄的見解，就可以妄自評斷的。

《尚書》說：「上天沒有偏私之心，只輔助有德的人。」假如一個人的道德足以當君主，則上天一定保佑他，讓他做天子。從來沒有聽說過不以道德感化人民，而只選擇某一地方的人而輔助他的道理。又說：「愛護我們百姓的就是我們的君主，虐待我們百姓的就是我們的仇敵。」這是民心向背最好的說明。從來沒有聽說過百姓的愛戴之心，是不問道德只問地域的道理。又說：「順承天意的昌盛，違逆天意的滅亡。」只有有道德的人才能順承天意，上天的賜予，又怎麼會因為不同地域的人而有所不同呢？

我清朝在東土創立國基，歷代聖賢相傳，保護萬國，上天賜佑深福，道德教化普施四方，恩澤廣被遠方，使百姓得到良好的照顧，無論在中外都普遍受到人民的尊敬與愛戴，到現在已經有一百年了。我清朝既然奉承天命，做中外百姓的君主，則我們轄下受到愛護照顧的人民，怎麼可以因為華夷的不同而有所歧視？而中外的臣民既然共同推戴我清朝為君主，就應該竭誠效忠，盡到做臣子的責任，更不能因華夷的不同而心懷異志。這是無論就天道或人理來衡量，無論是多偏遠的地方或何處的百姓，都沒有不明白我清朝大一統的地位，所有的子民都不敢有所逾越的事實。

可是逆賊呂留良，天生兇狠悖逆，喜好禍亂，破壞人倫，私下著述，竟妄稱自宋恭帝德祐年以後，天地變色，自古未聞的慘禍，在今天又出現了。而他的門徒嚴鴻逵等人，互相附和，極其猖狂之能事，

因而影響到曾靜，以妖言煽動群眾，任意譭謗，甚至說八十多年來，都是天昏地暗，日月無光。在逆賊的心目中，只不過是因我清朝以滿洲君主的身分入主中國，而妄生地域差別的私心，於是故意譏諷譭謗而已。殊不知我清朝在滿洲，就好像中國人有籍貫一樣。舜是東夷人，文王是西夷人，對他們的聖德又有什麼妨害呢？

《詩經》說：「戎狄必須加以排擊，荊舒必須加以嚴懲。」這是因為他們僭越稱王，侵略中國，不知道君臣的大義，因而聲明他們的罪狀，加以嚴懲，並不是因為他們是戎狄而加以排斥。若是以戎狄而論，則孔子周遊列國，不應該到楚國應楚昭王的徵聘；而秦穆公稱霸西戎，孔子在刪定《書》的時候，也不應該將《秦誓》列在《周書》後面了。華夷之別的說法，始於晉、宋六朝偏安的時期，當時雙方都一樣糟劣，無法勝過對方，因此北方人罵南方人為「島夷」，南方人斥北方人為「索虜」。當時的人不肯切實地修德行仁，而只是以口舌相譏，已經是最卑劣的了。如今逆賊在天下一統、華夷一家的時候，居然妄自分別中外，橫生憤怒，豈不是悖逆天理、無君無父，連蜜蜂、螞蟻都不如的異類嗎？

就天地氣數的道理來說，明代自從嘉靖年以來，君臣不修道德，盜賊四起，百姓塗炭，國家沒有一日是安寧的。當時的天地，難道不算閉塞嗎？我清朝建國以來，掃除群寇，天下安定，政教修明，文化鼎盛，萬民安居樂業，中外祥和安樂，老老少少，一生之中從沒有看到過戰亂。如今天地清明寧靜，百姓廣受恩澤，勝過明代的地方，連三尺高的小孩都知道，難道還算是昏暗嗎？天地以仁愛為心，以公正無私的態度作衡量，因此道德聚於近處的，大統就集於近處；道德

聚於遠方的，大統也集於遠方。孔子說：「有偉大的道德必能承受天命。」自有帝王以來，道理都是相同的。如今逆賊以冥頑不靈、猖狂放肆的觀念，不顧天命的取捨、政治的得失，不顧人民的安危、國境的大小，只偏愛於自己的地域，為區區的疆界而憤恨不平，公然指斥我清朝，企圖達到他們滅棄人倫、破壞綱紀的悖逆目的；甚至極盡狂吠的能事，竟敢說如今的天地是昏暗不明的！難道皇皇上天，明察秋毫，反而不如逆賊來得有見識嗎？

　　自古中國一統天下的時期，疆域都不廣大，其中若有不肯歸化的民族，就指斥他們為夷狄。如三代以前的有苗、荊楚、獫狁，就是現在湖南、湖北、山西，若是現在也視他們為夷狄，行得通嗎？在漢、唐、宋全盛的時期，北狄、西戎世世為患邊境，從來無法臣服他們而收歸於版圖，因此還有此疆彼界的分別。自從我清朝入主中國，君臨天下，連蒙古遙遠的各個部落，都已收歸版圖，因此中國領土的拓廣，實在是中國臣民的幸運，怎麼可以還有華夷、中外的分別？自古以來做君主的道理，應該視人民如赤子；做臣子的道理，應該奉君主如父母。如果為人子女，他的父母即使不慈愛，也不可以懷恨、忤逆，何況我清朝君主，實際上已盡了父母之道，竭誠地保護人民，而這幹逆賊還忍心肆無忌憚的譏謗，真教做君主的不知道應該採取什麼方法才可以了！

　　過去康熙年間，各地奸徒叛亂，往往以朱三太子為藉口，像一念和尚、朱一貴等人，真是數不勝數。最近還有山東人張玉，冒稱姓朱，偽託是明室的後裔，遇到算命的推算他有帝王的福分，因此有非分之想，企圖煽動愚民，如今被步軍統領衙門捕獲查問。自古以來

異姓皇帝先後繼位，前朝的宗室臣服於後代的很多，要不然就隱姓埋名，躲藏在民間，從來沒有像本朝的奸民假冒朱姓，搖惑人心這麼多的。像這樣的情況如果持續下去，則中國君主的後代子孫，若是遇到有異姓君主即位，一定會被殺得寸草不留，這豈不是奸民所造成的後果嗎？況且明太祖承接元朝而擁有天下，明太祖就是元朝的子民，以綱常倫理而言，怎麼脫離得了篡竊的罪名？

至於我清朝，則是明朝的鄰邦而已！而且明朝的天下，亡於流賊之手，當時邊亂四起，倭寇騷動，流賊中具有名號的不可勝數，而各個村莊的無賴匪徒，又乘機搶劫燒殺，一些不法軍人，又假借征剿的名義，到處騷擾，殺害良民請功，以充作所獲盜賊的人數。中國人民，死亡過半，就如四川人，竟然有一個活口也沒有留下的遺憾！偶爾能夠生存下來的人，也是肢體不全，耳鼻殘缺的。這是天下人都知道的事。康熙四五十年間，還有目睹當時慘狀的父老，啼泣地述說這件事的，而且也都很慶幸我清朝能夠統一中國，削平群盜，將普天下的人民自水深火熱中拯救出來，而且受到妥善的照顧。可見我清朝對中國的恩惠，實在是又深又厚了。

至於厚待明朝宗室的禮儀，史籍記載得很多。其中藩王的後代，只要真的是明代的後裔，則格外施予恩典，封為侯爵，這也是自古未有的恩典。而一些心存叛逆的奸民，動不動就假借朱姓的名義起兵造反，呂留良等人又借明代的名義，肆無忌憚地發表分別華夷的邪說，企圖達成他們謀叛的心願，這不但是我清朝的賊寇，實際上也是明代的大仇呀！

中國人歧視外族入主中國的君主，其害處不過是任意譏毀，蠱惑

一兩個匪類而已,對是非、倫常並沒有什麼損害。但是如果外族入主中國的君主,不將中國人視為赤子,那麼中國人又何以安身立命呢?況且,「愛護我們的為君主,虐待我們的是仇敵」,是人之常情,假如已愛護他們了,卻不將對方視為君主,恐怕就不合乎順天合理的常情了。假如做君主的人將不合情理的事加之百姓身上,百姓能夠忍受得了嗎?做君主的尚且不能將不合情理的事加之百姓身上,難道百姓反而可以將此加之君主嗎?孔子說:「君子在任何國家,都不能非議該國的大夫,何況君主呢?」又說:「夷狄雖然有君主,不如中國沒有君主。」連春秋時期百里之大的國家都不能非議該國大夫,何況我清朝奉天承運,在大一統的太平盛世下,君主又怎麼能遭受譭謗呢?而且孔子身居中國,還說夷狄有君主,何況是我清朝的子民,親身蒙受恩澤,生長在我領土中,又怎能發表無君無父的邪說呢?

　　韓愈曾經說過:「中國人行事如同夷狄的,則視為夷狄;夷狄行事如同中國的,則視為中國人。」歷代以來,如元朝一統天下,享國百年,疆域遼闊,在政治措施上,也頗有一些優點,可是後世卻很少人稱道;當時的名臣學士,寫文章歌頌、記載當時美德的,收錄在史籍中,也頗燦然可觀。但是後人故意貶抑,一概說當時沒有什麼出色的人物可以記載,也沒有彪炳的事功值得登錄,這正是一些懷有偏見,學識淺陋的人,不希望歸功於外族君主,想要一筆抹殺而已!殊不知文章著述,是用來記錄信史,傳諸後代,在文學中寓有警惕的內涵的,應該公平正直地論述,對外族君主的善惡,更應當秉公處理,沒有絲毫遺漏。使得中國君主看了,覺得外族君主都這麼聖明仁愛,一定會激起奮勵自勉的決心;而外族君主見到是非自有公論,相信正

直的評斷是永遠存在的，也一定勇於為善，而深戒為惡。這樣的話，文藝對治道的輔助，功勞是多麼大的呀！假如故意一筆抹殺，漏略善的地方不予記載，而捏造出一些惡跡，就將使得中國的君主，認為只要是生長在中國，自然能獲享美名，不必修德行仁，以達成隆盛的治世了；而外族君主，則認為即使朝夕勵精圖治，終究沒有希望得到史書的讚揚，因此為善之心，也就懈怠了下來。這樣的話，中國人民的痛苦，就永遠沒有結束的一天了！

這對世道人心的危害，是語言可以形容的嗎？何況逆賊呂留良等人，不但對於我清朝的一切優良措施、正經大法，都棄置不談，而且還向壁虛造，妄發議論，利用一些沒有根據的言論，作蠱惑風俗人心的工具，顛倒是非，不分黑白，以有為無，以無為有，他們的荒誕乖謬，聳人聽聞，實在可以說是千古的罪人！這正是所謂「強悍不怕死的人，人民沒有不痛恨的」，是不必教誨就可以誅殺的人，不僅得罪我清朝而已！

這種奸險小人，心存叛亂之意，妄圖有萬一僥倖的機會，不曾觀察過古今的大勢：凡是首先倡議造反的人，沒有不死在斧鑕之下，而遺臭萬年的。一個鞏固的國家，豈是烏合之眾所能動搖的？即使是在國運衰微的時候，那些首先叛亂的人，在歷史上從來沒有一個能夠成功的。如秦末的陳涉、項梁、張耳、陳餘等人，一直到元末的劉福通、韓林兒、陳友諒、張士誠等人，雖然猖狂一時，終究很快被消滅掉；而唐、宋中葉的時候，一些草莽盜賊，接踵而起，最後也同歸於盡了。總而言之，這些奸民，不知道君臣的大義，不明白天命之所歸，只是自取滅亡，成為萬古的罪人而已！

人之所以被稱為人而與禽獸有所區別，是因為明白倫理道德，因此「五倫」稱為「人倫」，缺其一便不可稱為人了。君臣是「五倫」之首，天下有無視君主存在而還可稱為「人」的人嗎？懷有無視君主存在之心的人還不能說是禽獸嗎？能盡到人倫就是人，滅絕天理就叫禽獸，絕不可因華夷的不同而區別人和禽獸。而且，上天命此人為君主，而有人卻懷著逆天的心意，哪有不遭到天譴的道理？我以為秉持倫常、愛好道德，是人心之所同，天下億萬百姓，都具有天良，一定都能合乎尊敬君主、親愛長上的觀念，不必再多作剖析宣告了；但是奸險昏悖的小人，像呂留良等心存叛逆的人，全天下也不能說只有這些，因此才頒發這道諭旨，特加訓誨。假如平常就存有這種心意的人，應該捫心自問，發揮天良，仔細地反省一下。

　　我之所以詳細剖析，並非是好辯成性。古時候人心淳樸，因此堯舜的時代，只說「都」「俞」「吁」「咈」，詞句非常簡要；及至殷周時期，人心逐漸澆漓，因此殷的《盤庚》、周的「五誥」，用來告誡臣民的話，反覆周詳，誠懇切要，才能除去蔽錮，警醒愚人，這是古今時勢不能不如此。我常看到一些陰險的小人，被正大的道理折服，理屈詞窮之下，往往借聖人的話，巧妙地諷刺，說「因此我討厭那些言辭便佞的人」等話。殊不知孔子之所以認為子路「便佞」，是針對子路「何必一定要讀書才算治學」的話而發。以強詞奪理的言論，想要蠻橫地壓倒對方，才叫作「便佞」，這就是所謂的「以便捷的言辭防禦諉過」。若是遇到呂留良、嚴鴻逵、曾靜這些悖逆天理、蠱惑風俗人心的叛賊，而以天經地義、綱常倫理的大義曉諭他們，使愚昧無知、平常為邪說所蠱惑的人民，能夠豁然醒悟，不至於遭到天譴而觸

犯國法，這正是為了世道人心，怎麼能夠說是「便佞」呢？我想，天下後世，自然會有公正的裁斷的。

在此命令將呂留良、嚴鴻逵、曾靜等人的悖逆言論，以及我的諭旨，一一刊刻通行，頒佈天下各府州縣以及偏遠的地方，使讀書人和鄉間小民都能夠明白。並且命令各儲存一冊在學舍中，使將來新進的讀書人，個個能夠閱讀、明白。假如有人沒有看過這本書，或有不曾聽過我的諭旨的情形出現，經我隨時抽查得知，一定將該省的學政和該縣的教官從重治罪！特此諭知天下。

（林保淳 / 編寫整理）

與是仲明論學書

戴震

　　戴震（一七二四—一七七七），字東原，安徽休寧人。他是清代中葉著名的思想家和學者，在思想上，他敢於向正統的朱子權威挑戰，但他最精擅的還是經史之學，他以古代經學的治學方法，從校訂古籍、解釋經義，而擴大至典章制度、地理沿革、天文曆法、聲韻音律的範疇，所花的精神、工力，使得一時學風為之轉變，直接導生了「考據學」。他的最大成就，也在於此。其著作，思想上的有《孟子字義疏證》《原善》，其他的則不勝枚舉，收錄在《戴氏遺書》中。

戴震像

背　景

　　戴震的生平學術，據他自己評價，以《孟子字義疏證》為最重要。在其中，他直截而大膽地向正統權威的朱子挑戰，提出了「天理不外人欲」的說法，攻擊朱子「去欲存理」的理論，直指他們「以理殺人」。在清廷尊奉朱子的環境下，這樣的魄力和膽識，是難能可

貴的。但是，他的議論，一方面是誤解了朱子，一方面也淵源自清初顧、黃、顏、李等學者，不能說是創見，再加上極可能是借此譏罵清廷，就思想的開展而言，並沒有什麼特殊貢獻。

影響

以歷史的觀點來看，戴震在學術上的貢獻，主要還在於他以皖派首腦所導引出來的「考據學」。戴震的治學方法，在本文中很清楚作了說明，「由字以通其詞，由詞以通其道」，主張以文字學為基點，從訓詁音韻、典章制度等方面闡明經典大義。他曾說「故訓明則古經明」。要弄清「故訓」，就必須貫通群籍，搜集大量的文獻資料，去偽存真，考核比較，因此，他在這方面所下的功夫極深，各種典章制度、地理沿革，天文曆算上的疑難，都有了頗有價值的考證，對後人而言，不啻是撥雲霧而見青天了。

同時，戴震治學的嚴謹，更引領了其後學的研究態度，助力了一代學風的形成，乾嘉考據學之成為清代顯學，戴震功不可沒。

他的成就，質實而言，應是「方法學」的成就，但是他的方法學也不盡可以採用，尤其是字義的判斷上。字的本義如何，固然相當重要，但是「衍義」往往是學者採為「定義」的範限。一以本義衡量，而忽略了「定義」所界定的範疇，自然不免有所誤導。他對朱子的誤解，正因此而來。

同時，古代文物湮失既久，單從字面上推求其典制，也往往難得定論，反而使得學者殫畢生精力，在「故紙堆」上尋酌琢磨，而完

全忽視了「由詞以通其道」的「道」。乾嘉考據學之所以頗令近人詬病，固然是戴震的後學誤以手段為目的所致，但也未嘗不是由他的方法學直接導生的。

原 文

　　僕所為《經考》，未嘗敢以聞於人，恐聞之而驚顧狂惑者眾。昨遇名賢枉駕，望德盛之容，令人整肅，不待加以誨語也。又欲觀末學所事得失，僕敢以《詩補傳序》並《辨鄭衛之音》一條，檢出呈覽。今程某奉其師命，來取《詩補傳》，僕此書尚俟改正，未可遽進。請進一二言，惟名賢教之。

　　僕自少時家貧，不獲親師，聞聖人之中有孔子者，定六經示後之人，求其一經，啟而讀之，茫茫然無覺，尋思之久，計於心曰：「經之至者道也，所以明道者其詞也，所以成詞者字也。由字以通其詞，由詞以通其道，必有漸。」求所謂字，考諸篆書，得許氏《說文解字》，三年知其節目，漸睹古聖人製作本始。又疑許氏於故訓未能盡，從友人假《十三經注疏》讀之，則知一字之義，當貫群經、本六書，然後為定。

　　至若經之難明，尚有若干事：誦《堯典》數行，至「乃命羲和」，不知恆星七政所以運行，則掩卷不能卒業[1]。誦《周南》《召南》，自《關雎》而往，不知古音，徒強以協韻，則齟齬失讀。誦

---

1 恆星七政：恆星指天上群星。七政，日、月及水、火、木、金、土五星。

《古禮經》，先「士冠禮」，不知古者宮室、衣服等制，則迷於其方，莫辨其用。不知古今地名沿革，則《禹貢》職方失其處所[2]。不知「少廣」「旁要」，則《考工》之器不能因文而推其制[3]。不知鳥獸、蟲魚、草木之狀類名號，則比興之意乖[4]。而字學、故訓、音聲，未始相離，聲與音又經緯衡從宜辨[5]。漢末孫叔然創立反語，厥後考經論韻悉用之[6]。釋氏之徒，從而習其法，因竊為己有，謂來自西域，儒者數典不能記憶也[7]。中土測天用「句股」，今西人易名「三角、八線」，其「三角」即「句股」，「八線」即「綴術」[8]。然而「三角」之法窮，必以「句股」御之，用知「句股」者，法之盡備，名之至當也。管呂，言五聲十二律，宮位乎中，黃鐘之宮四寸五分，為起律之本[9]。學者蔽於鐘律失傳之後，不追溯未失傳之先，宜乎說之多鑿也。凡經之難明右若干事，儒者不宜忽置不講。僕欲究其本始，為之又十年，漸於經

---

2 職方：《周禮・夏官》有職方氏，掌管天下地圖及四方貢賦。
3 少廣：《九章算術》之一，其法即今日數學上的開方法。旁要：九數之一。但在《九章算術》中沒有「旁要」之名，而代之以「句股」，亦即直角三角形中的直邊和斜邊。
4 比興：這兩個字歷來說解紛紜，然其中最基本的觀念，即是《詩經》中的一些草木、動物的名稱，皆別有寄託。
5 經緯衡從：這裡指聲、韻之間交錯縱橫的關係。經是直線，緯是橫線。衡即橫，從即縱。
6 孫叔然創立反語：反語即反切，以兩個字標出一個字的字音，上字取其聲母，下字取其韻母，如「匡」字，枯汪切，即成「匡」。孫叔然即孫炎，但反切之法，漢代馬融、鄭玄及應劭皆已運用，此處有誤。
7 來自西域：反切之法，反切上字稱作「紐」，唐末沙門守溫，曾擬出三十六個字母，故有些人認為反切和佛教傳入中國時的「轉讀」有關，故中國四聲、反切之發現，是由西域僧人所啟發的。戴震則持反對的意見。
8 八線：即三角函數。戴震認為即我國古代天文測量上的「綴術」。所謂「綴術」，即以數綴之方法，即利用三角函數。
9 為起律之本：據《漢書》記載，相傳黃帝命伶倫以竹為管而吹之，得黃鐘之宮，作為標準音，以次遞演成六呂、六律，而成十二律，因此稱黃鐘宮為律本。其管的長度，應是九寸，此處說四寸五分，乃《宋史・樂志》所說的「清黃鐘宮」。

有所會通，然後知聖人之道，如懸繩樹槷，毫釐不可有差[10]。

僕聞事於經學，蓋有三難：淹博難、識斷難、精審難。三者，僕誠不足與於其間，其私自持，暨為書之大概，端在乎是。前人之博聞強識，如鄭漁仲、楊用修諸君子，著書滿家，淹博有之，精審未也。別有略是，而謂大道可以徑至者，如宋之陸，明之陳、王，廢講習討論之學，假所謂「尊德性」以美其名。然舍夫「道問學」，則惡可命之「尊德性」乎[11]？未得為中正可知。群經六藝之未達，儒者所恥。僕用是戒其頹墮，據所察知，特懼忘失，筆之於書。識見稍定，敬進於前不晚，名賢幸諒。震白。

《戴震集》

譯 文

我所著的《經考》一書，從不敢向人提起，這是恐怕很多人聽到後都會驚訝而迷惑。昨天承蒙您來拜訪，我一見到您那岸然的道貌，就為之肅然起敬，根本就無須您再加以訓誨了。您想考查一下我治學的得失，我很貿然地便將《詩補傳序》和一篇《辨鄭衛之音》挑揀出來，呈上給您觀看。今天程某人奉了師命，向我索取《詩補傳》。我這本書還有需要修正的地方，恐怕不適合立刻呈諸您面前。在這裡，我倒想說一說我的意見，希望您不吝指教。

---

10 懸繩樹槷：此處猶言設立出標準，不容逾越。繩是量曲直的工具，槷則用以測日景。
11 尊德性：宋儒陸九淵之學，以「尊德性」為主，主張發明一心，與朱子之「道問學」以博返約的主張有出入。大體而言,清人的學風較重視「道問學」，故戴震才會有「舍夫『道問學』，則惡可命之『尊德性』乎」的話。

我自幼貧苦，沒有機會跟從老師學習，但卻曾聽說有孔子這麼一個聖人，手定六經教示後人。我千方百計求得其中一經，展開閱讀，卻覺得一片迷惘。思索良久之後，心中擬出了一個計較：「所謂經的極致，是道；要明白道，則須透過文詞的媒介，而文詞是由字組成的。因此，由字而明瞭詞，由詞而理解道，一定有循序漸進的方法。」於是我先求瞭解字義，而找到許慎的《說文解字》，花費了三年的工夫，而明白其大體的內容，也逐漸瞭解到聖人造字的淵源。但我又頗懷疑許慎對字義的解釋未必詳確，因而從朋友那裡借了《十三經注疏》來讀，才知道要瞭解一個字的字義，一定要通貫群經，以六書為根本，才能得到定論。

至於經書之難於瞭解，還有很多地方，如：讀《堯典》幾行，到了「乃命羲和」的段落，若是不明白天上群星和日、月、五星運行的軌道，就會掩卷而嘆，無法再讀下去。讀《周南》《召南》的詩篇，從《關雎》篇以下，假如不明白古音，只是勉強地去押韻，就會口舌拗拗，讀不出正確的發音。讀《古禮經》，先讀「士冠禮」這一章，如果不曉得古時候房屋、宮室、衣服的制度，就會迷失方向，無法分辨如何實行。不知道古今地名的沿革，則《禹貢》這篇文章和《周禮》職官氏的責任，也都會搞不清楚。不明白「少廣」「旁要」的計算方法，則《考工記》中的各種器物，也無法由文字中推求出它們的形制。不知道鳥獸、蟲魚、草木的形狀、種類和名字，則詩人利用這些動植物寄託比興的地方，也都會有所誤解。而一個字的字形、字義、字音，是不能相離的，尤其是聲和韻之間縱橫的關係更應該分辨清楚。漢末魏初的孫叔然創立了反切之法，自此以後考究經籍，討論

音韻都運用這個方法。佛教徒學習到這個方法,卻攘竊據為己有,說這方法是來自西域的,而中國的學者也數典忘祖,記不起來了。中國測量天文用「句股」法,現在西方人改名為「三角、八線」,這「三角」,其實就是「句股」,「八線」就是「綴術」。但是「三角」測量法有時無法完全測出,一定要有「句股」法來駕馭,因此可以得知「句股」法,實在是最完善的方法,名稱也是最恰當的。在音樂律呂方面,一般都說有五音十二律,宮位居中央,清黃鐘宮之管長四寸五分,是製作律呂的根本。而一般學者由於黃鐘宮的音律失傳的蒙蔽,因而無法追溯到還沒有失傳前的原理,這也難怪有這麼多穿鑿附會的說法了。諸如右列所舉,都是經書難於瞭解的地方,學者是不應該忽視而不研究的。我一直希望能探究出其淵源所在,因此盡十年之力從事於此,逐漸能貫通群經,而後才知道聖人所傳下來的道理,像是繩墨圭臬一樣,是絲毫不可以有偏差的。

  我曾聽說研究經學有三個困難:學問淹博難、明識論斷難、精確考核難。這三項,我當然也有所不足,但是私底下自勉,以及著書的大體方向,卻正朝突破這三個困難的方向而努力。前人有學問廣博,識見超卓的,像鄭樵、楊慎這些學者,著作豐富,學問是夠廣博的了,但是卻談不上考核精確。而另外一些人則連這個都忽略了,居然認為大道可以一蹴而就,像宋代的陸九淵,明代的陳獻章、王守仁,完全廢棄了講習研討學問的功夫,而假借所謂「尊德性」博取美名。但是若捨棄了「道問學」,又怎麼稱得上「尊德性」呢?他們的治學方法不是中直切當是一望而知的了。群經、六藝無法通達明白,是身為儒者最感到恥辱的事。因此,我時刻警惕自己不要頹廢荒墮,根據

自己所體會到的，怕一時忘記，將它先寫出來。等到我的見解再確定一些之後，再恭敬地呈給您指正也為時未晚，希望您能諒解。戴震上。

（林保淳 / 編寫整理）

開四庫全書館詔
弘曆

弘曆（一七一一—一七九九），即清高宗，在位六十年，年號乾隆。清高宗時是清代國勢鼎盛的時代，在內政、外交、文化、軍事上，都有輝煌的成就，因此高宗曾自號「十全老人」。但他晚年寵信和珅，伏下了嘉慶中衰的病因。他在位期間，最值得一書的便是《四庫全書》的編纂，此書蒐羅宏富，已成為我國文化遺產中的瑰寶。

弘曆像

背景

《四庫全書》的纂修，自乾隆三十七年（一七七二）正月頒示訪求遺書的詔令算起（次年二月正式開設四庫全書館），到乾隆四十七年（一七八二）第一部《四庫全書》抄錄完成，一共歷時十一年之久，動員了上萬學者、謄錄員、校對員……工程之浩大，以及所投入的人力、財力，都是空前絕後的；而所收錄書籍之浩繁，更是令人嘆為觀止——有三千四百多種著作，裝訂成三萬六千多冊。

乾隆在位的六十年間，由於康熙、雍正開拓出一個深厚的根基，

加上他的勵精圖治，文治、武功都粲然可觀，因此他晚年頗志得意滿地自號為「十全老人」。《四庫全書》軼邁古人的成就，誠然可以為他平添出一項值得誇耀的政績，滿足他「好大喜功」的虛榮心。

在乾隆一道道上諭的催促之下，這一座凝聚了當時學者心血結晶的中國文化上的萬里長城，終於美輪美奐地建築完成了，其中的片磚片瓦，都是彌足珍貴的吉光片羽。這不但是中國文化史上的一項偉大建設，衡諸全世界，只怕也找不出一個足以相提並論的例子！

《四庫全書》前後一共繕寫了七部，分貯於北四、南三七處藏書閣。除此七部之外，還有菁華本《四庫全書薈要》兩部，專供御覽，以及著名的《四庫全書總目提要》。近二百年來，不知嘉惠了多少學人。姑不論乾隆修書的原意如何，就保存文化遺產而言，他的這份功績仍然是值得推崇的。

儲置《四庫全書》的文淵閣；《四庫全書》經史子集以不同顏色包裝

當時七部《四庫全書》分貯於文淵閣（故宮）、文源閣（圓明園）、文溯閣（瀋陽）、文津閣（承德）、文宗閣（鎮江）、文匯閣（揚州）、文瀾閣（杭州）七處。近二百年來，由於天災、兵燹，目前僅存文淵、文津、文溯、文瀾四閣，撫今思昔，難免有扼腕之嘆。

第一部是文淵閣藏本，亦是《四庫全書薈要》中的一部，至今厝藏在臺北故宮博物院。文津閣本在北京國家圖書館、文溯閣本在蘭州圖書館、文瀾閣本在浙江圖書館。

影 響

乾隆之所以大張旗鼓地展開修書的工程，無非是借此機會重彈自順治以來鉗制思想、籠絡士人雙管齊下的老調。一方面，藉口「檢核」之名，徹底實施了檢查違禁書刊的工作，將一些犯了清廷大忌的書籍——尤其是具有排清思想的著作，進行全毀、抽毀，或竄改字句的「檢核」，以維護自己的統治權。在此私心自用的心理下，《四庫全書》排拒了許多明末愛國志士的著作，稱其為「明季狂吠之詞」，同時也任意割裂、竄改原文，就整部大書而言，造成了不小的遺憾，而其用心之巧詐，也十足地反映出來了。

另一方面，修書所需的龐大人員，也在宣揚文化的口號下，個個樂為之用。既可博得「稽古右文」的美名，又可以暗地裡控制住這些學者，一舉兩得，與康熙以來博學鴻詞、山林隱逸等特科的召舉，如出一轍，也正是「明史館」收買人心、消除反側的故伎，而且手段似乎更高明一些。從此，中國士人在高壓、籠絡的雙重禁錮下，氣息奄

奄,再也沒有反清的義舉了。章太炎曾慨嘆自乾隆以來義師「寂泊無所聞」,正說明了《四庫全書》的纂修,在籠絡人心上有一定的成效。

原文

朕稽古右文,聿資治理,幾餘典學,日有孜孜。因思策府縹緗,載籍極博,其鉅者羽翼經訓,垂範方來,固足稱千秋法鑒;即在識小之徒,專門撰述,細及名物象數,兼綜條貫,各自成家,亦莫不有所發明,可為遊藝養心之一助[1]。是以御極之初,即詔中外搜訪遺書,並命儒臣校勘「十三經」「二十一史」,遍佈黌宮,嘉惠後學。復開館纂修《綱目三編》《通鑑輯覽》及《三通》諸書,凡藝林承學之士,所當戶誦家弦者,既已薈萃略備。

第念讀書固在得其要領,而多識前言往行,以畜其德;惟搜羅益廣,則研討愈精。如康熙年間所修《圖書集成》,全部兼收並錄,極方策之大觀,引用諸編,率屬因類取裁,勢不能悉載全文,使閱者沿流溯源,一一徵其來處[2]。今內府藏書,插架不為不富,然古今來著作之手,無慮數千百家,或逸在名山,未登柱史,正宜及時採集,匯送京師,以彰千古同文之盛[3]。

---

1 策府:是古代帝王藏書之所。縹:青白色的帛。緗:淡黃色的帛。古時候常用這兩種顏色的帛盛書或作書衣,因此後來稱書籍為「縹緗」。
2《圖書集成》:原名《古今圖書集成》,共六彙編,三十二典,六千一百零九部,為陳夢雷所編,時為康熙三十九年(一七〇〇),五十五年(一七一六)進呈朝廷,康熙賜名《古今圖書集成》,並命儒臣重加編校,及至雍正年間才告完成。
3 柱史:即柱下史,官名,周、秦二代皆設柱下史之官,以掌理國家圖書,因此,「未登柱史」即指未曾搜羅至宮中,與「逸在名山」——即散藏在民間——同義。

其令直省督撫會同學政等，通飭所屬，加意購訪；除坊肆所售舉業時文及民間無用之族譜、尺牘、屏幛、壽言等類，又其人本無實學，不過嫁名馳鶩，編刻酬倡詩文，瑣碎無當者，均無庸採取外，其歷代流傳舊書內，有闡明性學治法，關係世道人心者，自當首先購覓[4]。至若發揮傳注、考核典章，旁暨九流百家之言，有裨實用者，亦應備為甄擇。

又如歷代名人，洎本朝士林宿望，向有詩文專集，及近時沉潛經史，原本風雅，如顧棟高、陳祖範、任啟運、沈德潛輩，亦各著成編，並非剿說巵言可比，均應概行查明[5]。在坊肆者或量為給價，家藏者或官為裝印，其有未經鐫刊，只係鈔本存留者，不妨繕錄副本，仍將原書給還。並嚴飭所屬，一切善為經理，毋使吏胥藉端滋擾。

但各省搜輯之書，卷帙必多，若不加之鑒別，悉令呈送，煩複皆所不免。著該督撫等，先將各書敘列目錄，注係某朝某人所著，書中要旨何在，簡明開載，具折奏聞。候匯齊後，令廷臣檢核，有堪備閱者，再開單行知取進，庶幾副在石渠，用儲乙覽[6]。從此四庫、《七略》，益昭美備，稱朕意焉[7]。

《東華錄》

---

4 舉業時文：科舉時代為了應付朝廷以八股取士，而編制了許多範本，通常稱為「時文」，專攻「時文」，則稱為治「舉業」。
5 巵言：本出《莊子・寓言》：「巵言日出。」意指源源不斷的言論。但是由於巵與「支」同音，因此常被用來形容一些微不足道、支離破碎的言論。
6 石渠：漢代蕭何造石渠閣，以庋藏秦朝留下來的圖籍，成帝時又將國家圖書（秘書）收藏於此，因此後人便以「石渠」作國家藏書所的代稱。
7 四庫：指經、史、子、集四部，故又稱四部，是自《隋書・經籍志》開始確立的圖書分類標準。《七略》：是我國第一部圖書目錄，為漢代劉歆所作。兩者皆是有關圖書目錄方面的事，因此在這裡指國家藏書而言。

譯 文

　　我一向重視古代典籍及傳統文化的維護，以作為治理國家的輔助，在萬機之暇，每天都孜孜不倦地研討學問。因此常常想到朝廷中的藏書，搜羅極為豐富，其中重要的著作可以輔佐經書、傳注，為未來樹立典範，固然可以說得上是千秋萬世的寶典；即使是一些識見較淺的人，在專心致力的創作下，將一些微細得像名物、象數等瑣碎的事物，綜合整理得井井有條，自成一家，也都能有所創見，有助於人們欣賞文藝、修養身心。因此在即位之初，便詔示中外臣民搜求遺書，並命令儒臣校勘十三經、二十一史，頒佈各學舍，以嘉惠後學。同時又開創史館纂修《綱目三編》《通鑑輯覽》及《三通》等書，凡是有志於文學藝術的人所應該家傳戶誦的書籍，都已經收集得差不多了。

　　但是又考慮到，讀書固然是為了明白書中主旨，而且廣泛地攝取前人的經驗，以修養自身的品德；但是搜羅的書籍越多，則研究得更精深。例如康熙年間所纂修的《古今圖書集成》一整套，其中兼收並錄，可以說是極書籍的大觀了。但是在引用各種書籍時，大多是就各個類別而有所取裁，勢必無法將全文記載下來，使讀者能夠追溯源流，一一考核出其中的出處。如今朝廷中的藏書，羅列不能說不豐富，但是自古至今的作者，不下數千人之多，有的書散藏在民間，沒有搜羅進來，正應該及時收集，一齊送到京城，以彰顯千年以來「書同文」的盛況。

　　在此命令直隸和各省的總督、巡撫，會同各省學政等官，通令所

屬單位，加倍留心購求；除了坊間所賣的舉業時文及民間沒有實用價值的族譜、書信、屏幛、壽言等種類，還有作者本身沒有真才實學，不過借助名目招搖撞騙，編刻酬唱的詩文，支離破碎、無關緊要的書本，都不必採取以外，在歷代流傳下來的舊書中，如果有闡明心性、治法等學問，關係著世道人心的書籍，自然應該首先購求。至於發揮傳注、考核制度，旁及九流百家的言論，而能有助於切實運用的書籍，也應該搜羅，以備選擇。

還有像歷代有名的學者，以及本朝素有名望的士人，過去有詩文專集流傳的，以及近來潛心研究經史，學問原本於風、雅的，如顧棟高、陳祖範、任啟運、沈德潛等人，也都各有著述，不是一般抄襲前說、支離破碎的言論所能相提並論的，都應該一一查明。在坊間書店中出售的，酌量給予書價；士人家中收藏的，由官府代為裝印。如果有不曾雕板刊行，只是手抄本留存的，不妨謄錄副本，仍將原書交還本人。同時要嚴格命令屬下等，一切妥善安排，切不可使吏胥借著訪求的名目，增加人民的困擾。

但是各省所收輯的書籍，卷帙一定很龐大，假如不加以鑒別，全部令他們呈送朝廷，則繁雜重複將會無法避免。特命令各省督撫，先將各類書籍開列書目，注明是哪一朝代哪一個人所著，書中的大旨如何，簡單明瞭地寫出來，奏明呈報。等到書籍收齊以後，命令朝中儒臣一一檢閱，有值得一讀的，再開列所取進的名單呈送上來。希望能夠有助於國家藏書的充實，儲備起來以備閱覽之用。從此，國家的藏書將更完美、更周備，這也才符合我的心意啊！

（林保淳／編寫整理）

《古文尚書疏證》提要

紀昀

紀昀（一七二四——一八〇五），字曉嵐，一字春帆，自號石雲，直隸獻縣（今屬河北）人。乾隆修《四庫全書》，命他做總纂官，校訂整理，而且撰寫了《四庫全書總目提要》，冠諸簡首，可稱是他一生的大手筆。著有遺集及《閱微草堂筆記》等行世。

《四庫提要》共二百卷，是《四庫全書》纂修時的副產品，以經、史、子、集四部為綱領，分將諸書類屬，每類又分著錄、存目兩項，著錄之書皆有鈔本，存於閣內；存目之書，則為《四庫全書》所不收者。每書撮舉大凡，撰為提要，條舉得失，融會貫通。無論就文獻保存、學術研究，或目錄學而言，都是一部非常重要的典籍。其後因卷帙浩繁，又有《簡明目錄》二十卷，內容比《提要》簡略，而且沒有存目。

紀昀像

背　景

《古文尚書疏證》，一名《尚書古文疏證》，是清初學者閻若璩

（一六三六——一七〇四）耗費畢生精力，反覆沉潛，完成的一部不朽巨著。《疏證》的完成，象徵著一個新時代的來臨，不但解開了懸之一千五百多年的《古文尚書》疑案，而且對清代學術的另一種學風——考據之學提供了助力。

閻若璩的一生，雖然頗熱衷於功名，而且天性好爭喜勝，但終其一生，卻連一個小官都未曾做過。仕途的偃蹇，激使他將全副精神力量，專注於學術的研究之中，冀望能透過這個途徑，博得仕宦所未能得到的名望與地位。雖是一片好名之心作祟，倒也為學術作出了莫大的貢獻，同時也使自己成了清代考據學的開山祖師。

影　響

《疏證》的出現，至少有三種重大的意義：一是為清初學者批駁明代理學末流提供了堅強的證據；一是儒家經典的權威性受到懷疑，使學者逐漸敞開心胸，面對其他理論系統的知識；一是啟開了影響清代甚巨的考據學風。以下我們將這三種意義作簡要的闡述。

宋代的儒學，自朱熹提倡「性即理」之說，以「理」和「道」「性」合而為一之後，宋代陸九淵及明代王陽明以「心即理」之說，起而相爭持，以為所謂的「理」，其實只在一「心」，這便是著名的「朱陸之爭」或「朱王之爭」。在朱子的系統中，對《古文尚書·大禹謨》中的「十六字心傳」相當重視，王學一脈，雖不贊同「人心」「道心」之說，卻也無法舉出有力的反證以批評朱學，直到《疏證》將《古文尚書·大禹謨》中的偽造淵源，一一自《論語·堯曰

篇》和《荀子・解蔽篇》中尋出根源之後,才算是獲得了攻擊朱學的利器。如黃宗羲在為《疏證》所作的序中,便明白地指出:「人心道心,正是荀子性惡宗旨;惟危者,以言乎性之惡;惟微者,此理散疏,無有形象,必擇之至精,而後始與我一,故矯飾之論生焉。後之儒者,於是以心之所有,唯此知覺,理則在於天地萬物,窮天地萬物之理,以合於我心之知覺,而後謂之道。皆為人心道心之說所誤也。」同時,更指出「此十六字者,其為理學之蠹甚矣」。《大禹謨》既是偽書,則朱學一脈的根據地,自然也就可以不攻而破了。朱學既破,則王學末流的空談心性,便成為孤軍奮戰的局面,有心人士之採取「以實去虛」的途徑,針對王學作更革,也就相對容易多了。因此,《疏證》的出現,可以說是清初學者攻擊理學的一大助臂。此其一。

其次,在中國傳統文士的觀念中,儒家經典宛如一座屹立不搖的山嶽,所謂「高山仰止」,因而形成了尊崇「六經」,有『『六經』便是世間一切知識的來源」的根深蒂固的想法。不但據此批評先秦諸子、佛教、道教為「異端邪說」,同時更以「六經」作為衡量世間學問的標準,凡是「六經」之中未曾提到的學問,皆一概屏斥。這就形成了知識分子褊狹的胸襟與固執的心態。《疏證》的證明,顯示出了「六經」之中也可能有不盡真確的學說,如此一來,「六經」的權威便開始動搖——疑經,這是敞開學識胸襟的第一個步驟。由疑經觀念出發,自然會對以「六經」為衡量標準的觀念產生動搖,因而轉向對其他學問的重新認識,清初學者中如王夫之、傅山等都對諸子及佛學有相當深入的研究,並且部分肯定了他們的價值,與此是有很深的關

聯的。

　　最後的一點則是與閻若璩的研究方法直接相關的。閻若璩作《疏證》，採用了實在的證據作材料，以比較、歸納的方法，推獲了許多顛撲不破的結論。這種方法，是以前學者所疏忽的，因此不但閻氏借此撰成了不朽的巨著，而且在其後學者的繼承開發之下，遂造成了清代考據學的蓬勃發展，如惠棟、戴震、錢大昕等人，都是繼承閻氏，考據學中的佼佼者。《提要》說閻若璩「考證之學，則固未之或先矣」，便是指他在這一方面的開拓功勞而言。江藩作《漢學師承記》，將閻若璩置於第一人，是有相當道理的（考據學就狹義而言，又稱「漢學」，與言義理的「宋學」對峙）。

　　當然，所謂的學術風氣，絕非一時之間所造成的。開創者雖有功績，卻也不可能立刻使當時的所有學者認可，《疏證》出現之後，雖有許多人附和，但也引起了一些衛道者的攻擊。毛奇齡的《古文尚書冤詞》是第一個挑戰者，其後顏元、李塨、翁方綱、洪良品等人相繼提出駁難，所謂「真理越辯越明」，就在這些反覆的辯論之中，一個影響巨大的學術風氣，遂逐步邁向它成熟的境界。

原 文

　　《古文尚書疏證》八卷，內府藏本[1]。國朝閻若璩撰。

1　內府藏本：這四個字原為小字，按《四庫全書總目》的體例，在書名之下，注明其書的來源，如「通行本」「江蘇巡撫採進本」「內府藏本」「內府刊本」「浙江吳玉墀家藏本」「永樂大典本」等等。這本書便是宮廷中的藏書。內府，即宮廷之內。

若璩,字百詩,太原人,徙居山陽。康熙己未薦舉博學鴻詞[2]。

《古文尚書》較《今文》多十六篇,晉、魏以來絕無師說[3]。故左氏所引,杜預皆注曰「逸書」。東晉之初,其書始出,乃增多二十五篇。初猶與《今文》並立,自陸德明據以作《釋文》,孔穎達據以作《正義》,遂與伏生二十九篇混合為一。唐以來雖疑經惑古,如劉知幾之流,亦以《尚書》一家,列之《史通》,未言《古文》之偽[4]。自吳棫始有異議,朱子亦稍稍疑之。吳澄諸人,本朱子之說,相繼抉摘,其偽益彰,然亦未能條分縷析,以抉其罅漏。明梅鷟始參考諸書,證其剽剟,而見聞較狹,蒐採未周。至若璩乃引經據古,一一陳其矛盾之故,《古文》之偽乃大明。所列一百二十八條,毛奇齡作《古文尚書冤詞》,百計相軋,終不能以強詞奪正理,則有據之言,先立於不

---

[2] 康熙己未薦舉博學鴻詞:康熙己未是康熙十八年(一六七九),此時閻若璩四十四歲。但閻氏這次應博學鴻詞之舉,並沒有考上。
[3] 《古文尚書》:《尚書》在秦始皇焚書,禁絕「詩書百家語」之後,失傳了一段時間。漢文帝時,派晁錯向伏生學習,由伏生口授,以當時的通行文字「隸書」記載下來,這便是《今文尚書》,共二十九篇。其後魯恭王在孔子故居的牆壁中,發掘到另一種以秦朝以前流行於東方的文字──「古文」──所寫的《尚書》,據傳由孔安國的家人獻給朝廷,是為《古文尚書》,一共四十五篇,多出了十六篇。由於《古文》《今文》的篇數、內容、解說不太相同,因此引起了漢朝著名的一個公案──今古文之爭。
[4] 列之《史通》:唐朝人懷疑精神很盛,劉知幾是其中最著名的人物。《史通》中的《疑古》《惑經》兩篇,都對經典提出了質疑。但是,懷疑也僅止於懷疑,他在《史通》中,仍將《古文尚書》列為「六家」之首,承認它的地位和價值,因此下文說「未言《古文》之偽」。
《古文》之偽:《古文尚書》與《今文尚書》不同的十六篇,在西晉時已經失傳,東晉時的梅賾,根據一些佚文和先秦典籍,割裂拼湊,偽造了二十五篇《古文》,並偽作了孔安國的《傳》,唐朝孔穎達作《五經正義》,將《今文》和《偽古文》並收,從此便成為通行的一部書了。宋朝以來的學者,雖頗懷疑《偽古文》,但卻沒有人敢直接指出《偽古文》是偽造的,直到閻若璩以堅實的證據,力證其偽,才得以真相大白。

可敗也[5]。

　　其書初成四卷,餘姚黃宗羲序之;其後四卷,又所次第續成[6]。若璩沒後,傳寫佚其第三卷,其二卷第二十八條、二十九條、三十條,七卷第一百二條、一百八條、一百九條、一百十條,八卷第一百二十二條至一百二十七條,皆有錄無書,編次先後,亦未歸條理,蓋猶草創之本。

　　其中偶爾未核者,如據《正義》所載,鄭元《書序注》,謂馬、鄭所傳,與《孔傳》不合,其說最確;至謂馬、鄭注本,亡於永嘉之亂,則殊不然[7]。考二家之本,《隋志》尚皆著錄,稱所注凡二十九篇,《經典釋文》備引之,亦止二十九篇,蓋去其無師說者十六篇,止得二十九篇,與伏生數合,非別有一本注孔氏書也[8]。若璩誤以「鄭逸」

---

[5] 一百二十八條:原書應有一百二十八條,但中間缺了二十九條,只剩九十九條。有些學者認為其中缺去的部分,是閻若璩看到毛奇齡的《古文尚書冤詞》後,覺得自己立論欠周到,因而自行刪除的。毛奇齡作《古文尚書冤詞》:毛奇齡作《古文尚書冤詞》八卷,極力批駁閻若璩的觀點,衛護《偽古文》。他的一些反對意見,對閻若璩而言,未嘗不是諍言,但是畢竟推翻不了閻若璩的結論。在清初,這是一樁相當重要的學術公案。詳細的情形,請參閱戴君仁《閻毛古文尚書公案》一書(「國立編譯館」中華叢書)。

[6] 餘姚黃宗羲序之:黃宗羲《南雷文約》卷四,有《尚書古文疏證序》一文。

[7] 與《孔傳》不合:孔穎達《尚書正義》曾提到《孔傳》與馬融、鄭玄所注的篇目不合。閻若璩以此為證,證明《偽古文》是晚出的,見《疏證》第三條。永嘉之亂:西晉永嘉五年(三一一),劉淵稱帝,石勒攻陷洛陽,晉懷帝被擄,史稱「永嘉之亂」。此說見《疏證》第二條。

[8] 非別有一本注孔氏書也:以上是《提要》批評閻若璩錯誤的地方。蓋閻若璩認為馬融和鄭玄都曾經注過由孔安國家人呈獻的《古文尚書》,只是在西晉永嘉之亂時亡佚了而已,至於後出的《孔傳》則是梅賾偽造的。《提要》贊成他的結論,卻不贊同馬、鄭注本亡於西晉的說法,因為《隋書‧經籍志》和陸德明的《經典釋文》都曾經提到這兩本書,因此閻若璩的說法顯然有問題。同時,這兩本書都只有二十九篇,和伏生所傳的《今文》篇目相同,可見馬、鄭二人根本沒有注過《古文》。而問題的癥結在於閻若璩將《尚書正義》中所提到「鄭逸」的地方,都看成是鄭玄所注的逸篇的緣故,《正義》的原意,其實是指鄭玄未注此篇。閻若璩一時看走了眼,故下文說他「千慮之一失」。

者」，即為所注之逸篇，不免千慮之一失。又《史記》《漢書》但有安國上《古文尚書》之說，並無受詔作傳之事，此偽本鑿空之顯證，亦辨偽本者至要之肯綮，乃置而未言，亦稍疏略[9]。其他諸條之後，往往衍及旁文，動盈卷帙，蓋慮所著《潛邱札記》或不傳，故附見於此，究為支蔓。又前卷所論，後卷往往自駁，而不肯刪其前說，雖仿鄭元注《禮》，先用《魯詩》，後不追改之意，於體例亦究屬未安[10]。然反覆釐別，以袪千古之大疑，考證之學，則固未之或先矣。

《四庫全書總目提要》

譯文

《古文尚書疏證》八卷，宮廷所藏的本子。本朝閻若璩所作。

若璩，字百詩，太原人，後來移居山陽。康熙十八年己未（一六七九），被推薦應「博學鴻詞」的考試。

《古文尚書》比《今文尚書》多十六篇，魏、晉以來，未曾聽說過它的師承關係，因此《左傳》所引用而不見於《今文尚書》的文句，杜預在注《左傳》時，都說是「逸書」。東晉初年，《古文尚書》才出現，而增加了二十五篇。剛開始的時候，仍和《今文尚書》並

---

[9] 並無受詔作傳之事：有關孔安國和《古文尚書》的關係，《史記‧儒林傳》與《漢書‧藝文志》皆只記載了「安國獻之」，而沒有提到孔安國奉命作《孔傳》的事。《提要》認為這是駁斥《孔傳》的堅實證據，而閻若璩沒有用到，是疏漏了這點。其實，《提要》這個意見未必正確，漢代經師注經，不一定要「受詔」而作；而且，閻若璩曾據孔安國的實際年齡考證，認為孔安國不可能獻書給朝廷，並由荀悅《漢紀‧成帝紀》中找到一條「於安國下，增一『家』字」的確證，證明了是孔安國的後人所呈獻的，已足以袪除《提要》的疑難了。

[10] 後不追改：鄭玄注《禮》，先採《魯詩》的說法（今文），後改用《毛詩》（古文），但是卻不刪除前面採用《魯詩》說法的地方。

行不悖,自從陸德明根據它作《經典釋文》、孔穎達根據它作《尚書正義》以後,便和伏生所傳下來的《今文尚書》二十九篇混合在一起了。唐代以來雖有懷疑經典和古籍的風氣,如劉知幾這一些人;但劉知幾還是將《尚書》一家,列為《史通》中六家之首,而沒有提到《古文尚書》是偽造的。自宋代吳棫開始,才有了不同的意見,朱熹也稍微有點懷疑它。元代吳澄等人,秉持著朱熹的看法,相繼提出了一些《古文尚書》的矛盾所在,它的偽造情形,便更加明顯了。但是他們分析得還不夠詳盡周密,不足以指出其中有漏洞的地方。明代的梅鷟才開始參考古時的典籍,證明《古文尚書》是剽竊割裂而成的,但是見識不廣,證據搜集得也不夠充實。直到閻若璩,才引經據典地一一陳述了其中的矛盾,《古文尚書》出於偽造才大明於世。《古文尚書疏證》列了一百二十八條證據,毛奇齡作了《古文尚書冤詞》,千方百計地想要駁倒它,總是無法強詞奪理,正是因為《疏證》所說有根有據,先立於不敗之地的緣故。

本書最初先寫了四卷,餘姚人黃宗羲曾為它作了一篇序;以後的四卷,則是次第續寫而成的。閻若璩死後,諸人傳鈔摹寫時,遺失了其中的第三卷,而第二卷中的第二十八條、二十九條、三十條,第七卷的第一百零二條、一百零八條、一百零九條、一百一十條,以及第八卷的第一百二十二條到一百二十七條,都只有目錄而沒有實際的條文,而且編排的先後次序,也沒有什麼條理,大概只是剛剛寫成不久的書。

其中偶爾也有些說得不夠精確的地方,例如他據《尚書正義》所記載的鄭玄所注的《尚書大傳》篇數,說馬融和鄭玄所傳的《尚書》,

和《孔傳》的篇數不合（以證明《孔傳》是晚出的），這個說法自然最正確；但是，他認為馬融、鄭玄二人曾注過《古文尚書》，而在西晉永嘉之亂的時候亡佚了，卻十分值得商榷。據考證，馬、鄭二家的注本，《隋書‧經籍志》中還有登錄，並稱他們所注的篇數是二十九篇，《經典釋文》中全部引用過的，也只有二十九篇，也就是除去沒有師說的十六篇，只得到二十九篇與伏生所傳下來的《今文尚書》篇數符合，其實並沒有另外一本孔安國所獻的注《古文》的書。閻若璩誤將「鄭逸」二字，看成是他們所注的《古文》逸篇，未免是「智者千慮，必有一失」了。

同時，《史記》《漢書》中只提到孔安國獻書的事，並未提及奉命作傳的說法，這是《偽古文尚書》穿鑿附會的最明顯例證，也是辨別《偽古文尚書》最重要的地方，他卻沒有提到，也稍微疏忽了些。在其他各條的後面，他往往延伸到無關緊要的意見，動輒占滿了篇幅，實在是憂慮他所作的《潛邱札記》會失傳，所以將其中的意見附加在這裡，終究顯得散漫而沒有系統。另外，他在前面幾卷中的議論，到了後面幾卷，又將它駁倒，而不肯將它們割愛，雖然是仿照鄭玄注《禮》時，先用《魯詩》（後用《毛詩》），而不追改的意思，對全書體例而言，總是不太恰當。但是，他在書中反覆地釐清剔除一些矛盾的地方，而能祛除千古以來對《古文尚書》的大疑問，就考證學這一門學問而言，是沒有人能超過他的了。

（林保淳／編寫整理）

書《朱陸》篇後
章學誠

章學誠（一七三八—一八〇一），字實齋，會稽（今浙江紹興）人。他是清代中葉最富才識的文史學家，曾提出著名的「六經皆史」的理論，並於劉知幾所說的史才、史學、史識之外，增補上「史德」一項，使史學理論更進一層。基本上，他主張一切學術應以經世致用為目的，義理、考據、詞章均是達成此目的的必要條件，缺一則不可，因此很強烈地抨擊了當時盛行的考據學。他主要的著作是《文史通義》和《校讎通義》。

章學誠像

背 景

清代學術的中堅——考據學，在清初諸儒的開創下，到了戴震，更向前推展了一步，逐步邁向巔峰。此後，在戴震弟子輩的努力下，終於締建了燦爛的考據王國。

但是，當時的學者並不是一面倒地傾心於名物制度的考證，正當戴震聲望如日中天的時候，就有學者起而表示反對，章學誠便是其中最重要的一個。

章學誠在戴震生前曾寫了《朱陸》一文，暗中譏諷戴震，但是由於「恐驚曹好曹惡之耳目」，不敢示人。直到戴震死後十餘年，才連同本文一起發佈。這兩篇文章都相當辛辣，因此難免使人誤解他是在借機報復（戴震相當看不起他），進行人身攻擊。連他的摯友邵晉涵都不太諒解，與他反覆辯駁。

　　章學誠的確有點驕矜之氣。其實不僅是戴震，古往今來的學者，上自班固，下迄袁枚、汪中，哪一個沒有被他銳利的鋒芒批評過？這是他一向寫文的慣技，倒不必深究。實際上，章學誠是相當推崇戴震的，甚至稱許他為「乾隆學者第一人」。平心而論，章學誠雖與戴震處於對立面，在當世學者中，卻唯有他可以稱得上是戴震的知己——戴震的《原善》《孟子字義疏證》的價值，也只有章學誠明白。

　　「惟僕知戴最深，故勘戴隱情亦最微中」，章學誠之所以反對戴震，除了鄙薄他的人品外，主要還是針對考據的風氣而發，而戴震是考據學大師，射人先射馬，擒賊先擒王，章學誠筆下自然不會留情。

影　響

　　大抵而言，章學誠治學的基本觀點，在於經世致用，而著述大旨，要涵括義理、考據、詞章三者為一。他並不反對學者從事考據，但卻反對當時執考據以衡量天下學術的偏頗風氣。「記通名數，持其一端」而已，學問之道，絕非如此狹窄。與其說章學誠攻擊戴震，倒不如說他糾正了承襲戴震學風可能產生的偏頗現象，他這種開闊的見解，其實正是對乾嘉考據學的一種指正！

可惜的是，章學誠人微言輕，一個人的真知灼見，畢竟還是抵擋不住滔滔的洪流。但考據學的弊端經他一語道破之後，影響卻十分深遠，著重經世致用的「公羊學派」接著興起，考證學終於逐漸走向衰頹。

原　文

戴君學問，深見古人大體，不愧一代巨儒，而心術未醇，頗為近日學者之患，故余作《朱陸》篇正之。

戴君下世，今十餘年，同時有橫肆罵詈者，固不足為戴君累；而尊奉太過，至有稱謂孟子後之一人，則亦不免為戴所愚。身後恩怨俱平，理宜公論出矣，而至今無人能定戴氏品者，則知德者鮮也。

凡戴君所學，深通訓詁，究於名物制度，而得其所以然，將以明道也。時人方貴博雅考訂，見其訓詁名物有合時好，以謂戴之絕詣在此。及戴著《論性》《原善》諸篇，於天人理氣，實有發前人所未發者，時人則謂空說義理，可以無作，是固不知戴學者矣。戴見時人之識如此，遂離奇其說曰：「余於訓詁、聲韻、天象、地理四者，如肩輿之隸也；余所明道，則乘輿之大人也。當世號為通人，僅堪與余輿隸通寒溫耳！」

言最不為無因，畢竟有傷雅道。然猶激於世無真知己者，因不免於已甚耳，尚未害於義也。其自尊所業，以謂學者不究於此，無由聞道；不知訓詁名物，亦一端耳，古人學於文辭，求於義理，不由其說，如韓、歐、程、張諸儒，竟不許以聞道，則亦過矣！然此猶自道

所見，欲人惟己是從，於說尚未有欺也。其於史學義例、古文法度，實無所解，而久遊江湖，恥其有所不知，往往強為解事；應人之求，又不安於習故，妄矜獨斷。如修《汾州府志》，乃謂僧僚不可列之人類，因取舊志名僧入於古跡；又謂修志貴考沿革，其他皆可任意，此則識解漸入庸妄，然不過自欺，尚未有心於欺人也。

余嘗遇戴君於寧波道署，居停代州馮君延丞。馮既名家子，夙重戴名，一時馮氏諸昆從，又皆循謹敬學，欽戴君言，若奉神明。戴君則故為高論，出入天淵，使人不可測識。人詢班、馬二史優劣，則全襲鄭樵譏班之言，以謂己之創見。又有請學古文辭者，則曰：「古文可以無學而能。余生平不解為古文辭，後忽欲為之而不知其道，乃取古人之文反覆思之，忘寢食者數日。一夕忽有所悟，翼日取所欲為文者，振筆而書，不假思索而成，其文即遠出《左》《國》《史》《漢》之上。」雖馮敬信有素，聞此亦頗疑之。蓋其意初不過聞大興朱先生輩論為文辭不可有意求工，而實未嘗其甘苦，又覺朱先生言平淡無奇，遂恢怪出之，冀聳人聽，而不知妄誕至此，則由自欺而至於欺人；心已忍矣，然未得罪於名教也。

戴君學術，實自朱子道問學得之，故戒人以鑿空言理，其說深探本原，不可易矣。顧以訓詁名義，偶有出於朱子所不及者，因而醜貶朱子，至斥以悖謬，詆以妄作，且云：「自戴氏出，而朱子僥幸為世所宗已五百年，其運亦當漸替。」此則謬妄甚矣。戴君筆於書者，其於朱子有所異同，措辭與顧氏寧人、閻氏百詩相似，未敢有所譏刺，固承朱學之家法也；其異於顧、閻諸君，則於朱子間有微辭，亦未敢公然顯非之也，而口談之謬，乃至此極，害義傷教，豈淺鮮哉！

或謂言出於口而無蹤,其身既歿,書又無大牴牾,何為必欲摘之以傷厚道?不知誦戴遺書而興起者尚未有人,聽戴口說而加厲者滔滔未已。至今徽歙之間,自命通經服古之流,不薄朱子,則不得為通人,而誹聖排賢,流風大可懼也!向在維揚,曾進其說於沈既堂先生曰:「戴君立身行己,何如朱子?至於學問文章,互爭不釋,姑緩定焉可乎?」此言似粗而實精,似淺而實深也。

戴東原云:「凡人口談傾倒一席,身後書傳反不如期期不能自達之人。」此說雖不盡然,要亦情理所必有者。然戴氏既知此理,而生平口舌求勝,或致憤爭傷雅,則知及而仁不能守之為累歟!大約戴氏生平口談,約有三種:與中朝顯官負重望者,則多依違其說,間出己意,必度其人所可解者,略見鋒穎,不肯竟其辭也;與及門之士,則授業解惑,實有資益;與欽風慕名而未能遽受教者,則多為慌惚無據,玄之又玄,使人無可捉摸,而疑天疑命,終莫能定。故其身後,縉紳達者咸曰「戴君與我同道,我嘗正定其某書某文字矣」;或曰「戴君某事質成於我,我贊而彼允遵者也」。而不知戴君特以依違其言,而其所以自立,不在此也。及門之士,其英絕者,往往或過乎戴;戴君於其逼近己也,轉不甚許可之,然戴君固深知其人者也。後學向慕,而聞其恍惚玄渺之言,則疑不敢決,至今未能定戴為何如人。而信之過者,遂有超漢、唐、宋儒,為孟子後一人之說,則皆不為知戴者也。

《文史通義》

譯 文

　　戴震的學問，能洞察古人的大旨，是不愧為一代大儒的；但是心術不純正，對近日的學者頗有不良的影響，因此我作了《朱陸》一篇文章加以糾正。

　　戴震去世，至今已十多年了，當時有肆意咒罵的，固然不會有損於他；但若過於推崇，甚至稱許他為孟子以後唯一的人，就不免是受到他的愚弄了。人死以後，恩怨兩清，按理應該有公論出現才是，而至今卻沒有人能評定戴震的人品，這是知道他德行的人太少的緣故。

　　大抵上，戴震的學問，精通訓詁，研究名物制度，而能明白其所以然，這是他用以明道的手段。當時的學者正重視廣博的考證，看到他在訓詁、名物上的研究合乎時人的喜好，便認為這是他的最高學問。等到戴震作了《論性》《原善》諸篇，在天、人、理、氣方面，確實有發前人所未發的精意所在，當時的學者卻認為是空談義理，大可以不作，他們根本就不明白戴震的學問如何。戴震看到時下學者的見識也不過爾爾，於是便故神其說，說：「我在訓詁、聲韻、天象、地理四方面的學問，就好像是抬轎子的僕人一般；而我所希望明白的『道』，則是坐在轎子上的大人。在當今被稱為『通人』的人，只夠資格和我的僕人相往來而已！」

　　這話說得不是沒有道理，但畢竟有失忠厚。然而，這還是因受到世上沒有真正的知己所刺激，因此不免太過分了一點，還沒有傷到義理。他自己抬高所學的地位，認為學者不研究此學，便無法聞道；卻不知道訓詁、名物，也不過是學問的一項而已。古人學習詞章，探

求義理，未曾依循他所說的途徑，如韓愈、歐陽修、二程、張載諸位學者，竟然也說他們無法聞道，這就太過分了！但是，這還只是自己說自己的見解，希望別人唯命是從，還不算是大言欺人。他在有關史學義例、文章法度方面，其實一點都不明白，而久經遊歷，覺得有所不知是很可恥的事，因此經常勉強裝懂；回答他人的詢問，又不肯安於舊說，隨口武斷。如纂修《汾州府志》時，居然說僧侶等人不能列為人類，因而將舊志中的名僧列入「古跡」；又說纂修方志，最重要的是考究沿革，其他都可以任意安排。這種見解便逐漸流於平庸虛妄了。但只不過自欺而已，還不是有心欺人。

我曾在寧波遇見過戴震，一同寄寓在馮廷丞家。馮是名家子弟，素來推崇戴震，當時馮氏兄弟又都循規蹈矩、尊重學問，欽慕戴震的言論，將他視若神明，而戴震卻故作高論，上天入地，使人不能探知其裡。有人詢問班固、司馬遷所作的兩本史書的優劣，則全部套用鄭樵譏諷班固的話，說是自己的創見。又有人向他請教學習古文的方法，他卻回答：「古文可以不學而能。我生平不會作古文，後來想要作卻不知道方法，於是拿一些古人的文章反覆思考，廢寢忘食了好幾天。某夜突然有所開悟，第二天就拿出想要作的文章來，奮筆直書，不必思索就完成了，而文字便遠遠超過《左傳》《國語》《史記》《漢書》。」雖說馮氏平常敬仰有加，聽到了也頗懷疑。他的意思，最初只不過是曾經聽說過大興朱筠先生等人論作文章不可以刻意求工的話，而實際上不曾明白其中的甘苦，又覺得朱先生的話平淡無奇，因此便以恢詭奇怪的方式說出來，希望能聳人聽聞，卻不曉得荒謬到這個地步。這就由自欺而欺人了。雖是心中有意矯忍，但還沒有得罪名教。

戴震的學術，實際上淵源於朱子的「道問學」，因此勸誡人不要空談義理，這個說法深深切中根本問題，是不能改易的了。但是他在訓詁名義時，偶爾有超過朱子的地方，便極力貶抑朱子，甚至斥責朱子老悖荒謬，詆毀朱子為胡說，而且說：「自從我戴某出現，朱子僥倖被後人推崇已經有五百年了，他的氣運也應該漸漸衰退並被代替了吧！」這就荒謬到極點了。戴震在寫書時，和朱子有不同意見的地方，措辭和顧炎武、閻若璩相似，也不敢直接譏刺，倒是秉承了朱子的家法；他和顧、閻等人不同的地方，則是對朱子偶爾有些不太滿意的言論，但也不敢公然指摘。然而在談話的時候，竟荒謬到這種地步，傷害理義、破壞名教，怎能說是小呢！

有人認為，語言說出口之後，轉眼便失去蹤影，戴震既然已經死了，所著的書又沒有大的錯誤，何必一定要指摘出來而有失厚道呢？殊不知讀戴震遺書而興起的人還沒有出現，只聽到戴震口頭言論就變本加厲的人，卻來勢洶洶，難以遏止呢！至今徽州、歙州之間，自稱通達經書、服膺古道的一些人，若不鄙薄朱子，就不能算是「通人」，因而誹詆聖賢。這種風氣是相當令人恐懼的。從前我在維揚時，曾將這個意見告知沈業富先生，說：「戴震的人品德行，比起朱子究竟如何？至於學問文章，至今爭論不息，姑且暫緩論定怎麼樣？」這話看似粗略，其實精確；狀似浮淺，其實是很深刻的。

戴震說：「凡是能以口談言論令一座人驚服的人，死後遺書的流傳，反而不如那些期期艾艾、不善於自我表達的人。」此話雖不盡然全對，卻頗合乎情理。但是戴震既然明白這個道理，而生平卻依仗口舌求勝，有時甚至因相互爭執而傷了雅道，應該是為「知及之，而仁

不能守之」所拖累的吧！

　　大抵說來，戴震生平言論，有三種方式：和朝廷富有聲望的官員談論時，經常是模稜兩可，偶爾表示自己的意見，也一定揣摩對方所能瞭解的範圍，稍稍透露一些鋒芒，決不肯一言到底，說個明白；和及門弟子談論，則傳授學識、解答疑難，對他們有實際的裨益；和一些欽慕他而不能立刻收為弟子的人談論，則經常說得迷離恍惚，玄之又玄，讓人無法捉摸，而疑東疑西的，終究沒有定論。因此在他死後，達官貴人都說「戴震和我同道，我曾經改正他某本書、某篇文章」；或說「戴震在某件事上曾向我請教，我贊同而他遵循不改」。卻不知道戴震是故意模稜兩可，他所得力的學問，並不在這裡。戴震的弟子中，有聰明通達的，往往超過他，戴震生怕他們後來居上，反而不太稱許他們，但是戴震心中是很明白他們的長處的。後學小生，欽仰戴震學問，但聽到他那恍惚玄妙的言論，又懷疑不敢肯定，到現在還無法論定戴震究竟是怎麼樣的一個學者。而太過於相信他的人，便有所謂超逸漢、唐、宋各代學者，是孟子以後唯一的人的說法，這都是不知道戴震底細的人。

（林保淳/編寫整理）

《疇人傳》序[1]

阮元

　　阮元（一七六四——一八四九），字伯元，號芸臺，江蘇儀徵人。他學問淹博，又頗以提倡儒學自命，歷任內外各官時，往往不遺餘力地教誨士人，曾設「學海堂」「詁經精舍」，並校刊《十三經注疏》，匯刻《學海堂經解》，對清代中葉的儒學研究，尤其是考證學的發展，有直接的促進作用。著述宏富，主要有《揅經室集》《疇人傳》《經籍纂詁》《十三經校勘記》等。

背　景

　　我國數學方面的研究，雖然很早就有了突出的成就，孔子也注意到「數」的重要性，但是，由於儒家強調的是個人心性的修養，以及由此而進一步展現的平天下的貢獻，知

阮元像

---

[1] 疇人：古時候樂官、曆算之官等都是代代相傳，世守其業的，這些人因具有專業知識而成為一獨特的團體，因此稱「疇人」。同時，由於他們精通曆算，因此也將曆算家稱為「疇人」。疇，類的意思。

識對他們而言,雖然重要,但是已明顯的有緩急輕重之別,純知識的追求,相形之下便不是當務之急了。數學於是與百工技藝同樣被視為「小道」,雖「可觀」,卻「致遠恐泥」,因而大雅君子對這方面有興趣的人自然很少。

自周迄清,數學的發展大抵有兩個方向,一是投閒置散,沒有名位的專家,因興趣而專心投注,作了一些令人喝彩的貢獻——但沒有受到應有的重視;另一種則自漢代以來,和陰陽五行的術數相結合,利用數學方法的推算,占驗人事,以先知的姿態,氾濫於朝野——這便是至今仍流行的命理之數。前者在缺乏關注的情況下,雖偶有精義,卻往往湮沒不彰,只剩下史籍中東鱗西爪的斷簡殘編;而後者,則助長了宿命(甚至迷信)的觀念,對科學的發展,直接間接造成了障礙。

清代自戴震倡言「誦《堯典》數行,至『乃命羲和』,不知恆星七政所以運行,則掩卷不能卒業。……不知『少廣』『旁要』,則《考工》之器不能因文而推其制」,並自古籍中勤奮地鉤稽各種算經、演算法以後,數學的情勢有了相當大的轉機。在考證學的羽翼下,得以工具的姿態出現,因而蔚為大觀,一時之間頗引人矚目。阮元的《疇人傳》可以說是這個風氣中極具代表性的著作。

乾嘉學者以精密的考證、翔實的資料、嚴格的分析方法,從事研究工作,是不愧於「科學」這兩個字的。然而,這僅是方法的科學而已,並未觸及科學的核心,因為他們對建立科學——尤其是自然科學所需具備的基礎,如數學,畢竟沒有多大貢獻。假如說有,那也不是考證學本身的貢獻,而是它的旁支——曆算之學無心的成果。雖然,

它在實質上也受到限制,很快地便被傳自西方的數學取代了。

影響

雖然曆數之學並未實質觸及科學的核心,很難說它對亟須引進西方科學的當代中國有多大裨益;但是,在觀念上,「小道」的輕視現象,已經有所轉變,「儒者之學,斯為大矣」的視野,已足以沖決過去的樊籬,對往後學者的胸襟,具有一定的開拓作用。

事實證明了以上的論點,清末的學者在視野的開拓上,已涵納了以數學為基礎科學的範疇。同時,經由考證學家的努力,學者也很驚喜地發現:原來固有的文化中,已有足以媲美西方的知識學問!

原文

昔者黃帝迎日推策,而步術興焉,自時厥後,堯命羲和,舜在璿璣[2]。三代迭王,正朔遞改[3]。蓋效法乾象,布宣庶績,帝王之要道也。

---

2 步術:即推步之術。日月運行於天,正如同人步行於地一樣,因此推算日月運行的時間、距離、方位的方法,就叫作「推步」。堯命羲和:《尚書・堯典》:「乃命羲和,欽若昊天,曆象日月星辰,敬授人時。」堯曾命令羲氏、和氏觀測天象,擬定人民的生活順序。舜在璿璣:《尚書・堯典》:「在璿璣玉衡,以齊七政。」璿璣玉衡是古時候測量天文的儀器,和漢代的「渾天儀」類似。

3 正朔:即正月一日。古代王者易姓,經常「改正朔」,即規定一年中的某一個月為正月,某一時辰起為元旦,如夏朝以一月(孟春建寅之月)為正月,天亮起為元旦;商朝以十二月(季冬建醜之月)為正月,雞鳴起為元旦;周朝以十一月(仲冬建子之月)為正月,夜半起為元旦。自漢迄清,都用夏制,即今之農曆。

是故周公制禮，設馮相之官；孔子作《春秋》，譏司術之過[4]。先古聖人，咸重其事。兩漢通才大儒，若劉向父子、張衡、鄭元之徒，纂續微言，鉤稽典籍，類皆甄明象數，洞曉天官[5]。或作法以敘三光，或立論以明五紀[6]。數術窮天地，製作侔造化，儒者之學，斯為大矣！

世風遞降，末學支離，九九之術，俗儒鄙不之講，而履觀臺、領司天者，皆株守舊聞，罔知法意；演撰算造之家，徒換易子母，弗憑圭表為合，驗天失之彌遠[7]。步算之道，由是日衰；臺官之選，因而愈輕。六藝道湮，良可嗟嘆[8]。

甚或高言內學，妄占星氣，執圖緯之小言，測淵微之懸象[9]。老人之星，江南常見，而太史以多壽貢諛；發斂之節，終古不差，而幸臣以日長獻瑞[10]。若此之等，率多錯謬。又或稱意空談，流為虛誕。《河

---

4 馮相：《周禮・春官》設有馮相氏，掌理觀測天文。
5 天官：天文之星官。《史記・天官書》索隱：「官者，星官也；星座有尊卑，若人之官曹列位，故曰天官。」這裡泛指天象而言。
6 三光：即日、月、星。五紀：《尚書・洪範》：「四、五紀。一曰歲，二曰月，三曰日，四曰星辰，五曰曆數。」
7 九九之術：即九九算術。履觀臺：指擔任測天職務的人。觀和臺都是高出四面，可以望遠的建築，古時觀測天象都是登高而望，因此朝廷中職司測天工作的職務也常以某某觀、臺命名。子母：即百分法中的子數及母數。主表：測量日影所用的工具。
8 六藝：指禮、樂、射、御、書、數。這裡著眼在數。
9 內學：指圖讖之學，因其所言神秘，故稱內學。星氣：即星象。古時有人認為天上星宿的變化，對人事有一定的影響，因此觀測天象，可以判定一個人的吉凶壽夭。這種學問叫「星學」，即占星術。此說盛行於兩漢之交，其後民間流行的紫微斗數等算命法，皆承襲於此。
10 老人之星：中國稱之為壽星，即龍骨座 α，西名Canopus，此星僅在每年二月左右出現在南天地平線附近，一般人很難有機會看到，這也許是被稱為壽星的原因。在江南一帶，地處南方，機會自然較多。

圖》《洛書》之數，傳者非真；元會運世之篇，言之無據[11]。此皆數學之異端，藝術之楊、墨也。

元蚤歲研經，略涉算事，中西異同，今古沿改，三統四分之術，小輪橢圓之法，雖嘗旁稽載籍，博問通人，心鈍事棼，義終昧焉[12]。竊思二千年來，術經七十改，作者非一人。其建率改憲，雖疏密殊途，而各有特識。法數具存，皆足以為將來典要。爰掇拾史書，薈萃群籍，甄而錄之，以為列傳。自黃帝以至於今，凡二百四十三人，附西洋三十七人，大凡二百八十人，離為四十六卷，名曰《疇人傳》。

綜算氏之大名，紀步天之正軌，質之藝林，以詒來學，俾知術數之妙，窮幽極微，足以綱紀群倫，經緯天地。乃儒流實事求是之學，非方技苟且干祿之具，有志乎通天地人者，幸詳而覽焉。嘉慶四年十月。

《疇人傳》

11《河圖》《洛書》之數：由於《易經·繫辭傳》中有「河出圖，洛出書，聖人則之」一段話，遂開《易經》被比附於算命、卜卦的趨勢，《河圖》《洛書》便被繪形繪影地傳誦了下來。一般說《河圖》有九篇，《洛書》有六篇，基本上是以數學中的方陣為基礎的。元會運世之篇：北宋邵雍著有《皇極經世篇》，提到元會運世的說法，企圖借數以推測宇宙的變化，認為宇宙現象是周而復始循環的，可以由其循環之近者，而推測未來。後世命理家頗援引此說。

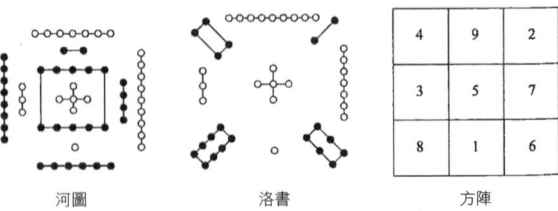

4	9	2
3	5	7
8	1	6

河圖　　洛書　　方陣

12 三統四分之術：三統，即天元、地元、人元，為古時開方法，加上物元，即為四分，又叫四元。在三統中，止於一元方程式，四分中則為多元方程式。

譯 文

　　從前黃帝依照太陽升起的方位推算時間，因而推步的方法就萌興了。自此以後，堯命令羲氏、和氏掌理此職，舜利用璇璣玉衡測量天文，三代迭興，正朔互有改變。實在是因為效法天象，宣佈農時以達到成效，是古來帝王最重要的行政措施啊！

　　因此，周公制定禮儀，設有馮相氏的官職；孔子作《春秋》，曾經譏諷掌理天文之官的錯誤。古代的聖人，都很重視這件事。西、東兩漢的博學大儒，如劉向、劉歆父子，張衡、鄭玄這些人，闡明其中的奧妙，從典籍中廣搜博採，大抵上都能辨明象數、洞知天文。有的擬出日月星三光的推測方法，有的說明歲時等五紀的理論。其精妙的推算方式，可以窮盡天地的奧秘；其精密的製作，可以媲美造化的神奇。儒者的學問中，這可以說是最博大的了。

　　世風日下，後來的學者只重視枝節，九九演算法，俗儒都輕鄙不願研討，而任職臺觀、負有司天責任的人，又都墨守成規，不明白精義所在；演算家也只知替換子母之數，不以圭表為驗證，就天象的真相而言，就相差得更遠了。推步的方法，自此便沒落；臺官的人選，也就更令人輕忽了。六藝之道湮沒不彰，實在令人感嘆！

　　有的人甚至倡言「內學」，妄圖以星象占驗人事，執著圖符、讖緯的小道，以窺測淵深微妙的天象。像老人星，在江南經常可以見到，而史官卻認為是長壽的象徵，用以諂媚君主；季節的長短變化，是亙古不變的，而倖佞的臣下卻將夏日綿長的現象視作祥瑞。像這種情形，大部分都是錯誤荒謬的。有些人則又率意空談，而流於虛無荒

誕，如《河圖》《洛書》的圖像，流傳下來的都是偽造的；元會運世的說法，也沒有什麼根據。這些都是數學中的異端，藝術中的楊、墨。

我自幼研治經學，對曆算偶有涉獵，有關中西演算法的異同，今古的沿革，三統、四分的方法，以及圓形、橢圓的法則，雖然曾經廣泛地採擇經書、詢問通人，但是心智愚鈍而又事務繁忙，終究不能明白其精義所在。我私下認為，二千年來，推步的方法曾經不下七十次的改進，研究的學者也很多，他們所建立的準則、法度，雖然有疏有密，然而都各有獨到的看法。他們的方法如今都還完整地保留下來，是值得作將來參考的。因此，我搜羅史書、薈聚典籍，將他們辨明、記載，作成列傳。自黃帝起到現代，一共二百四十三人，附西洋人三十七人，總共二百八十人，分為四十六卷，題名為《疇人傳》。

本書綜括歷來算學家的大名，記載推算天文的正確方式，質之藝術界，同時告知後人，使他們明白術數的奧妙。若能極力推究，是足以作人倫綱紀，而經緯天地之道的。這是儒家實事求是的學問，並非一般方技之士苟且求取名位的工具，有志於通天地人之道的學者，希望能夠詳細地閱讀它。嘉慶四年（一七九九）十月。

（林保淳／編寫整理）

《漢學商兌》序
方東樹

方東樹（一七七二—一八五一），字植之，安徽桐城人。他是姚鼐的弟子，為「桐城派」古文健將之一。四十歲以後，專研義理，一宗朱子，著《漢學商兌》《書林揚觶》二書，攻擊漢學，頗能中其肯綮。除上述二書外，另有《儀衛軒文集》《昭昧詹言》等書。

背 景

清代考證學興起之後，由於其範疇的狹隘，曾招致一些學者的批評，在方東樹之前，章學誠別樹一幟，以考證、義理、詞章三者合一的觀點，作了若干糾正，但是還沒有正面地以「宋學」來與「漢學」對抗。方東樹的基本出發點雖也是「經世致用」，但「宋學」二字，則被標舉出來，很明顯地帶有挑釁的意味——因為考證學家最反對「宋學」。

方東樹是桐城古文家，桐城派自方苞舉出「義法」二字，作為古文的軌範以來，皆以發揮義理為宗旨，對朱子一脈，尤殷殷致意。而考證學家自惠棟、戴震以下，則盡力攻擊朱子。兩派基本立場不同，自然就勢如水火了。在維護朱子的立場下，方東樹作了《漢學商兌》三卷，及《書林揚觶》一書，對考證學展開了相當嚴厲的批評。

所謂「商兌」，本指「商榷」而言。誠然，考證學在盛極一時的情況下，淪於瑣碎餖飣，且所持觀點也未免太過於狹隘，的確有「商兌」的必要。就此而言，方東樹的意見，也頗能言之成理，足為考證學下一針砭。但是，方東樹在理直氣壯之下，不免有些肆口無忌，以其排奡縱橫的文字，發出了帶有人身攻擊意味的言論，名為「商兌」，卻以排擊為主。就學術立場而言，不免是一種遺憾。

影　響

　　此書作成之後，頗受同時學者的重視與稱揚，其原因自然是考證學已到了木老蟲生、窘狀畢見的尾聲了。《漢學商兌》一則明確地表達了當時「宋學」學者的態度，一則顯示出學術風氣轉變的指標。大抵上，考證學的巔峰時期，在江藩作《漢學師承記》及阮元刻《皇清經解》時，達到了頂點，其後便盛極而衰了。《漢學商兌》作於此二書之後不久，對二書均進行了抨擊，同時也引起了正面的迴響，足見此書在學術史上的重要地位。其後鴉片戰爭爆發，經世致用的學風再度激揚，漢學便成為強弩之末了。

　　此書批評漢儒，通常採取了「尊而不尚」的態度，承認漢儒傳經的價值，卻反對考證學獨尊漢儒的治學方法。尤其值得注意的是，他舉出了「虛」「實」的辯證觀點，直接向考證學承自顧炎武、閻若璩「以虛就實」的觀點發起挑戰。漢學家一向認為訓詁考訂是「實」，空談義理是「虛」，而方東樹卻說：

漢學諸人，言言有據，字字有考，只向紙上與古人爭訓詁形聲、傳注駁雜，援據群籍，證佐數百千條，反之身己心行，推之民人家國，了無益處。……然則雖實事求是，而乃虛之至者也。（卷中之上）

這個「虛」「實」之辨，本是漢學家批評宋學的言論，如今方東樹反將一軍。如此一來，何者是「虛」，何者是「實」，只是認識上的差異，而沒有本質的不同。漢學的據點，便不攻自破了。這種批評，可說是相當強勁有力的。而所謂「反之身己心行，推之民人家國」的經世觀點，更在「公羊學」復興之時，得到大力推闡。

原文

近世有為漢學考證者，著書以辟宋儒、攻朱子為本[1]。首以言心言性言理為厲禁，海內名卿巨公，高才碩學，數十家遞相祖述，膏唇拭舌，造作飛條，競欲咀嚼。究其所以為之罪者，不過三端：

一則以其講學標榜，門戶分爭，為害於家國；一則以其言心言性言理，墮於空虛，心學、禪宗，為歧於聖道；一則以其高談性命，束

---

1 漢學考證：清代的考證學（或稱考據學）號稱漢學。其治學範疇，以經學為主，兼及小學、音韻、天算、地理、典制、校勘、輯佚等。稱「漢學」，是有意與「宋學」對立，因此對宋儒所說的義理、心性，多所抨擊。

書不觀，空疏不學，為荒於經術[2]。

　　而其人所以為言之旨，亦有數等：若黃震、萬斯同、顧亭林輩，自是目擊時弊，意有所激，創為救病之論，而析義未精，言之失當；楊慎、焦竑、毛奇齡輩，則出於淺肆矜名，深妒《宋史》創立「道學傳」，若加乎儒林之上，緣隙奮筆，恣設詖辭；若夫好學而愚，智不足以識真，如東吳惠氏、武進臧氏，則為暗於是非[3]。自是以來，漢學大盛，新編林立，聲氣扇合，專與宋儒為水火。而其人類皆以鴻名博學，為士林所重，馳騁筆舌，弗穿百家，遂使數十年間承學之士，耳目心思為之大障。

　　歷觀諸家之書，所以標宗旨、峻門戶，上援通賢，下譬流俗，眾口一舌，不出於訓詁小學、名物制度，棄本貴末，違戾詆誣，於聖人躬行求仁、修齊治平之教，一切抹殺[4]。名為治經，實足亂經；名為衛道，實則叛道。

　　昔孟子不得已而好辯，欲以息邪說、正人心。竊以孔子沒後千五百餘歲，經義學脈，至宋儒講辨，始得聖人之真。平心而論，程、朱

---

2 講學標榜：宋明以來的學者，由於學術、政治的見解與立場不同，往往各持一說，互相標榜或排擠，因此形成門戶之爭，其中尤以東林人士最為著名。清初學者甚至將明代亡國的罪責，歸咎於此。因此清人對講學標榜，一直心存芥蒂，而有「為害於家國」的觀念。心學、禪宗：明儒王陽明一脈的學說，在理論上與禪宗「明心見性」的說法有相通之處，因此反對「心學」的人，便往往指斥王學為「禪宗」之學，不是孔子傳下的聖人之道。
3 道學傳：《宋史》於「儒林傳」外，別立一「道學傳」，將二程、朱子、張載等著名的理學家列入傳中，在我國史書中實是創舉。但明清學者很多人深不以為然，認為「道學」淵源於道教，不該與儒家混淆在一起。
4 訓詁：解釋經書中的文句。小學：指文字學、聲韻學、訓詁學而言。《周禮》中記載，古時學童，八歲入小學，先教以「六書」，而所謂「六書」，據許慎《說文解字敘》所說，是有關文字、音韻方面的象形、指事、會意、形聲、轉注、假借六種造字方法，故清人指這方面的學問為「小學」。名物制度：名物制度的考訂是清代考證學中重要的一環。名物，名號物色，指各種動植礦物及器具的名稱和形制而言。制度，指歷代各種制度。

數子廓清之功,實為晚周以來一大治。今諸人邊見,傎倒利本之顛,必欲尋漢人紛歧異說,復汨亂而晦蝕之,致使人失其是非之心,其有害於世教學術,百倍於禪與心學[5]。又若李塨等以講學不同,乃至說經亦故與宋人相反,雖行誼可尚,而妒惑任情,亦所不解。

東樹居恆感激,思有以彌縫其失,顧寡昧不學,孤蹤違眾,河濱之人,捧土以塞孟津,不自度其力之弗勝也[6]。要心有難已,輒就知識所逮,掇拾辨論,以啟其端,俟世有真儒出而大正焉;倘亦識小之在人,而為採獲所不棄與?道光丙戌四月,桐城方東樹。

《漢學商兌》

譯 文

近代有許多從事漢學考證的人,寫書以排斥宋儒、攻擊朱子,絕口不談「心」「性」「理」的問題;一般有名望的達官貴人、才識豐富的學者,大家互相傳述學習,個個抹唇擦舌,找出一些莫須有的罪名,爭先恐後地想咬宋儒一口才甘心。而他們怪罪宋儒的原因,推究起來,不過三點:

一是認為宋儒講學時互相標榜,造成門戶紛爭,有害於國家;一是認為宋儒談論「心」「性」「理」的問題,流於空虛不實,「心學」

---

5 漢人紛歧異說:漢儒解經,有今文、古文的爭議,彼此紛歧,故方東樹如此說。汨亂而晦蝕之:這裡是說漢儒解經,眾說紛紜,已不足以闡明聖學,而考證派的學者,又援引這些紛歧的說法,不加別擇任意解說,更使聖學晦暗不明。蝕,指日、月食。日月有蝕則光不明,故引申為暗的意思。

6 捧土以塞孟津:黃河氾濫,常在孟津決口,因此住在黃河邊的人,妄想以手捧土,去堵塞孟津的決口,是自不量力的。這裡作為作者批評漢學的謙詞。孟津,在今河南孟州市。

就和「禪宗」一樣，有違聖人之道；一是認為宋儒高談「性命」，空疏淺薄，而不肯讀書、研究，是疏略了經術。

　　他們之所以有這種意見，原因也有好幾種：像黃震、萬斯同、顧炎武這些人，自然是因為目睹當時的弊病，有感而發地說出救弊的言論，但是分析義理既不夠精確，所說也不免有錯誤；楊慎、焦竑、毛奇齡等人，則出於淺薄放肆，而又愛好虛名，非常嫉恨《宋史》創立了「道學傳」，似乎其地位比「儒林傳」還更重要，因此在氣憤之餘，奮筆直書，發表了一些偏頗的言論；至於那些雖然愛好學問，卻愚昧得無法認清真理的人，如吳縣的惠棟、武進的臧琳，則純粹是不明是非。從此以後，漢學大為興盛，新出的書籍多如雨後春筍，彼此連聲通氣，專門與宋儒為難。而這些人又具有崇高的聲望和廣博的學問，甚受讀書人的尊重。他們以靈舌利筆，遍擊各家的學問，因此使得數十年間的學子，都受到了極大的蒙蔽。

　　我遍觀各家的著作，他們用來標立宗旨、自立門戶，上則拉攏賢能的學者，下則欺瞞一般的民眾，異口同聲，不外乎是訓詁、小學、名物、制度的考究而已！放棄根本而重視枝節，不但違背聖學，而且污衊了聖人！對於聖人身體力行以求仁道，以及修身、齊家、治國、平天下的道理，一概抹殺不談。名義上是研治經術，其實正是混淆了經術；號稱是保護聖道，其實正是違背了聖道！

　　從前孟子在不得已之下而好辯，是希望能消滅邪說、端正人心。我私下認為，孔子死後一千五百多年，經書義理的學脈，到宋儒講論辯說之後，才真正闡明了聖人的真理。平心而論，二程、朱子掃蕩邪說的功勞，實在是春秋以後經學的一大治。如今他們懷著偏見，顛倒

本末,硬是要尋究漢人已聚訟紛紜的意見,再度混淆經學,使經學晦暗不彰,因而使學人失去了判斷是非的標準。他們之有害於世教和學術,超過禪宗和心學百倍以上。此外像李塨等人,由於講學觀點不同,而至於在解釋經典時,也故意和宋儒唱反調。雖然他們的行為品性值得尊敬,但是任意地懷疑妒嫉,卻是我所難以理解的。

我平日經常慨嘆,很希望能彌補他們的缺失,但是淺陋愚昧如我,又是孤軍奮戰,就好像是居住在黃河邊上的人,妄想用手捧土,去堵塞孟津的決口一樣,實在是自不量力、不可能達成的啊!但是卻心有難已,只得就自己知識所及,收拾整理出一些意見,以作為開端,期待日後世上出現了真正的大儒,再好好地整頓一番!希望還有人覺得這些微末的意見是值得嘉許的,因而能被採用而不棄置!道光丙戌(一八二六)四月,桐城方東樹記。

(林保淳/編寫整理)

籌議嚴禁鴉片章程折
林則徐

　　林則徐（一七八五─一八五〇），字元撫，一字少穆，晚號俟村老人，福建侯官（今福州）人。在鴉片戰爭前奉派至廣東，專辦禁煙事宜，在他雷厲風行的禁制下，燒毀了兩萬多箱鴉片，甚獲好評。鴉片戰爭失敗，被革職查辦，調戍伊犁，成為戰爭中的犧牲品。其後被再度起用，官至陝甘總督。太平天國亂起，受詔赴廣西剿撫，半道病卒。他畢生最大的成就，端在禁煙一事，雖因此獲譴，卻更令後人激賞。著有《林文忠公政書》等。

林則徐像

背 景

　　鴉片（opium），是從罌粟花（Papaver somniferum）的汁液中提煉出來的一種藥品，其中含有嗎啡（Morphine）、那可汀（Narcotine，$C_{22}H_{23}NO_7$）等十餘種生物鹼，有毒，但若少量用之，可以治療痢疾或止痛。在中國又稱為「阿芙蓉」。

鴉片之傳入中國,最早在唐高宗乾封二年(六六七),由西域傳來,作宮廷醫藥之用。明朝末年才逐漸有人加入煙草,燃燒吸食。清雍正年間,鑒於吸食鴉片的人積久成癮,難以斷絕,有害於人,曾宣佈過禁食的禁令。但官吏奉行不力,吸食者逐漸增多。而當時英國的東印度公司,剛自本國取得壟斷中國貿易的特權,因鴉片能賺取暴利,遂自印度大量輸入中國。在短短的數十年間,吸食鴉片竟然成為一種風尚,迅速地彌漫全國。

　　英國人的傾銷政策,是相當陰狠毒辣的,他們利用鴉片會令人上癮的藥性,往往先以極廉的價格供應,一旦多人上癮之後,立刻將價格哄抬數倍乃至數十倍之多,藉以攫取暴利。就中國而言,鴉片之大量輸入,除了養就一批煙鬼、病夫之外,首當其衝的危機,便是紋銀的外流。

　　紋銀外流,使得國內銀根緊縮,立刻造成銀價躥升。隨之而來的,便是物價的大幅增高,對整個經濟結構,造成了極大的衝擊。也因此,才促使一般學者、官吏重視這個問題。道光十一年(一八三一),清宣宗再度下旨禁絕。但是在基於稅收的考慮及官吏的私心作祟下,不久又廢止了,反而視鴉片為合法的貿易專案。這可以說是第一個階段的禁煙,但卻以失敗告終。

　　此後的情形,自然是更加嚴重了。鴉片進口的稅收,自然抵不過購買者洩洪般的紋銀外流。於是,一些有識之士,如許球、朱嶟等人,皆上疏切言鴉片之害。道光十八年(一八三八),黃爵滋上疏請嚴禁鴉片,正是有鑑於此。此時宣宗的財政極為窘迫,又見黃爵滋所言有理,於是重申禁令,宣佈三條禁律:(一)合十人為一保,互相警

戒,一人犯禁,十人受罰;(二)家藏煙具及鴉片者處死;(三)官吏受賄不報者,削職議處。 同時,更令各省督撫、將軍,嚴行查禁,並各抒己見上奏。 這是第二個階段的禁煙。

影響

這時官居湖廣總督的林則徐,接到上諭之後,立刻上了這奏摺妥議禁煙辦法,並於所轄之地,雷厲風行,頗收成效。 其疏中所言,詳明而剴切;而且在《查拿煙犯收繳煙具情形折》的附片中,更是指出了一般人所未注意到的毒害:「迨流毒於天下,則為害甚巨,法當從嚴。 若猶泄泄視之,是使數十年後,中原幾無可以禦敵之兵,且無可以充餉之銀。」因此宣宗大為賞識,立刻於同年十一月,拜林則徐為欽差大臣,馳赴情況最嚴重、問題也最多的廣東省,專辦禁煙事宜。

林則徐於道光十九年(一八三九)正月抵達廣東,立刻展開了各項禁煙措施。 鴉片戰爭的序幕,自此逐漸拉開。 可惜由於鴉片戰爭落敗,簽訂了喪權辱國的南京條約,使中國淪於萬劫不復之境。 於今回思,益見林則徐的苦心孤詣和遠見。

原文

奏為遵旨籌議章程,恭折覆奏,仰祈聖鑒事:

本年五月初二日,准兵部火票,遞到刑部諮開,道光十八年閏四月初十日上諭:「黃爵滋奏請嚴塞漏卮,以培國本一折,著盛京、吉

林、黑龍江將軍,直省各督撫,各抒所見,妥議章程,迅速具奏摺併發,欽此。」[1]

臣查原奏內稱,近來銀價遞增,每銀一兩,易制錢一千六百有零,非耗銀於內地,實漏銀於外夷[2]。自鴉片煙流入中國,其初不過紈褲子弟,習為浮靡。嗣後上自官府縉紳,下至工商優隸,以及婦女僧尼道士,隨在吸食。廣東每年漏銀,漸至三千餘萬兩,合之各省,又數千萬兩。耗銀之多,由於販煙之盛;販煙之盛,由於食煙之眾。今欲加重罪名,必先重治吸食。請皇上嚴降諭旨,自今年某月日起,至明年某月日止,准給一年限期,若一年以後,仍然吸食,是不奉法之亂民,罪以死論等語。

臣伏思鴉片流毒於中國,紋銀潛耗於外洋,凡在臣工,誰不切齒?是以歷年條奏,不啻發言盈廷,而獨於吸食之人,未有請用大辟者。一則大清律例,早有明條[3]。近復將不供興販姓名者,由杖加徒,已屬從重,若徑坐死罪,是與十惡無所區別,即於五刑,恐未協中[4]。

---

1 兵部火票:依照清朝制度,凡京師送達外省的公文,皆用兵部憑照,令沿途各驛站傳遞,取其「火速」之意,故稱「火票」。黃爵滋奏請嚴塞漏巵:道光十八年(一八三八)閏四月,黃爵滋鑒於鴉片煙毒的禍害,上疏請求嚴禁鴉片,這是道光皇帝下令禁煙的張本。他的意見,主要著眼在經濟的層面。下文「原奏內稱」,是節錄自黃爵滋《為請嚴塞漏巵以培國本》的奏摺。
2 易制錢一千六百有零:清朝各代銀兩准折通行銅錢的數目不一,但大抵在一千錢上下。黃爵滋上疏時說已到一千六百錢,到鴉片戰爭前夕,更是高達二千錢了。紋銀外流之嚴重,可想而知。這也是黃爵滋疏請禁煙的主要原因。
3 早有明條:清雍正年間,曾明定吸食鴉片之罪:「國內商人販賣者,枷一月,杖一百,遣邊充戍卒三年;侍衛官吏犯者,罷職,枷二月,杖一百,流三千里為奴。」可惜執行不力,販者吸者逐年增多。
4 十惡:舊時刑法所指的十惡,為謀反、謀大逆、謀叛、惡逆、不道、大不敬、不孝、不睦、不義、內亂十項,皆屬「殺無赦」的罪名。五刑:指五種刑。歷代五刑的項目都不盡相同,清代承明代律例,以笞、杖、徒、流、死為五刑。

一則以犯者太多,有不可勝誅之勢,若議刑過重,則弄法滋奸,恐訐告誣攀,賄縱索詐之風,因而愈熾。所以論死之說,私相擬議者,未嘗乏人,而毅然上陳者,獨有此奏。然流毒至於已甚,斷非常法之所能防,力挽頹波,非嚴蔑濟。茲蒙諭旨飭議,雖以臣之愚昧,敢不竭慮籌維?

竊謂治獄者,固宜准情罪,以持其平,而體國者,尤宜審時勢而權所重。今鴉片之貽害於內地,如病入經絡之間,久為外邪纏擾,常藥既不足以勝病,則攻破之峻劑,亦有時不能不用也[5]。夫鴉片非難於革癮,而難於革心,欲革玩法之心,安得不立怵心之法?況行法在一年以後,而議法在一年以前,轉移之機,正係諸此。《書》所謂「舊染汙俗,咸與維新」,《傳》所謂「火烈民畏,故鮮死焉」者,似皆有合於大聖人「辟以止辟」之義,斷不至與苛法同日而語也[6]。

惟是吸煙之輩,陷溺已深,志氣無不昏惰,今日安知來日?當夫嚴刑初設,雖亦魄悚魂驚,而轉思期限尚寬,姑俟臨時再斷,至期迫而又不能驟斷,則罹法者仍多。故臣謂轉移之機,即在此一年中。必直省大小官員,共矢一心,極力挽回,間不容髮,期於必收成效,永絕澆風,而此法乃不為贅設。

茲謹就臣管見所及,擬具章程六條,為我皇上敬陳之:

---

[5] 攻破之峻劑:我國中藥中常將一些藥性強烈的藥稱為攻、破,以提醒人不要亂用。這裡指嚴峻的刑罰而言。
[6] 舊染汙俗,咸與維新:語出《偽古文尚書‧胤征》,是說那些遭到習俗污染的人,都給他們一個自新的機會。火烈民畏,故鮮死焉:語出《左傳》,意思是說,火勢猛烈,一般人都很害怕,因此死於火中的人就很少了。這裡藉以說明如果刑罰嚴厲的話,人民也會畏懼,因而不敢自蹈法網。辟以止辟:語出《偽古文尚書‧君陳》,意思是說,以嚴厲的刑罰來遏阻人民犯法。

一、煙具先宜收繳淨盡,以絕饞根也。查吸煙之竹桿,謂之槍,其槍頭裝煙點火之具,又須細泥燒成,名曰煙斗。凡新槍新斗,皆不適口,且癮難過,必其素所慣用之具,有煙油漬乎其中者,愈久而愈寶之,雖骨肉不輕以相讓。此外零星器具,不一而足,然尚可以他具代之,惟槍斗均難替代。而斗比槍尤不可離,遇無槍時,以慣用之斗,配別樣煙桿,猶或遷就一吸,若無斗,即煙無裝處,而自不得不斷矣。今須責成州縣,盡力收繳槍斗,視其距海疆之遠近,與夫地方之沖僻、戶口之繁約、民俗之華樸,由各大吏酌期定數,責以起獲,示以勸懲。除新槍新斗,聽該州縣自行毀碎,不必核計外,凡漬油之槍斗,皆須包封,黏貼印花,匯冊送省[7]。該省大吏,當堂公同啟封毀碎。無論此具或由搜獲,或由首繳,或由收覓,皆許核作州縣功過之數。若地方繁庶,而收繳寥寥,立予撤參。如能格外多收,亦當分別獎勵。

一、此議定後,各省即應出示,勸令自新。仍將一年之期,劃分四限,遞加罪名,以免因循觀望也。查重典之設,原為斷吸起見,果能人人斷吸,亦又何求?所謂以人治人,改而止也。各省奉文之後,應由大吏發給告示,遍行剴切曉諭。自奉文之日起,扣至三個月為初限,如吸煙之人,於限內改悔斷絕,赴官投首者,請照習教人首明出教之例,准予免罪[8]。然投首非空言也,必將家藏煙具幾副、餘

---

7 印花:這裡的印花指蓋印和花押而言,而非印花稅。印花稅清末一度實施,民國以後才成常法。花押就是簽字。
8 習教人首明出教:清代嚴禁秘密結社,參加結社的人稱作「教民」,處罰相當嚴厲;如果入教之後,能自首供認者,則免罪以示獎勵。稱為「教民」,是因為當時的秘密社團,常以某某教為名,如天理教、白蓮教等。

煙若干，全行呈繳到官，出具改悔自新，毫無藏匿甘結，加具族鄰保結，立案報查[9]。如日後再犯，或被告發，或經訪聞，拘訊得實，加倍重辦。其二、三、四限之內投首者，雖不能概予免罪，似亦可酌量減輕。惟不投首者，一經發覺，即須加重。蓋四時成歲，三月成時，氣候不為不久。果知畏法，盡可改圖。若仍悠忽遷延，再三自誤，揆以誅心之律，已非徒杖所可蔽辜。除初限以內拿獲者，仍照原例辦理外，其初限以外，四限以內，未首之犯，拿獲審實，似應按月遞加一等，至軍為止[10]。其中詳細條款，並先後投首，如何減等，首後再犯，如何懲辦之處，均請敕部核議施行。似此由寬而嚴，由輕而重，不肖之徒，如再不知悔懼，置諸死地，誠不足惜矣。

一、開館興販，以及製造煙具各罪名，均應一體加重，並分別勒限繳具自首，以截其流也。查開館本係死罪，興販亦應遠戍。近因吸食者多，互相包庇，以致被獲者轉少。今吸煙既擬重刑，若輩豈宜未減？應請一體加重，方昭平允。但澆俗已深，亦宜予以自新之路。請自奉文之日起，開館者勒限一月，將煙具煙土，全繳到官，準將原罪量減，如係拿獲，照原例辦理。地方官於一月內辦出者，無論或繳或拿，均免從前失察處分。倘逾限拿獲，犯照新例加重，自獲之員，減等議處。其興販之徒，路有遠近，或於新例尚未聞知，不能概限一月投首，應請酌限三個月內，不拘行至何處，准赴所在有司衙門，繳煙免罪。若逾限發覺，亦應論死。其繳到之煙土煙膏，限同在城文

---

9 結：是向官府發誓或保證其所行之事，一定真誠不欺，或依照條文規定，否則甘願受罰的結文。有點類似於現在的保證書。
10 至軍為止：清代流放的刑罰，最重的是充軍。一般流放，只是讓犯者在邊區開墾，約束較少；而充軍則等於加入軍隊，須受軍令限制，並參加各種操練。

武,加用桐油,立時燒化,投灰江河。 匿者與犯同罪。 至製造煙具之人,近日愈夥,如煙槍固多用竹,亦間有削木為之,大抵皆煙袋鋪所製。 其槍頭則裹以金銀銅錫,槍口亦飾以金玉角牙,閩粵間又有一種甘蔗槍,漆而飾之,尤為若輩所重。 其煙斗自廣東來者,以洋磁為上,在內地製者,以宜興為高,恐其屢燒易裂也,則亦包以銀錫,而發藍點翠,各極其工;恐其屢吸易塞也,則又通以鐵條,而矛戟錐刀,不一其狀。 手藝之人,喜其易售,奇技淫巧,競相傳習,雖照例懲辦,而製造如故。 應請概限奉文一月內,將所製大小煙具,全行繳官毀化,免罪。 並諭煙袋作坊,瓦器窯戶,以及金銀銅錫、竹木牙漆各匠,互相稽查,如逾限不首,及首後再製,俱照新例重辦。 其裝成槍斗,可用吸食者,即須論死。 保甲知情不首,與犯同罪[11]。

一、失察處分,宜先嚴於所近也。 文武屬員有犯,該管上司,於奉文三個月內,查明舉發者,均予免議,逾限失察者,分別議處。 其本署戚友家丁,近在耳目之前,斷無不知,應勒限一個月查明。 若不能早令革除,又不肯據實舉發,即是有心庇匿。 除犯者加重治罪外,應將庇匿之員,即行革職。 本署書差有犯,限三個月內,查明懲辦,逾限失察者,分別降調。

一、地保牌頭甲長,本有稽查奸宄之責,凡有煙土煙膏煙具,均應著令查起也。 挾仇訐告之風,固難保其必無,但能起獲贓證,即已有據。 且起一件,即少一害。 雖初行之時,亦恐難免滋擾,然凡事不能全無一弊,若果吸煙者,懼其滋擾,而皆決意斷絕,正不為無裨

---

11 保甲:清代保甲法,以十戶為基本單位,立一牌頭,十牌立一甲頭,十甲立一保長,負責地方戶政事務。

也。至開館之房主,及該地方保甲,斷無不知之理,若不舉發,顯係包庇,應與正犯同罪,並將房屋入官。

一、審斷之法,宜預講也。此議定後,除簡僻州縣,犯者本少,即有一二,無難隨時審辦外,若海疆商賈碼頭,及通衢繁會之區,吸食者不可勝數,告發既多,地方有司,日不暇給,即終日承審,而片刻放鬆,則癮已過矣;委人代看,則弊已作矣。是非問罪之難,而定讞之難也。要知吸煙之虛實,原不在審,而在熬,熬一人與熬數人、數十人,其工夫一耳。且專熬一人,容或有弊,多人同熬,轉無可欺。譬如省會地方,擇一公所,匯提被控被拿之人,委正印以上候補者一員,往審足矣,不必多員也[12]。臨審時,恐其帶藥過癮,則必先將身上,按名嚴搜,即糕點亦須敲碎。然後點入封門,如考棚之坐號,各離尺許,不准往來[13]。問官亦只准帶一丁兩役,隨身伺候,不許擅離。自辰巳以至子丑,只須靜對,不必問供,而有癮之人,情態已皆百出矣。其審係虛誣者,何員所審,即令何員出具切結,倘日後別經發覺,惟原審官是問。

以上六條,就臣愚昧之見,斟酌籌議,未知當否,理合繕折具奏,伏乞皇上聖鑒訓示。再臣十餘年來,目擊鴉片煙流毒無窮,心焉如擣,久經採訪各種醫方,配製藥料,於禁戒吸煙之時,即施藥以療之,就中歷試歷驗者,計有丸方兩種、飲方兩種,謹繕另單,恭呈禦

---

[12] 正印:清代稱府、縣以上的官員叫正印官。候補:舊時官吏往往有職無缺,因此先派遣他們到預定的地方,等候有缺時遞補,叫候補。清代由於開放捐官之制,因此候補官特別多。

[13] 坐號:古代科舉制度者設有一個定考區,其中搭架長棚,因此叫考棚。考棚中又割分成一個個的小房間,應考的士子,領取牌號,分別住進相應的房間,稱為坐號。

鑒，可否頒各省，以資療治之處，伏候聖裁。謹奏。

《林文忠公政書》

譯文

　　遵旨籌議禁煙章程，恭覆奏摺，謹呈皇上御覽：

　　今年五月二日，依據兵部的火票，由刑部轉達了道光十八年（一八三八）閏四月十日上諭：「黃爵滋奏請嚴加堵塞漏洞，以培育國家根基的奏摺，命盛京、吉林、黑龍江將軍，直隸及各省督撫，各自發表意見，妥善地擬議章程，迅速寫奏摺上呈，欽此。」

　　我細察奏摺裡說，近來銀兩的價格日漸增高，每一兩紋銀，可換一千六百多個銅錢。這些紋銀並非耗用於國內，而是走漏到外國去了。自從鴉片煙傳入中國以後，起初不過是一些紈褲子弟，染上奢靡的習俗在吸食而已；其後則上自達官貴人，下至工商業、倡優、奴僕，以及婦女、和尚、尼姑、道士，都有人在吸食。廣東省每年漏失銀兩將近三千萬兩，各省加起來，又有好幾千萬兩之多。耗用紋銀會這麼多，是由於賣鴉片的人多；賣鴉片的人多，又由於吸鴉片的人多。現在若想要加重鴉片煙的刑罰，一定要先將吸食的人治以重罪。請皇上嚴格降下聖旨，從今年某月某日開始，到明年某月某日為止，准許他們以一年為限。若一年以後，仍然在吸食，就等於是不奉行法令的亂民，可將他們治以死罪等。

　　我想，自鴉片流毒於中國，紋銀流失到外國以來，凡是為人臣的，誰不切齒痛恨？因此，歷年來逐條上奏的情況，可以說是發言盈

廷了。但唯獨關於吸食者的罪責，還沒有人敢請求治以死刑的。一來是因為大清律例中，早已有明白的規定，最近又將不肯販賣鴉片的人招供出來的犯人，由杖刑加重為徒刑，已經是從重量刑了，若直接處以死罪，就和十惡大罪沒有什麼區別了，就五刑的輕重而言，恐怕是不太妥當的。一來又因為犯罪的人太多，殺不勝殺，若量刑太重，則會有玩弄法令，滋長奸人的情況發生，恐怕誣告、賄賂的風氣會越來越嚴重。因此處以死罪的論調，私底下談論的人雖然不少，但敢毅然上奏的，只有這份奏摺而已。然而鴉片流毒已經嚴重到這個地步了，絕非平常的法令所能遏止的，若要力挽狂瀾，不用嚴厲的刑罰是不可能成功的。現在既蒙皇上下旨命令我們詳細規劃，雖然說我是如此愚昧，又怎麼敢不盡心盡力地籌議一番？

我認為掌理法令的人，固然應該依據犯罪的詳情，力求公平的裁決，但是治理國家的人，更應該審度時勢、衡量輕重。如今鴉片貽害中國，正如同病人經脈之間，久為外邪所侵擾一樣，平常的藥物既然無法治病，則一些猛烈的藥物，有時候也不得不用。鴉片的煙癮並不難斷絕，難以革除的是人心；想要革除玩忽法令的人心，怎能不設立令人懼怕的法令？何況法令的實施在一年以後，而在一年前便議定此一法令，轉移風氣的關鍵，正在於此。《尚書》所說的「遭到習俗污染的人，都給他們一個自新的機會」，《左傳》所說的「火勢令人害怕，因此死於火的人就很少了」，似乎都合乎聖人「以嚴厲的刑罰遏止人犯法」的意義，絕對不能夠和苛酷的法律相提並論。

不過，這些吸煙的人，陷溺已經很深了，根本毫無志氣可言，只知有今日，不知有來日。在嚴厲的刑罰剛設立的時候，雖然也會心

驚膽戰，但轉而又想到期限還寬，姑且等到期限來臨時才斷絕還來得及；等到期限到了，又無法立刻斷絕，則犯法的人還是很多。因此我所謂轉移風氣的關鍵，就在這一年當中。務必要各省的官員，同心協力，極力挽回，不容有絲毫放鬆，預期著一定會有成果，永遠斷絕這澆漓的習俗，這個法令才不會虛設。

在此，謹就我的淺見，擬定六條章程，敬向皇上陳述：

一、煙具應該先行全部沒收，以斷絕饞根。據查，吸煙用的竹桿，叫作「槍」，槍頭有用細泥焙燒而成的裝煙、點火的器具，叫作「煙斗」。凡是新槍新斗，抽來都不合胃口，而且很不過癮，一定要平常慣用的器具，有煙油浸漬在其中，越久的越珍貴，即使是骨肉至親，都不輕易轉讓。此外一些零星的器具，雖然很多，但是還可以用其他的用品代替，只有槍、斗不容易取代。而斗比槍還重要，沒有槍的時候，用慣用的煙斗，配上另外的煙桿，還可以遷就一下，若是沒有煙斗，就沒有地方裝煙，自然不能不斷絕了。現在務必要責成各州縣，盡力收繳槍、斗。視其距離沿海遠近，以及交通便捷與否、戶口的多寡、民俗的華樸等各個不同的情況，由各地大吏斟酌期限，根據他們收繳的情況，加以獎勵或懲戒。除新槍新斗，聽任各州縣自行毀碎，不必計算外，凡是漬有油煙的槍、斗，都要密封起來，簽名蓋印，造冊送到省衙。各省大吏，當堂會同官員開封毀碎。無論這些器具是沒收的，或是自首繳出的，或是收購而來的，都允許他們列入州縣功過的數量當中。若是地方繁榮，而收繳很少的，立刻撤職查辦。如果收繳特別多，也該分別獎勵。

一、這個計畫訂定以後，各省就應該出示佈告，勸他們改過自

新。仍然以一年為期,而劃分四個期限,遞加罪名,以免他們因循觀望。重典的設立,原意是為了斷絕吸食,若是人人都能斷吸,又復何求?所謂用人治理人,到他們改過為止而已!各省接到部文以後,應由大吏遍行通告,明白地告知他們。自接到部文當天算起,以三個月為第一期,如果吸煙的人在這期限內改悔斷絕,到官府自首,請依照教民自首的前例,准予免罪。但自首不是空話,一定要將家中收藏的煙具有幾副、剩下的煙有多少,全部繳至官府,立下改過自新、毫無隱藏的甘結,並由族人、鄰居作保,立案報查才可以。如果日後再犯,或被人告發,或經查出,審訊得實,則加倍重辦。在第二、三、四期的期限內自首的人,雖不能一概免罪,似乎也可以酌量減輕罪名。但是不肯自首的人,只要一經查知,就要加重處刑。這是因為四時合為一年,三月合為一季,時間不為不久了,如果真知道畏懼法令,早就應該改過自新了。若是仍然拖延時間,一誤再誤,以誅心之律衡量,已不是徒刑、杖刑所能抵罪的了。除了第一期限內捕獲的人,仍依照原來的法令辦理外,在其他三個期限中,不肯自首的人,若捕獲得實,似乎應該按月遞加一級的罪名,到充軍為止。其中詳細的條目,以及先後自首,應如何減輕罪名,自首後再犯,應如何懲處等細則,都請命令刑部商議施行。像這樣由寬而嚴,由輕而重的刑罰,一干不肖之徒,如果再不知悔改,那麼將他們置之死地,實在也是不值得憐憫的了。

一、開煙館販賣,以及製造煙具各項罪名,都應該一律加重,並限期勒令繳具自首,以防止鴉片流出。據查,開煙館應判死罪,販賣鴉片也應該流放到邊區。近來因為吸食的人增多,彼此包庇,以致

被捕獲的人反而變少了。 如今吸煙的人既施以重刑，這種人怎麼可以減輕？應該一律加重處刑，以表示公平。 但是澆漓的習俗由來已久，也應該給他們一個自新的機會。 請自接到部文當天算起，開煙館的人，限期一個月，將所有的煙具、煙土，繳到官府，准許他們照原罪減刑；如果是捕獲，則照原例辦理。 地方官員如在一個月之中查辦清楚，無論是自首或捕獲的都可免除過去失察的處分。 如果超過限期才捕獲，犯人照新訂條例加重處刑、捕獲人犯的官員，則降級議處。 那些販賣鴉片的人，由於遠近不同，也許還不曉得新的規定，不能夠一概限定一個月以內自首，應該以三個月為限，不論在什麼地方，准許他們向各地衙門自首，繳煙免罪。 如果超過期限被查出，也應處以死罪。 所有收繳到的煙土煙膏，會同城中文武官員，澆上桐油，即刻燒毀，將餘灰丟入江中。 隱匿不燒的官員，與犯人同罪。 至於製造煙具的人，近來更多了，像煙槍本來多用竹製，偶爾也用木頭製造，大部分都是煙袋鋪所製。 槍頭用金屬鑲裡，槍口則以金玉角牙等作裝飾。 在福建、廣東一帶又流行甘蔗槍，以油漆塗飾，更受到這些人的珍視。 煙斗由廣東運來的，以洋磁的最好； 在內地製造的，則以宜興的最佳。 為了防止久燒易裂，也用銀錫加以鑲裹，而有的更是鑲上景泰藍、翡翠等寶石，工巧到了極點。 為了防止吸食時容易堵塞，又有通煙管的鐵條，矛、戟、錐、刀，什麼形狀的都有。 具有手藝的人，鑒於容易出售，更樂於運用各種技巧製作，而且互相學習。 雖然照例處罰，但製造的人還是很多。 應該一律以接到部文一個月為限期，將一切製成的大小煙具繳到官府，以免罪責。 並且曉諭各煙袋作坊、瓦器窯戶，以及金銀銅錫、竹木牙漆各從業人員，互相稽查，如果超過期

限不自首，或是自首後又再製造，都按照新訂條例嚴辦。若有裝製成槍、斗形狀，可以用來吸煙的，則處以死罪。地方保甲若知情不報，與犯人同罪。

　　一、有關失察的處分，應該由最親近的人開始嚴厲執行。文武各官員如果犯法，其主管上司，在接到部文三個月以內，能查明檢舉的，都可以免議，若超過期限失察，則分別議處。至於府邸中的親友、家丁，由於天天接觸，絕沒有不知情的道理，應該限定一個月以內查明。若是不能夠早日命令他們革除煙癮，又不肯據實糾舉，便是存心包庇了。除了犯人加重處罪外，包庇的官員應該立刻加以革職。府邸書辦、差役若有犯法，限三個月以內，查明懲辦，超過期限失察的官員，分別降級調職。

　　一、地保、牌頭、甲長，本來就負有糾舉不法的職責，凡是有煙土、煙膏、煙具，都應命令他們嚴查。挾仇誣告的情形，固然不能保證不會發生，但只要能起獲贓證，便有證據了。而且，起獲一件，就少一分禍害。雖然剛開始實施的時候，恐怕難免會有騷擾人民之處，但是凡事不可能沒有弊端，如果吸煙的人，害怕被人騷擾，因而都決心斷絕煙癮，也未嘗沒有好處。至於煙館的房東，以及該地保甲，絕沒有不知情的道理，若不加以檢舉，顯然是存心包庇，應該和犯人同罪，並將房屋沒收。

　　一、審訊的方法，應該事先講求。這個擬議決定以後，除了偏遠的州縣，由於犯人較少，即使有一兩個，也不難隨時審問以外，像沿海各商埠、碼頭，以及人煙繁榮的城市，吸食的人不可勝數，告發的人既多，地方官員日不暇給，即使整天審訊，只要片刻放鬆，則煙癮

就已過去了；委託他人代看，則又不免發生弊端。這不是審問上的困難，而是定罪上的困難。要查明一個人究竟有沒有吸煙，本來就不是審問可以竟全功的，而是要利用「熬」，熬一個人或好幾人、幾十人，所花的工夫一樣多。而且只熬一個人，可能會有弊端，若是同時熬許多人，反而無法欺瞞。例如省會所在，可以選擇一個公所，將所有被告被捉的人聚在一起，委派一名正印官以上的候補官員去審訊就夠了，不必勞師動眾。在審訊之前，為防止他們偷藏藥品過癮，一定要先一個一個地嚴格搜身，即使糕餅也都敲碎。然後點名進入，將門關起來，像考棚中的坐號一樣，各自間隔一尺左右，不准來往。審問的官員也只准帶一兩個差役，隨身侍候，不許擅自離開。自辰巳時到子丑時，只需要靜等，不必問口供，而有煙癮的人，就已經原形畢露，醜態百出了。若審訊出沒有煙癮的人，是哪位官員所審，就令那人出具甘結，若是日後被人發現吸煙，唯原審官員是問。

以上六條章程，是以我愚昧的意見，斟酌商議出來的，不知道是否妥當，理應寫奏摺上呈，企求皇上御覽及訓示。我十幾年來，親眼見到鴉片無窮的禍害，感到十分痛心。於是各處採訪醫治的藥方，配製了一些藥物，在禁煙的時候，便施以藥物治療，其中屢試不爽的有九方兩種、飲方兩種，謹具附單，恭呈御覽，可不可以頒行各省，以資治療，懇請皇上裁斷。謹奏。

（林保淳／編寫整理）

擬諭英吉利國王檄

林則徐

背景

　　林則徐至廣東後，會同兩廣總督鄧廷楨、廣東巡撫怡良二人，展開了一連串雷厲風行的禁煙措施。

　　當時的廣州，是英國和中國貿易的主要港口，一應鴉片多由此地進口，然後轉賣至各地。林則徐深知禁絕鴉片，必先斷絕鴉片的來源，因此，他首先奏革了當時與英商勾結的水師總兵韓肇慶。同時，下令英商在三日之內，將所有的煙土繳交，並具甘結保證以後不再販賣。當時英國在華的領事義律在迫不得已之下，繳出了二萬二百八十三箱鴉片，怏怏離赴澳門。林則徐則在當年的四月二十二日（國曆六月三日），將沒收鴉片於虎門全部焚毀。

　　鴉片焚毀之後，義律甚不甘心，不肯具結保證，反而要求英國政府派軍艦前來，名為保護英僑，其實已存了以武力為後盾的用心。九月二十八日，英艦 Volage 號船長 H.Smith，下令炮擊廣東水師，正式掀起了戰事。

　　大戰將起，林則徐一方面積極備戰，採取堅守之策；一方面草擬照會，移送英國女王維多利亞（Victoria）。本文即是移文的草稿，經由道光皇帝批准後，遂有正式的《移英吉利國文》一文。這兩篇文章

大同小異,但草擬較為詳細,因此選用此篇,以窺見當時的情形。

　　這篇草擬所說的理由及立場,公正允直,無論自何種角度而言,中國禁煙、燒鴉片,都是理直氣壯,合乎國際公理的。但是英國人在利慾薰心之下,居然罔顧國際公誼,悍然發動了不名譽的鴉片戰爭。一八四〇年(道光二十年)四月,英國議會在激烈的爭辯下,以九票之微,通過了出兵的決策。隨即派遣義律的侄兒懿律(George Elliot)及布雷門(Bremend),率領十六艘軍艦、兩萬五千名士卒,向廣東進發。

影　響

　　戰事初起,中國軍隊即陷於不利的狀態中,再加上清廷一味懼事,將林則徐、鄧廷楨去職,情勢更是江河日下。在經過三次和戰之後,終於被迫訂下了城下之盟,那就是令全中國人蒙羞,同時也是中國苦難的開端的《南京條約》。歷時三年,犧牲了無數軍民生命和財產的鴉片戰爭,終以割地、賠款,及無限的羞辱告一段落。

　　鴉片戰爭是中國近代滄桑史的第一頁,再往下翻閱,都是一頁頁充滿了血淚的史跡,令人慘不忍睹。自此以後皇皇天朝的子民,淪落成列國強權刀俎下的魚肉;自高自大的華夏民族,變成了以西方馬首是瞻的「文化吉卜賽人」。傳統的觀念被侵蝕、粉碎了,西方成了優秀的代名詞,是中國人一心嚮往的天國、夢境!一切的觀念、結構組織,都逆轉於向西方謀取調整的方向,而最直接的影響,便是在這刺戟下展開的「自強運動」和「洋務運動」。

原 文

謹擬頒發檄諭英吉利國王底稿,恭候欽定:

為照會事[1]:

洪惟我大皇帝,撫綏中外,一視同仁,利則與天下公之,害則為天下去之,蓋以天地之心為心也。

貴國王累世相傳,皆稱恭順,觀歷次進貢表文云「凡本國人到中國貿易,均蒙大皇帝一體公平恩待」等語,竊喜貴國王深明大義,感激天恩。 是以天朝柔遠綏懷,倍加優禮,貿易之利,垂二百年。 該國所由以富庶稱者,賴有此也。

唯是通商已久,眾夷良莠不齊,遂有夾帶鴉片,誘惑華民,以致毒流各省者。 似此但知利己,不顧害人,乃天理所不容,人情所共憤。 大皇帝聞而震怒,特遣本大臣來至廣東,與本總督部堂、巡撫院部會同查辦。 凡內地民人,販鴉片、食鴉片者,皆應處死。 若追究夷人歷年販賣之罪,則其貽害深,而攫利重,本為法所當誅。 惟念眾夷尚知悔罪乞誠,將躉船鴉片二萬二百八十三箱,由領事官義律,稟請繳收,全行毀化[2]。 疊經本大臣等據實具奏,幸蒙大皇帝格外施恩,以自首者,情尚可原,姑寬免罪,再犯者,法難屢貸。 立定新章,諒貴

---

[1] 照會:外交文書之一種。外交部對各國公使,或各省行政長官對各國領事時用之。
[2] 躉船:在河岸附近,暫時囤積貨物的船隻。其時禁令已施,英人的鴉片躉皆偷設在廣州灣中的伶仃島和大嶼山等地。義律:Charles Elliot,當時英國駐廣東的領事。由於精通漢語,又曉暢中國官場的風氣,遂以苞苴賄賂的方式,推展了鴉片貿易。就中國而言,他實在是鴉片毒害的罪魁禍首。

國王向化傾心，定能諭令眾夷，兢兢奉法；但必曉以利害，乃知天朝法度，斷不可以不懍遵也。

查該國距內地六七萬里，而夷船爭來貿易者，為獲利之厚故耳。以中國之利利外夷，是夷人所獲之厚利，皆從華民分去，豈有反毒物害華民之理？即夷人未必有心為害，而貪利之極，不顧害人，試問天良安在？聞該國禁食鴉片甚嚴，是固明知鴉片之為害也。既不使為害於該國，則他國尚不可移害，況中國乎？

中國所行於外國者，無一非利人之物，利於食，利於用，並利於轉賣，皆利也。中國曾有一物為害外國否？況如茶葉、大黃，外國所不可一日無也，中國若靳其利，而不恤其害，則夷人何以為生？又外國之呢羽嗶嘰，非得中國絲斤，不能成織，若中國亦靳其利，夷人何利可圖？其餘食物，自糖料、薑、桂而外，用物自綢緞、磁器而外，外國所必需者，曷可勝數？而外來之物，皆不過以供玩好，可有可無。既非中國要需，何難閉關絕市？乃天朝於茶絲諸貨，悉任其販運流通，絕不靳惜，無他，利與天下公之也。

該國帶去內地貨物，不特自資食用，且得以分售各國，獲利三倍。即不賣鴉片，而其三倍之利自在，何忍更以害人之物，恣無厭之求乎？設使別國有人販鴉片至英國，誘人買食，當亦貴國王所深惡而痛絕之也。向聞貴國王存心仁厚，自不肯以己所不欲者，施之於人。並聞來粵之船，皆經頒給條約，有不許攜帶禁物之語，是貴國王之政令，本屬嚴明，只因商船眾多，前此或未加察，今行文照會，明知天朝禁令之嚴，必使之不敢再犯。

且聞貴國王所都之蘭噸，及斯葛蘭、愛倫等處，本皆不產鴉片。

惟所轄印度地方，如孟阿拉、曼達、拉薩、孟買、八達挐、默挐、麻爾窪數處，連山栽種，開池製造，累月經年，以厚其毒，臭穢上達，天怒神恫。貴國王誠能於此等處，拔盡根株，盡鋤其地，改種五穀，有敢再圖種造鴉片者，重治其罪，此真興利除害之大仁政，天所佑而神所福，延年壽、長子孫，必在此舉矣！

至夷商來至內地，飲食居處，無非天朝之恩膏；積聚豐盈，無非天朝之樂利。其在該國之日猶少，而在粵東之日轉多；弼教明刑，古今通義，譬如別國人到英國貿易，尚須遵英國法度，況天朝乎？今定華民之例，賣鴉片者死，食者亦死。試思夷人若無鴉片帶來，則華民何由轉賣？何由吸食？是奸夷實陷華民於死，豈能獨予以生？彼害人一命者，尚須以命抵之，況鴉片之害人，豈止一命已乎？故新例於帶鴉片來內地之夷人，定以斬絞之罪，所謂為天下去害者此也。

復查本年二月間，據該國領事義律，以鴉片禁令森嚴，稟求寬限。凡印度港腳屬地，請限五月；英國本地，請限十月，然後即以新例遵行等語[3]。今本大臣等，奏蒙大皇帝格外天恩，倍加體恤。凡在一年六個月之內，誤帶鴉片，但能自首全繳者，免其治罪；若過此限期，仍有帶來則是明知故犯，即行正法，斷不寬宥。可謂仁之至義之盡矣。

我天朝君臨萬國，盡有不測神威，然不忍不教而誅，故特明宣定例。該國夷商，欲圖長久貿易，必當懍遵憲典，將鴉片永斷來源，切勿以身試法。王其詰奸除慝，以保乂爾有邦，益昭恭順之忱，共用太

---

[3] 港腳：即港口。一說為Country Ship的譯音，指船隻。

平之福。幸甚！幸甚！

　　接到此文之後，即將杜絕鴉片緣由，速行移覆，切勿諉延。須至照會者。

《林文忠公政書》
（林保淳/編寫整理）

南京條約

背景

　　道光二十二年七月二十四日（一八四二年八月廿九日），在英國軍艦 Cornwallis（康華麗）號上，清廷代表耆英、伊里布與英國全權公使璞鼎查（Sir Henry Pottinger），為彌合鴉片戰爭，簽署了中國第一個不平等條約——《南京條約》。

　　《南京條約》的簽訂，在當時或許只是不得已的權宜之計。然而，由於主事者對國際約法的懵懂，拱手讓出本國的權益。從此，中國門戶大開，外人以堅利的兵器挾著豐厚的經濟優勢，長驅直入，為中國招來了一連串割地賠款的恥辱，原已凋敝的民生，更平添了許多大大小小的瘡痍。此外，鴉片，這一戰爭的禍首，在條約簽訂之後，居然成為擎著公賣招牌的寶貨，橫行氾濫地毒害中國人民。然而，禍害尚不止此，之後的一個個條約，便是一篇篇用人民血淚書成的賣身契；一次次和談，便是一次次含羞凝恥的自我拍賣……這一切，始作俑者都是《南京條約》。

影響

　　總括而言，《南京條約》的後遺症，有下列幾項：

一、不平等條約的繼續簽訂。

二、外國武力、經濟侵略的持續擴展。

三、領土的喪失。

四、關稅自主權的淪亡。（《南京條約》雖未明言，但在其續約《虎門條約》中便有所規定。）

五、巨額賠款的流失。

六、最惠國待遇的提出。（《虎門條約》）

七、領事裁判權的提出。（《虎門條約》）

大致上，繼《南京條約》之後，一切不平等條約的不平等待遇，都可以在《南京條約》中找到先例，只是程度深淺有所不同罷了。但無論中國受害的深淺如何，都一步一步地迫使中國走向滅絕的路徑！中國近百年來的苦難，可以說是由《南京條約》肇其端的。而這創傷，在今天，依然痛著！

原　文

一、嗣後大清大皇帝與英國君主，永存平和，所屬華英人民，彼此友睦，各住他國者，必受該國保佑，身家全安。

一、自今以後，大皇帝恩准英國人民，帶回所屬家眷，寄居沿海之廣州、福州、廈門、寧波、上海等五處港口，貿易通商無礙。英國君主派設領事、管事等官，住該五處城邑，專理商賈事宜。與各該地方官公文往來，令英人按照下條開敘之例，清楚交納貨稅、鈔餉等費。

一、因英國商船，遠路涉洋，往往有損壞須修補者，自應給予沿

海一處，以便修船及存守所用物料。今大皇帝准將香港一島，給予英國君主暨嗣後世襲主位者，常遠主掌，任便立法治理。

一、因欽差大臣等於道光十九年二月間，將英國領事官及民人等，強留粵省，嚇以死罪，索出鴉片，以為贖命。今大皇帝准以洋銀六百萬圓，補償原價。

一、凡英國商民，在粵貿易，向例全歸額設商行亦稱公行者承辦，今大皇帝准其嗣後不必仍照向例，凡有英商等赴各該口貿易者，勿論與何商交易，均聽其便。且向例額設行商等，內有累欠英商甚多，無措清還者，今酌定洋銀三百萬圓，作為商欠之數，由中國官為償還。

一、欽差大臣等向英國居民人等，不公強辦，致須撥發軍士，討求伸理，今酌定水陸軍費洋銀一千二百萬圓，大皇帝准為補償。惟自道光二十一年六月十五日以後，英國在各城收過銀兩之數，按數扣除。

一、以上酌定銀數，共二千一百萬圓，此時交銀六百萬圓，癸卯年六月間交銀三百萬圓，十二月間交銀三百萬圓，共銀六百萬圓。甲辰年六月間交銀二百五十萬圓，十二月間交銀二百五十萬圓，共銀五百萬圓。乙巳年六月間交銀二百萬圓，十二月間交銀二百萬圓，共銀四百萬圓。自壬寅年起，至乙巳年止，四年共交銀二千一百萬圓。倘按期未能交足，則酌定每年每百圓應加息五圓。

一、凡係英國人，無論本國、屬國軍民等，今在中國所管轄各地方被禁者，大皇帝准即釋放。

一、凡係中國人，前在英國人所據之邑居住者，或與英人有來往者，或有跟隨及伺候英國官人者，均由大皇帝俯降諭旨，謄錄天下，

恩准免罪。凡係中國人為英國事被拿監禁者，亦加恩釋放。

一、前第二條內，言明開關，俾英國商民居住通商之廣州等五處，應納進口出口貨稅、餉費，均宜秉公議定則例，由部頒發曉示，以便英商按例交納。今又議定：英國貨物，自在某港按例納稅後，即准由中國商人，遍運天下，而路所經過，稅關不得加重稅例，只可照估價則例若干，每兩加稅不過某分。

一、議定英國住中國之總管大員，與中國大臣，無論京內京外者，有文書來往，用「照會」字樣；英國屬員，用「申陳」字樣；大臣批覆，用「札行」字樣。兩國屬員往來，必當平行照會。若兩國商賈上達官憲，不在議內，仍用「奏明」字樣。

一、俟奉大皇帝允准，和約各條施行，並以此時准交之六百萬圓交清，英國水陸軍士，當即退出江寧、京口等處江面，並不再行攔阻中國各省商賈貿易。至鎮海之招寶山，亦將退讓。惟有定海縣之舟山海島，廈門廳之鼓浪嶼小島，仍歸英兵暫為駐守，迨及所議洋銀全數交清，而前議各海口均已開關，俾英人通商後，即將駐守二處軍士退出，不復佔據。

一、以上各條，均關議和公約，應俟大臣等分別奏明大皇帝朱筆批准，及英國君主判定後，即速相交，俾兩國分執一冊，以昭信守。惟兩國相離遙遠，是以另繕二冊，先由欽差大臣等及英國公使，蓋用關防印，各執一冊為據，俾即日按照和約開載之條，施行妥辦。

《籌辦夷務始末》

（林保淳／編寫整理）

《海國圖志》序
魏源

　　魏源（一七九四——一八五七），字默深，湖南邵陽人。他曾跟隨劉逢祿學習《公羊春秋》，與當時聲名卓著的龔自珍議論頗為相得，一時並稱「龔魏」，都是主張經世致用的公羊派健將。他的著作主要有《聖武記》《書古微》《詩古微》及《文集》等，《海國圖志》更是他嘔心瀝血的代表作，對其後變法圖強的思想家有甚大影響。

背景

　　鴉片戰爭起，朝廷中有主戰、主和兩派。大學士穆彰阿一力支持講和，魏源則傾心支持主戰的林則徐。林則徐罷官，主和派得勢，一連與外國簽訂了數種不平等條約，使中國淪於半殖民地的地步。這個喪權辱國的結果，給予魏源很深的刺激。同時，西方各國勢力的入侵，更嚴重地破壞了當時社會、經濟的結構，使他體會到自己已置身於一個危急存亡的關鍵時期。因此，一則以憤，一則以憂，促使他依據林則徐的《四洲志》，完成了宏偉的巨著——《海國圖志》。

魏源像

影 響

　　魏源主張經世致用，企圖扭轉當時沉溺於章句訓詁的考據學風，因此早在鴉片戰爭前十四年（一八二六），就替賀長齡編輯了一套洋洋大觀的《皇朝經世文編》，作為實踐的基礎。而另一方面，鑒於鴉片戰爭的失敗，應歸咎於不明外情及器械的不如人，因此主張研究外國的歷史、地理，乃至風土人情，以及學習西方的優良技術。這是魏源思想的根源及《海國圖志》中的基本主張。

　　從此，他的名言——師夷長技以制夷，不但成為他畢生經略的目標，而且成了後繼的有心志士發憤圖強的鵠的，對日後各項改革，如「自強運動」，實在有很大的影響。

　　在《海國圖志》中，魏源不僅詳細地介紹了世界各國的情況，足以使閉塞自大的中國人眼界一新，擊碎了中國人坐井觀天的偏狹心態。同時，更將他殫精竭慮思考出來的海防戰略，一一在書中陳述，《籌海篇》《籌海總論》《夷情備采》等，都是他個人對海防的見解。

　　姑不論他的見解是否正確（如陳澧就曾很中肯地批評他企圖聯結俄羅斯的觀點），但無可否認，魏源是繼戚繼光之後，少數指出海防之重要性及作戰兵器之落後的學者。順著他創舉式的指引，在修正之後，確實有助於國家實力的壯大。

　　同時，魏源觀察時勢的角度之廣，也是值得後人敬服的。他所指出的「人心之痾患」，以及濃厚的憂患意識，更是當時被鴉片沉溺昏醉的社會的一劑強心針！可惜的是，這一點並未為後人所瞭解。「自

強運動」的船堅炮利,終究抵不過人心崩潰的破壞力量。甲午一戰,北洋艦隊全軍覆沒,自強云者,只是個形式而已。這是相當令人慨嘆的。

不過,《海國圖志》的價值,卻不因日後的失敗而有所減色。在中國,固然造成轟動的潮流,促成改革的實際行動;在外國的影響,更是不容忽視。《海國圖志》遠傳朝鮮,連英人、德人都曾加以選譯刊刻。而東鄰的日本,更是重視此書,自一八五四年翻刻第一部起,日本人為之翻譯、訓解、刊刻的高達二十餘種。對當時與中國是難兄難弟的日本而言,其功效之大,連日本學者都不諱言,本書的影響即此可見一斑。

原 文

《海國圖志》六十卷,何所據[1]?一據前兩廣總督林尚書所譯西夷之《四洲志》,再據歷代史志及明以來島志,及近日夷圖、夷語[2]。鈎稽

---

[1]《海國圖志》六十卷:此書成於道光二十二年(一八四二),中、英簽訂《南京條約》之後,原僅五十卷,道光二十七年(一八四七)增補為六十卷;咸豐二年(一八五二),復補輯四十卷,共為一百卷。
[2]《四洲志》:此書原是西人Murray所作的Geography的上半部,林則徐督辦禁煙事宜時,為充分瞭解外情,特命人譯出,題名為《四洲志》。《海國圖志》以《四洲志》為底本,在卷五、七、十三、十四、十六、二十至二十三、二十五至三十、三十六、三十八、四十至四十三,皆題上「歐羅巴人原撰,侯官林則徐譯,邵陽魏源重輯」的字眼,以示根據,其他各卷,則只題「邵陽魏源輯」。史志:指二十四史中的「四夷傳」、《通典》中的「邊防典」、《通志》中的「四夷傳」、《通考》中的「四裔考」和《續通典》《通志》《通考》,《皇朝通典》《通志》《通考》,《水經注》及《廣東通志》等。島志:《海國圖志》中所引用的有元代汪大淵的《島夷志略》、周達觀的《真臘風土記》等,明以後的有黃衷《海語》、張燮《東西洋考》、利瑪竇《坤輿圖說》、艾儒略《職方外紀》,以及清人王大海的《海島逸志》等,搜羅宏富。

貫串,創榛闢莽,前驅先路。大都東南洋、西南洋,增於原書者十之八,大、小西洋,北洋,外大西洋,增於原書者十之六。又圖以經之,表以緯之,博參群議以發揮之。

何以異於昔人海圖之書?曰:彼皆以中土人譚西洋,此則以西洋人譚西洋也。是書何以作?曰:為以夷攻夷而作,為以夷款夷而作,為師夷長技以制夷而作[3]。

《易》曰:「愛惡相攻而吉凶生,遠近相取而悔吝生,情偽相感而利害生[4]。」故同一禦敵,而知其形與不知其形,利害相百焉;同一款敵,而知其情與不知其情,利害相百焉。古之馭外者,諏以敵形,形同幾席;諏以敵情,情同寢饋。

然則執此書即可馭外夷乎?曰:唯唯,否否!此兵機也,非兵

---

3 以夷攻夷:利用西方人攻擊西方人。魏源的海防思想,著眼於議攻、議款、議守三項,以夷攻夷,是他議攻的策略,希望借助俄羅斯、美國、法蘭西的力量,以牽制英國。以夷款夷:鑒於鴉片戰爭之時,清廷不肯接受美、法兩國的調停,以致有《南京條約》的奇恥大辱,因此主張由外國調停中外的衝突。款,講和。師夷長技以制夷:學習西方優良的技術,再回過頭來以此技術制服西方人。這是魏源攻守中以守代攻的基本策略,主要是鑒於鴉片戰爭的失敗,實在是因為器械上的落後所致,因此主張學習西方的技術,以彌補自身的不足。這一點,對其後專以效法西方「船堅炮利」的「自強運動」,有很大的影響。

4 「愛惡相攻而吉凶生」三句:皆出自《易經‧繫辭下傳》:「八卦以象告,爻象以情言,剛柔雜居而吉凶可見矣;變動以利言,吉凶以情遷。是故愛惡相攻而吉凶生,遠近相取而悔吝生,情偽相感而利害生。凡《易》之情,近而不相得,則凶;或害之,悔且吝。」這段話主要在說明《易經》中卜占的各種吉凶變化情形,歷代學者在解說時有很多歧見,但大抵是說:八卦用卦象、爻象來預示吉凶,而爻辭、象辭則針對實際的事況而陳述。爻的剛柔,錯綜相次,吉凶就可以看出來了。凡是變動,都要趨於對人有利的方向而變化,所謂吉凶,則會跟隨事況的情形而轉移。所以,愛和憎互相衝突,吉凶就由此產生;長遠的利益和眼前的利益有矛盾,悔、吝就是由此產生;真誠和虛偽互相激盪,利害也就由此而產生了。《周易》卦爻所顯現的情況是:若互相接近的人們不能諧和,則結果必然是凶;若其中有人彼此傷害,則將既悔又吝。(據《中國哲學史資料選輯》之解釋,略有更動。)魏源引用這段話,未必符合《易經》的原意,只是借「情」「偽」的各種狀況,以說明瞭解西方狀況的重要性而已,和《易經》的卦、爻並沒有關係。

本也;有形之兵也,非無形之兵也。明臣有言:「欲平海上之倭患,先平人心之積患。」人心之積患如之何?非水,非火,非刀,非金,非沿海之奸民,非吸煙販煙之莠民。故君子讀《雲漢》《車攻》,先於《常武》《江漢》,而知二《雅》詩人之所發憤;玩卦爻內外消息,而知大《易》作者之所憂患[5]。憤與憂,天道所以傾否而之泰也,人心所以違寐而之覺也,人才所以革虛而之實也[6]。

昔準噶爾跳踉於康熙、雍正之兩朝,而電掃於乾隆之中葉[7]。夷煙流毒,罪萬淮夷,吾皇仁勤,上符列祖,天時人事,倚伏相乘,何患攘剔之無期[8]?何患奮武之無會?此凡有血氣者所宜憤悱,凡有耳目心知者所宜講畫也。去偽、去飾、去畏難、去養癰、去營窟,則人心之寐患祛,其一。以實事程實功,以實功程實事,艾三年而蓄之,網臨淵而結之,毋馮河,毋畫餅,則人才之虛患祛,其二[9]。寐患去而天日

---

5 詩人之所發憤:魏源認為讀《詩經》應先讀《雲漢》《車攻》,然後再讀《常武》《江漢》,才能夠體會到《詩經》作者的一番苦心。因為《雲漢》《車攻》兩篇,具有憂民憂國以及生聚教訓的意涵,而《常武》《江漢》則是在描寫克敵凱旋的歡樂。唯有先求自強,才足以言制敵,這是魏源上述一段話的實際意旨。作者之所憂患:《繫辭傳》:「《易》之興也,其於中古乎!作《易》者,其有憂患乎!」
6 傾否而之泰也:《易經・否卦》:「上九,傾否,先否後喜。」《正義》:「處否之極,否道已終,此上九能傾毀其否,故曰傾否也。」否卦的卦象是坤下乾上,泰卦則為乾下坤上,否卦反轉過來就成泰卦。否是閉塞,泰是亨通。這裡以為能夠發憤與憂慮,正表示著堅決圖強的意念,所以能夠變閉塞為亨通。
7 準噶爾:準噶爾自康熙十七年(一六七八)起,屢次與清廷發生戰爭,直到乾隆二十五年(一七六〇)以後,才被平定。
8 倚伏相乘:《老子》:「禍兮福所倚,福兮禍所伏。」這裡是說福禍相勝,福可變禍,禍也可以變福。乘,即勝。
9 艾三年而蓄之:艾草是針灸時灸針的藥草,愈陳愈好。《孟子・離婁篇上》:「猶七年之病,求三年之艾也。」比喻對外要有多年的準備,否則措手不及,一切便不可收拾了。網臨淵而結之:《漢書・董仲舒傳》:「臨淵羨魚,不如退而結網。」這是說要及時有所行動。

昌，虛患去而風雷行。傳曰：「孰荒於門？孰治於田？四海既均，越裳是臣[10]。」敘《海國圖志》。

以守為攻，以守為款，用夷制夷，疇司厥楗？述《籌海篇》第一。

縱三千年，圜九萬里，經之緯之，左圖右史。述《各國沿革圖》第二。

夷教夷煙，毋能入界，嗟我屬藩，尚堪敵愾。志《東南洋海岸各國》第三。

呂宋爪哇，嶼垾日本，或噬或駾，前車不遠。志《東南洋各島》第四。

教閱三更，地割五竺，鵲巢鳩居，為震旦毒[11]。述《西南洋五印度》第五。

維晳與黔，地遼疆闊，役使前驅，疇諏海客。述《小西洋利未亞》第六[12]。

大秦海西，諸戎所巢，維利維威，實懷泮鴞[13]。述《大西洋歐羅巴各國》第七。

尾東首西，北盡冰溟，近交遠攻，陸戰之鄰。述《北洋俄羅斯

---

10 「孰荒於門」四句：出自韓愈的《越裳操》。
11 教閱三更：宗教經過三次改變，指佛教、伊斯蘭教、天主教。地割五竺：印度古稱天竺，五竺即五印度。這裡是說印度被瓜分了。鵲巢鳩居：《詩經·召南·鵲巢》：「維鵲有巢，維鳩居之。」今成語「鳩占鵲巢」，即由此而來。此處比喻英國佔領了印度。為震旦毒：印度古時稱中國為震旦，是China的譯音。英人佔領印度，在印度種植鴉片，設立東印度公司，作為對華貿易的根據地，因此說成為中國的毒害。
12 利未亞：即非洲，Africa從前的譯音。
13 實懷泮鴞：《詩經·魯頌·泮水》末章：「翩彼飛鴞，集於泮林，食我桑黮，懷我好音。憬彼淮夷，來獻其琛。」《正義》：「翩然而飛者，彼飛鴞惡聲之鳥，今來集止於我泮水之林，食我泮宮之桑黮，歸我好善之美音。惡聲之鳥食桑黮而變音，喻不善之人感恩惠而從化。憬然而遠行者是彼淮夷，來就魯國獻其琛寶。」這裡是說能夠使強敵服從。

國》第八。

勁悍英寇,恪拱中原,遠交近攻,水戰之援。述《外大洋彌利堅》第九。

人各本天,教綱於聖,離合紛紜,有條不紊[14]。述《西洋各國教門表》第十。

萬里一色,莫如中華,不聯之聯,大食歐巴[15]。述《中國西洋紀年表》第十一。

中曆資西,西曆異中,民時所授,我握其宗[16]。述《中國西曆異同表》第十二。

兵先地利,豈間遐荒?聚米畫沙,戰勝廟堂。述《國地總論》第十三。

雖有地利,不如人和,奇正正奇,力少謀多。述《籌夷章條》第十四。

知己知彼,可款可戰,匪證奚方,孰醫瞑眩[17]?述《夷情備采》第十五。

水國恃舟,猶陸恃堞,長技不師,風濤誰讋?述《戰艦條議》第

---

14 教綱於聖:這裡說西方各國的宗教各以其所尊奉的聖人為綱領。教,指西方的基督、天主等教。西方自宗教改革以後,教派林立,各有尊奉。
15 不聯之聯:指西方各國人種複雜,和中國的萬里一色以組成一個國家有所不同,因此是不聯之聯。大食:即阿拉伯帝國,這裡指回曆。歐巴:即歐羅巴洲,Europe的譯音簡稱,這裡指西曆。
16 民時所授:《尚書‧堯典》:「曆象日月星辰,敬授人時。」這裡是指中國的農曆而言。古時帝王即位,往往頒佈曆法,作為人民耕作的依據,故稱「人時」,亦作「民時」。我握其宗:這裡是說農曆較之西曆,更合乎農民需要,因此說中曆掌握了主要的關鍵。宗,主。
17 孰醫瞑眩:是說誰來下此猛藥以治好病。《尚書‧說命》:「若藥弗瞑眩,厥疾弗瘳。」瞑眩是昏迷,瘳是病好。這是說病人吃了比較烈的藥而昏迷過去,病情才可以痊癒。

五行相剋，金火斯烈，雷奮地中，攻守一轍[18]。述《火器火攻條議》第十七。

　　軌文匪同，貨幣斯同，神奇利用，盍殫聰明？述《器藝貨幣》第十八。

　　道光二十有二載，歲在壬寅嘉平月，內閣中書邵陽魏源敘於揚州[19]。

《海國圖志》

譯文

　　《海國圖志》六十卷，是根據什麼而作的？一是根據前任兩廣總督林則徐所翻譯的西方人的《四洲志》，然後又根據我國歷代的「史」「志」，以及明朝以來的各種島志，和近年來的西方地圖、西人著作。將它們選取考核，並加以貫串，經過了一番開闢荒蕪的工作而完成的，可以說是指引明路的一個創舉！大抵上，東南洋、西南洋的部分，比原書增加十分之八，大西洋、小西洋、北洋、外大西洋，比原書增加十分之六。以圖為經，以表為緯，廣泛地參考眾人的意見，並加以發揮。

---

18 五行相剋：陰陽家有五行相生相剋之說，相剋，如木剋土，土剋水，水剋火，火剋金，金剋木；相生，如木生火，火生土，土生金，金生水，水生木。五行，即金、木、水、火、土。金火斯烈：這是說火器、炸藥是五行中最猛烈的。金，五金，指火器；火，炮火。雷奮地中：《易經·豫卦》：「雷出地，奮。」這裡借用為武器中的地雷。

19 嘉平月：即陰曆十二月。秦始皇稱十二月為嘉平月。

這本書和從前人所作的書有什麼不同？答道：他們都是以中國人的觀點談論西方，這本書則是以西方人的觀點談論西方。這本書為何而作？答道：為了借助西方人攻擊西方人而作，為了借助西方人和西方人講和而作，為了效法西方人的優良技術以制服西方人而作。

　　《易經》中說：「愛和憎互相衝突，就產生吉凶；長遠的利益和眼前的利益有矛盾，就產生悔吝；真誠和虛偽互相激蕩，就產生利害。」因此，同樣是防禦敵人，知道敵人的形勢和不知道敵人的形勢，利害會相差一百倍；同樣是與敵人講和，而知道敵人的情況與不知道敵人的情況，利害也相差一百倍。古時候駕馭外國的人，向他詢問敵人的形勢，就好像是自己家中的茶几、席子一樣熟悉；向他詢問敵人的情況，就好像平常吃飯、睡覺一樣熟習。

　　那麼，持用這本書就可以駕馭外國嗎？答道：是的，但也不盡然是。這本書是用來增加作戰時戰勝的機會的，但不是戰略的根本；這是有形的戰略，不是無形的戰略。明代的大臣曾說過：「想要平定沿海的倭寇之亂，要先平定人心中累積的憂患。」人心中累積的憂患是什麼？不是水，不是火，不是刀劍，不是火器，不是沿海的不肖漢奸，不是吸煙賣煙的不良國民。因此，君子讀《詩經》時，先讀《雲漢》《車攻》，再讀《常武》《江漢》，就可以明白大、小《雅》詩人所以發憤創作的原因；玩味《易經》各卦各爻的內外、消息，就可以明白《易經》作者的憂患意識。發憤和憂患，是天道由閉塞而變為亨通的原因，是人心由蒙昧變醒覺的原因，也是人才由虛浮變為扎實的原因。

　　從前準噶爾猖獗於康熙、雍正兩朝，而被迅速地平定於乾隆中

葉。洋人的鴉片流毒於全中國，罪孽比準噶爾深一萬倍，而我皇上仁愛勤懇，能夠媲美歷代祖先，且天時和人事，都是禍福互相倚伏的，何必擔心消滅外寇的時機不會來臨？又何必憂慮振奮武功沒有機會？這是凡是有血氣心知的人所應該發憤圖強，而具有耳目心知的人所應該講求計畫的。除去虛偽、除去掩飾、除去害怕困難、除去養癰遺患、除去營謀私利，則人心的蒙昧、無知的憂患可以除去，此其一。以實際的事況衡量實際的功勞，以實際的功勞衡量實際的事況，像蓄艾草一樣要多年準備，像網魚一樣要及時結網，不要衝動魯莽，不要空談虛論，則人才虛浮的憂患可以除去，此其二。蒙昧無知的憂患除去，則天清氣朗，可以大有作為；虛浮的憂患除去，則可以雷厲風行，收得實效。韓愈的《越裳操》說：「誰來拓展土地？誰來治理農田？天下都已均富之後，越裳便會貢納來朝。」為《海國圖志》作敘。

以守作攻，以守作和，利用西人攻擊西人，誰來掌握這個關鍵？述《籌海篇》第一。

縱貫三千年，方圓九萬里，以圖為經，以表為緯，左圖右史。述《各國沿革圖》第二。

洋教洋鴉片，不准入國界，感慨我國藩屬，還能同仇敵愾。記《東南洋海岸各國》第三。

呂宋和爪哇，土地同日本，一個被併吞，一個猛邁進，實在可以作借鑒。記《東南洋各島》第四。

宗教經三變，五竺遭瓜分，鵲巢被鳩占，流毒遍中國。述《西南洋五印度》第五。

白人與黑人，所居甚遼遠，役使當前鋒，誰問航海者？述《小西

洋利未亞》第六。

　　羅馬愛琴海，各國所在地，只有利害威服，可以勝過對方。述《大西洋歐羅巴各國》第七。

　　國土貫東西，北到北冰洋，可以近交遠攻，作陸戰的鄰邦。述《北洋俄羅斯國》第八。

　　強勁剽悍的英國，使他們恭順中國，可以遠交近攻，作海戰的援軍。述《外大洋彌利堅》第九。

　　人人各本一天，宗教以聖為綱，雖離合無常，卻有條不紊。述《西洋各國教門表》第十。

　　萬里同膚色，唯有我中華，以異種建國，是大食歐巴。述《中國西洋紀年表》第十一。

　　中曆可資西用，西曆不同中曆，以授民時而言，我掌握其關鍵。述《中國西曆異同表》第十二。

　　兵以地利為先，無論距離多遠，明瞭中外的情形，朝廷上足以獲勝。述《國地總論》第十三。

　　雖然有地利，不如靠人和，奇正相變化，力少計謀多。述《籌夷章條》第十四。

　　知己又知彼，可和復可戰，不知徵兆何來藥方，有誰來為此下猛藥？述《夷情備采》第十五。

　　水仗靠兵艦，陸軍靠城池，長技不學習，風濤誰畏服？述《戰艦條議》第十六。

　　五行相剋制，金火最猛烈，地雷威力大，攻守都需要。述《火器火攻條議》第十七。

車文雖不同，貨幣都一樣，神明變化來應用，何不竭力效智慧？述《器藝貨幣》第十八。

　　道光二十二年（一八四二），壬寅歲十二月，內閣中書邵陽魏源敘於揚州。

（林保淳／編寫整理）

太平天國奉天討胡檄

楊秀清　蕭朝貴

　　楊秀清（約一八二〇—一八五六），蕭朝貴（約一八二〇—一八五二），均為太平天國的創始人。蕭朝貴死於湖南之役，距本檄文發佈沒有多久。楊秀清則在太平天國的後期隱握大權，後來則死於韋昌輝之手，成為太平天國政權爭鬥中的犧牲者。

背　景

　　自清廷入主中原之後，對一般知識分子展開了嚴密的控制手段，高壓、籠絡雙管齊下，倒是有效地限制了知識分子的行動。熱衷功名的士子，固是一朝天子一朝臣，渾然忘卻了國破家亡的君父之仇；一些恥事異姓的愛國志士，則在重重的監視下，難以動彈。因此，乾嘉之後的「反清復明」舉事，大抵皆以下層社會的秘密會黨發動。其中最著名的便是由陳永華奉鄭成功之命創立的「天地會」。

　　天地會的起義，大抵皆以擁護一明室的後裔為號召，目的在恢復明朝。道光三十年（一八五〇），萬大洪以「天德」名號舉事，洪秀全曾受封為「太平王」。但洪秀全起義的宗旨，卻與恢復明朝的號召有所抵牾。因此，後來便與天地會分離，而徑以「太平天國」創立以「上帝教」為基幹的洪氏帝業。

影 響

這一篇檄文,是咸豐二年(一八五二),太平軍進攻湖南時所發佈的通告。

檄文主要著力於指斥清廷的腐敗和其殘酷的種族壓迫,至於「復明」一事,則絲毫不曾提及。 事實上,明代覆滅至當時已有二百多年,時間早已沖淡了大多數民眾對明朝的懷念,復不復明,在宣傳上並沒有太大的效果。 反而是當時人民所親身經歷的切膚之痛──清廷的腐敗、殘酷,才是最有力量的訴求內容。

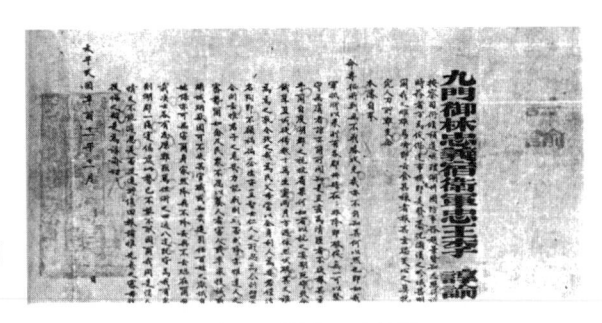

太平天國忠王李諄諭

因此,這篇檄文所激起的,不是遙不可及的緬懷情緒,而是身受其害者內心的直接憤怒。 而憤怒之火,則環繞於「華夷」之分而熊熊燃燒起來,形成了一股強猛的聲勢,幾乎毀滅了岌岌可危的清政府。

然而,檄文中的另一項宣傳目標:以「上帝教」為基礎的太平天國思想及其相關的制度,卻在無形之中,破壞了原有的效果。 就切身之痛而言,顯然地,身處於下層階級的民眾,在上無奧援的情況下,自是慘痛甚於上層知識分子。 太平天國的基礎,就是得力於下層人士的直接參與而締建的。 但是,在上層知識分子心目中,上帝教所帶來的對中國固有傳統的破壞,恐怕更甚於對切身之痛的恐懼。 因此,以曾國藩為領導的「湘軍」,得以在保護固有文化的號召下,迅速整編起來,形成與太平軍對抗的主力。

戰爭的形態,由早期的種族對立,蛻變成文化的抗爭。這時候,勝敗的關鍵,不在於軍事力量的強弱,而在於群眾對戰爭形態的認同了。而此一認同,在傳統中國以知識分子為主幹的形勢下,勝敗早已是不言而喻的了。「湘軍」之所以屢仆屢起,而擊破堅強的太平軍,恐怕正是因此。

雖然太平天國企圖以宗教建立起一個公正、清明的政府的理想,終於破滅在自己所號召的思想下,但是種族的對立,卻也無形中對知識分子造成了相當大的衝擊,所以辛亥革命便是在知識分子認清這種對立的情勢下成功的。

原 文

真天命太平天国禾乃師贖病主左輔正軍師東王楊,右弼又正軍師西王蕭,為奉天討胡,檄布四方,若曰[1]:

---

[1] 真天命太平天国:太平天國是洪秀全在咸豐元年(一八五一)建立的國號。太平,是其起義的目的,欲天下得以太平;天國,則表明他的信仰,洪秀全信奉上帝,認為天下即是上帝之國,故稱「天國」。「国」字本作「國」,但是因為洪秀全認為「王居中」,因此太平軍的文書,一律作「国」。太平天國改換了許多常用字,理由不盡相同,如將「魂」「魄」「魁」等改作「䰟」「䰟」「斗」;將「耶」「火」「華」,改為「爺」「燒」「花」(這是為了避諱,他們將上帝音譯為「耶火華」)等,不一而足。真天命則指他們是奉了上帝旨意的「真命天子」。東王楊:指太平軍的東王楊秀清,他的官銜很長,全銜是「聖神風禾乃師贖病主左輔正軍師」。聖神風,據洪秀全《新遺詔聖書》所說,是因「上帝下凡降東王,降托東王是聖神,東王本職則是風,勸慰師也」。其他諸王則有聖神雨(西王蕭朝貴)、雲師(南王馮雲山)、雷師(北王韋昌輝)、電師(翼王石達開)等,帶有傳統信仰的意味。禾乃師「禾乃」合為一「秀」字,可能是指天王洪秀全的軍師之類。贖病主,是由於楊秀清曾自稱天父下凡,令他代世人贖病,因此而封之。左輔正軍師,是太平天國軍制中「左輔」「右弼」及「正軍師」「副軍師」的官職合稱。楊秀清既是「左輔」,又是「正軍師」。西王蕭:指西王蕭朝貴,他的全銜是「聖神雨右弼又正軍師」。太平天國的檄文都是以楊、蕭的名義發佈的。所以列上二人的名銜。

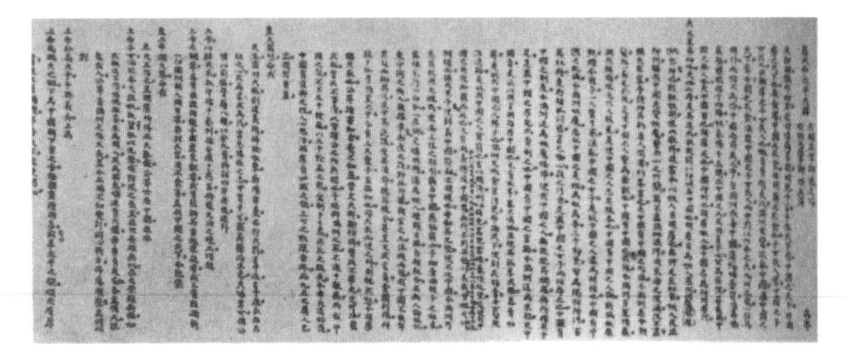

《太平天國奉天討胡檄》原件

　　嗟爾有眾，明聽予言！予惟天下者，上帝之天下，非胡虜之天下也；衣食者，上帝之衣食，非胡虜之衣食也；子女民人者，上帝之子女民人，非胡虜之子女民人也[2]。

　　慨自滿洲肆毒，混亂中國，而中國以六合之大，九州之眾，一任其胡行，而恬不為怪，中國尚得為有人乎[3]？妖胡虐焰燔蒼穹，淫毒穢宸極，腥風播於四海，妖氣慘於五胡，而中國之人，反低首下心，甘為臣僕。甚矣哉，中國之無人也！

　　夫中國首也，胡虜足也；中國神州也，胡虜妖人也。中國名為神州者何？天父皇上帝真神也，天地山海，是其造成，故從前以神州名中國也[4]。胡虜目為妖人者何？蛇魔「閻羅妖」邪鬼也，韃靼妖胡，唯

---

2 上帝：在這裡是指基督教中的上帝，和中國傳統的上帝完全不同。洪秀全和基督教的接觸，是由梁亞發所編的《勸世良言》作媒介的。在起義期間，他又糅合了一些傳統的信仰在內，和基督教的上帝也不一樣。
3 九州：據傳大禹曾將天下劃分為九個州，所以後來以九州代表整個中國領土。
4 以神州名中國也：戰國時騶衍以「赤縣神州」稱中國，但歷來都沒有人解釋何以用「赤」、用「神」。在這裡，楊秀清等人借「神」指上帝，認為中國是上帝造成的，所以叫「神的土地」（神州）。

此敬拜,故當今以妖人目胡虜也⁵。奈何足反加首,妖人反盜神州,驅我中國悉變妖魔?罄南山之竹簡,寫不盡滿地淫汙;決東海之波濤,洗不淨彌天罪孽!予謹按其彰著人間者,約略言之:

夫中國有中國之形象,今滿洲悉令削髮,拖一長尾於後,是使中國之人變為禽獸也⁶。中國有中國之衣冠,今滿洲另置頂戴,胡衣猴冠,壞先代之服冕,是使中國之人忘其根本也⁷。中國有中國之人倫,前偽妖康熙,暗令韃子一人管十家,淫亂中國之女子,是欲中國之人盡為胡種也⁸。中國有中國之配偶,今滿洲妖魔,悉收中國之美姬,為奴為妾,三千粉黛,皆為羯狗所汙;百萬紅顏,竟與騷狐同寢,言之慟心,談之汙舌,是盡中國之女子而玷辱之也。中國有中國之制度,今滿洲造為妖魔條律,使我中國之人無能脫其網羅,無所措其手足,

---

5 蛇魔「閻羅妖」邪鬼:太平天國《諭救世人檄》中有一段話說:「魔鬼者何?就是爾等所拜祭各菩薩偶像也。各菩薩偶像者何?就是蛇魔紅眼睛『閻羅妖』之妖徒鬼卒也。蛇魔紅眼睛『閻羅妖』者何?就是皇上帝當初造天造地之時所造生之老蛇。今既變為妖怪,能變得十七八變,東海龍妖亦是他,正是妖頭鬼頭,專迷惑纏捉凡人靈魂,落十八重地獄,做他妖徒鬼卒,聽他受用淫汙者也。」這裡所稱的蛇魔,顯然是自《舊約‧創世記》中,引誘亞當、夏娃吃禁果的蛇而來。基督教反對一切偶像崇拜,認定上帝為唯一真神,對其他宗教的神祇,一律採取排斥的態度,以邪魔視之。太平天國亦承接這一觀念,同時更將其他宗教的神祇歸列「閻羅妖」門下,且將這些邪魔之所以產生的原因,歸罪於滿洲人。就理論而言,雖可自成一說,但實際上卻很荒謬,因為他們亦排斥孔子,將「妖魔作怪之由,總追究孔子教人之書多錯」,且說「孔丘見高天人人歸咎他,他便私逃下天,欲與妖魔頭偕走」,簡直將孔子和他們的妖魔沆瀣一氣。而崇敬孔子,豈是從滿洲人開始的?太平天國之所以無法得到士大夫階級的支持,蛇魔「閻羅妖」的觀念,是關鍵之一。

6 悉令削髮:清軍入關,一改明朝衣冠,下令薙髮。太平天國反其道而行,個個頭披長髮,因此被稱為「長毛」「髮逆」。但披頭散髮,和明朝的束髮也還是有差別的。詳見本書《薙髮令》。

7 頂戴:清朝的官服,帽頂珠形,以珊瑚、藍寶石、青金石、水晶、硨磲、金,鑲在帽頂,作官品大小的分別,叫頂戴。但這裡既指「壞先代服冕」,則不應僅指官服,一般平民的穿戴,如瓜皮帽、馬褂等,也包括在內。

8 一人管十家:清代行保甲法,以十人為一牌,置牌頭,以上有甲、保,皆以十為單位,自順治元年(一六四四)便逐漸實施,康熙四十七年(一七〇八)正式確立。所謂一人管十家,大概指此而言。但是「淫亂中國之女子」,恐怕未必是實情。

是盡中國之男兒而脅制之也。中國有中國之語言,今滿洲造為京腔,更中國音,是欲以胡言胡語惑中國也[9]。凡有水旱,略不憐恤,坐視其餓殍流離,暴露如莽,是欲使中國之人稀少也。滿洲又縱貪官污吏,佈滿天下,使剝民脂膏,士女皆哭泣道路,是欲我中國之人貧窮也。官以賄得,刑以錢免,富兒當權,豪傑絕望,是使我中國之英俊抑鬱而死也。凡有起義興復中國者,動誣以謀反大逆,夷其九族,是欲絕我中國英雄之謀也。滿洲之所以愚弄中國、欺侮中國者,無所不用其極,巧矣哉!

　　昔姚弋仲,胡種也,猶戒其子襄,使歸義中國;苻融亦胡種也,每勸其兄堅,使不攻中國。今滿洲乃忘其根源之醜賤,乘吳三桂之招引,霸佔中國,極惡窮凶。予細查滿韃子之始末,其祖宗乃一白狐,一赤狗,交媾成精,遂產妖人,種類日滋,自相配合,並無人倫風化。乘中國之無人,盜據中夏,妖座之設,野狐升據;蛇窩之內,沐猴而冠。我中國不能犁其窟而鋤其穴,反中其詭謀,受其凌辱,聽其嚇詐,甚至庸惡陋劣,貪圖蠅頭,拜跪於狐群狗黨之中。今有三尺童子,至無知也,指犬豕而使之拜,則艴然怒。今胡虜猶犬豕也,公等讀書知古,毫不知羞?昔文天祥、謝枋得誓死不事元,史可法、瞿式耜誓死不事清,此皆諸公之所熟聞也。予總料滿洲之眾不過十數萬,而我中國之眾不下五千餘萬,以五千餘萬之眾,受制於十萬,亦孔之醜矣!

　　今幸天道好還,中國有復興之理,人心思治,胡虜有必滅之徵。

---

9 京腔:即官話,屬北方語言系統,自唐朝以來,是官場通行的語言。其實,京腔是道道地地的中國語言,並非滿洲人「造為」的。

三七之運告終,而九五之真人已出[10]。胡罪貫盈,皇天震怒,命我天王肅將天威,創建義旗,掃除妖孽,廓清中夏,恭行天罰。言乎遠,言乎邇,孰無左袒之心;或為官,或為民,當急揚徽之志[11]!甲冑干戈,載義聲而生色;夫婦男女,據公憤以前驅。誓屠八旗,以安九有。特詔四方英俊,速拜上帝,以獎天衷。執守緒於蔡州,擒妥懽於應昌[12]。興復久淪之境土,頂起上帝之綱常。其有能擒狗韃子咸豐來獻者,或能斬其首級來投者,又有能擒斬一切滿洲胡人頭目者,奏封大官,決不食言。蓋皇上帝當初六日造成之天下,今既蒙皇上帝開大恩,命我主天王治之,豈胡虜所得而久亂哉[13]!

公等世居中國,誰非上帝子女?倘能奉天誅妖,執蝥弧以先登,戒防風之後至,在世英雄無比,在天榮耀無疆[14]。如或執迷不悟,保偽拒真,生為胡人,死為胡鬼。順逆有大體,華夷有定名,各宜順天,

10 三七之運:《漢書·路溫舒傳》:「溫舒從祖父受曆數天文,以為漢厄於三七之間。」三七是二百一十年,漢初到哀帝元年恰好二百一十年,而王莽即位,改國號為「新」。清自順治元年(一六四四)至咸豐三年(一八五三),也共有二百一十年,所以文中認為「妖運」已終。九五之真人:《易經·乾卦》:「九五,飛龍在天,利見大人。」「乾卦」中的九五爻是代表人君的象徵,因此後來稱君主為「九五之尊」。真人,即真命天子的意思。

11 左袒:將左邊的肩膀袒露出來,表示贊助的意思。漢高祖死後,呂后專政,呂氏族人企圖以呂代劉而有天下。大臣周勃反抗呂氏,向軍隊說:「為呂氏者右袒,為劉氏者左袒。」當時軍中皆左袒,因此後來稱贊助為左袒。

12 執守緒於蔡州:南宋末年,金主完顏守緒守蔡州,宋、元聯兵攻金,於宋理宗端平元年(一二三四),為中國將領孟珙攻下,完顏守緒自殺。擒妥懽於應昌:妥懽即元順帝妥懽貼睦兒。元末,明太祖起義,命徐達攻破元都,順帝出奔,後於一三七○年死於應昌。順帝並非被擒,「擒」字有誤。

13 六日造成之天下:據基督教《舊約全書·創世記》,上帝以六天的時間,創造了天地萬物。

14 執蝥弧以先登:蝥弧是旗子的名稱。《左傳·隱公十一年》,鄭莊公伐許:「潁考叔取鄭伯之旗蝥弧以先登。」這裡是高舉義旗,率先響應的意思。戒防風之後至:神話傳說中,大禹曾會諸侯於塗山,來執玉帛貢獻的有萬國之多,其中防風氏來得最慢,因而被殺。這裡含有警告的意思,希望眾人不要遲疑,以免遭到殺身之禍。

脫鬼成人。 公等苦滿洲之禍久矣！至今而猶不知變計，同心勠力，掃蕩胡塵，其何以對上帝於高天乎？

予興義兵，上為上帝報瞞天之讎，下為中國解下首之苦，務期肅清胡氛，同享太平之樂[15]。 順天有厚賞，逆天有顯戮。 佈告天下，咸使知聞。

《太平天國史稿》

譯文

真天命太平天國的禾乃師贖病主左輔正軍師東王楊秀清、右弼又正軍師西王蕭朝貴，為奉行天命，討伐胡虜，以檄文佈告天下，說：

大家聽清楚我的話！我以為所謂的天下，是上帝的天下，不是胡虜的天下；衣食，是上帝的衣食，不是胡虜的衣食；子女人民，是上帝的子女人民，不是胡虜的子女人民。

我很感慨：自從滿洲人肆虐，造成了中國的混亂，而中國有這麼廣大的土地，九州之多的人民，居然聽任他們胡作非為而安之若素，中國還能說得上是有人才嗎？胡虜暴虐的火焰燃燒於天上，淫毒污穢了天宮，血腥播遍天下，妖氣比五胡所造成的還要慘烈，而中國人卻低聲下氣，甘心作他們的奴僕。 唉，中國未免太無人才了吧！

中國是頭，胡虜是腳；中國是神州，胡虜是妖人。 中國為什麼稱作神州呢？因為天父皇上帝是唯一的真神，天地山海都是他創造的，

---

15 下首：頭下腳上，被倒懸起來，叫下首。古時候的戰爭，都以解救人民苦難為宣傳、號召，叫「解民之倒懸」。下首，就是倒懸的意思。

因此從前以神州來稱中國。 為什麼視胡虜為妖人呢？因為「蛇魔閻羅妖」是邪惡的魔鬼，滿洲胡虜，特別敬拜他，因此現在視胡虜為妖人。 誰料腳反而放在頭上，妖人反而竊據神州，驅使我中國人全都變成了妖魔！用盡南山的竹簡，寫不完他們遍地的污穢；傾盡東海的波濤，也無法洗淨他們彌天的罪孽！在此，我謹將他們昭彰在目的罪行大略地說一說：

中國本來自有中國的形象，而今滿洲人命令國人一律薙髮，拖一條長尾巴在腦後，使中國人變成禽獸。 中國自有中國的衣冠服制，而今滿洲人另用衣帽，穿胡衣，戴猴帽，破壞了過去的衣冠制度，使中國人忘掉自己的根源。 中國自有中國的倫理道德，過去有妖人康熙，暗中命令韃子一個人管理十戶中國人，淫亂中國女子，有意使中國人變成胡虜的種類。 中國自有中國的配偶，而今滿洲妖魔收羅盡中國美女，作為婢妾，眾多的美女，都為狗韃子所污辱了。 百萬的少女，居然與騷臭的胡種共寢，提起來就令人痛心，講起來更是玷污了舌頭！這是將全中國的女子盡行玷污了呀！

中國自有中國的制度，而今滿洲人另造一種妖魔式的條例，使中國人無法脫離這重重的羅網，無所措手足，是將全中國男子都脅迫住了呀！中國自有中國的語言，而今滿洲人別造京腔，更變中國語言，想要以胡虜的語言迷惑中國。 凡是有水災、旱災發生，他們一點都不肯憐恤，坐視人民餓死路旁、流離失所，暴露在風雨的侵襲中，想要使中國人數減少。 滿洲人又放縱一些貪官污吏，遍佈天下，以剝削民脂民膏，使仕女們都啼泣於道路之上，想要使中國人貧窮。 做官以賄賂而得，刑罰以金錢可免，富貴的人掌握大權，豪傑之士大失所望，

讓中國的英雄豪傑抑鬱地死去。凡是有舉義旗想復興中國的，動輒誣告他們是謀反的叛逆，夷滅他九族，想要一舉斬絕中國英雄豪傑的計謀。滿洲人用來愚弄中國、欺凌中國的手段，可以說是無所不用其極，非常巧詐的！

從前東晉的姚弋仲，雖然是個胡人，還曾勸誡過他兒子姚襄，教他投奔中國；前秦的苻融，也是個胡人，經常勸他哥哥苻堅，不要攻打中國。而今滿洲人卻忘了他們根源的醜劣卑賤，乘吳三桂招引的機會，霸佔了中國，真是窮凶極惡。我曾仔細調查過滿洲韃子的底細，他們的祖宗是一隻白狐和赤狗交配之後所生下來的妖怪，種類繁衍多了，便自相交配，沒有絲毫倫理道德可言。他們乘著中國缺乏人才，竊據了中原，設立妖座，使野狐登基；一群虺蛇，簡直是沐猴而冠。我們中國人不能夠掃蕩他們的巢穴，卻反而中了他們的詭計，聽由他們恐嚇欺騙，甚至卑鄙無恥，貪圖一些蠅頭小利，跪拜在這些狐群狗黨之間。現在若有一個三尺高的小孩，他算是很無知的了，但若指著豬、狗教他跪拜，一定勃然大怒；而胡虜就像豬狗一樣，諸位讀書明理的人，難道不感到羞恥？從前文天祥、謝枋得，誓死不事元朝，史可法、瞿式耜，誓死不事清朝，這都是諸位耳熟能詳的事。我估量滿洲人數不過十幾萬人，而我中國則有五千萬人之多，以五千多萬的人而受制於十萬人，實在是莫大的恥辱啊！

所幸如今天道好還，中國有復興的道理，人心求治，胡虜有必滅的徵兆；二百一十年的妖運將告一段落，九五之尊的真天子已經誕生。胡虜已是罪惡滿盈了，皇天異常憤怒，命令我們的天王嚴肅地秉持上天的威嚴，創建義旗，掃除妖孽，廓清中國，恭敬地執行上天的

懲罰。無論是遠是近，誰沒有協助的心意？無論是官吏、百姓，都應該早日舉起義旗；甲冑干戈等武器，都因起義而生色不少；夫婦男女各人民，皆為抒發公憤而願當前鋒，誓言殺盡八旗兵以安定九州。在此，特地昭告天下豪傑，即刻崇拜上帝，以協助上天完成心願。像孟珙殺完顏守緒於蔡州，徐達擒妥懽貼睦兒於應昌一樣，復興淪陷已久的國土，扶持起上帝的綱常。若有人能夠擒捉狗韃子咸豐來呈獻的，或是能斬下他的首級來投靠的，或者有人能擒殺任何滿洲人的頭目的，一律封為大官，決不食言。這個上帝當初以六天的時間創造成的天下，而今既承蒙他開恩，命令我們的天王來治理，又哪裡是胡虜能夠長久擾亂的呢？

諸位世代居住於中國，誰不是上帝的兒女？假如能夠奉承天命以誅鋤妖邪，率先舉起義旗，警惕於防風氏因後到產生的結果，那麼，在世的時候將是無人能比的英雄，升天後會得到無盡的光榮。假如有人執迷不悟，保護偽妖，抗拒真命天子，那麼，便讓他生為胡人，死做胡鬼！順和逆有不可紊亂的體制，華夏與夷狄有一定的名分，諸位最好順應天命，以脫鬼成人！諸位受滿洲禍亂中國的痛苦已經很久了，到現在還不知道改變心意，同心協力，掃除胡虜，將如何對得起在高天之上的上帝？

我此次發動義軍，在上是為上帝報被瞞蔽的大仇，在下是為中國解救百姓的痛苦，務必要肅清胡虜，使百姓共同享受到太平的快樂。順應天命的人將得到豐厚的賞賜，違逆天命的人則將明正典刑。在此佈告天下，使大家都明白。

（林保淳 / 編寫整理）

討粵匪檄
曾國藩

　　曾國藩（一八一一一一八七二），號滌生，原名子城，字伯涵，湖南湘鄉白楊坪（今屬雙峰）人。在文學上，他上繼「桐城派」的古文，開創了「湘鄉」一派，門生子弟均頗有成就；然而，他最大的成就卻在事功方面。太平天國起事，他奉命協助張亮基幫辦湘省團練，其後一手建立「湘軍」，在與太平軍的戰鬥中，屢建功勳，終於剿滅了太平天國，成為清朝中興的功臣。他的著作主要收集在《曾文正公全集》中。

曾國藩像

背 景

　　湘軍的興起，主要是以地方團練為主幹而發展的。
　　清代的兵制，原以八旗和綠營為主力。入關之後，綠營分駐各地，實際上已成了唯一肩負國防重任的軍隊。但清代中葉以後，綠營軍隊日漸腐敗，非但本身缺乏作戰能力，不足以保境衛民，甚至於橫行鄉里，胡作非為，比盜賊更加兇狠。在這種情況下，各地紛紛自組

民兵，稱為團練，以擔任保衛鄉梓之責。其中江忠源訓練的楚勇，便是盛名卓著的一支民兵。

　　太平軍起，綠營先後兩次潰敗，眼看就要無兵可用了，清廷不得不借用團練的力量，以抵抗太平軍。在咸豐二、三年間（一八五二—一八五三），清廷委任了數十名督辦大臣，有計劃地訓練鄉勇，其中最具成效的就是曾國藩的湘軍。這支湘軍，不但使曾國藩獲建奇功，成就了他的聲名，而且使地方鄉勇的部隊，繼綠營之後，成為國家的主力軍隊。

　　曾國藩以一介儒生，投身軍旅，以湘軍建功立名，可以說是近代史上相當特殊的人物。但是，他的功過，迄今仍很難論定。有人稱許他是「中興功臣」「文化的守護神」，也有人咒罵他是「漢奸」「民族的敗類」。究竟原因，主要癥結在於他的敵手——太平天國，實際上兼具了雙重身分，在立場上不免有點曖昧。

　　一方面，太平天國以民族主義的旗幟號召天下，的確振奮了淪為二百年亡國之奴的漢族志士的雄心，再度燃起了驅逐韃虜、復我衣冠的希望。而另一方面，太平天國卻偏執地以上帝教為唯一的真理，企圖毀盡已深入人心數千年之久的傳統信念，所過之境，只見破壞，少有建設，即使連孔子也不能倖免，這又不免使有志之士寒心。

　　由於太平天國的性質雜糅曖昧，也使得擊滅太平軍的曾國藩形象混沌起來。究竟當時曾國藩投袂而起的初衷何在？這恐怕非要起他於九泉之下才能對證了。在此，我們似乎無須，也無法追問清楚。但是，若是就文論事，我們也不妨就這篇檄文的內容，觀察一下他可能具有的心態。

很明顯地，這篇檄文極力回避有關種族壓迫的問題，卻轉向以文化存續的問題作訴求的主旨，傾全力暴露太平天國毀棄傳統的罪狀。這和太平天國的《奉天討胡檄》所訴求的層面是完全不同的。

當然，這和檄文文體本身所要求的「堂堂之陣，正正之旗」，是有相當大關係的，總不能掀舊仇、揭瘡疤，予對方口實。但是，在清廷以威脅利誘的高壓籠絡方式統治了二百多年之後，中國士人的種族界限、華夷之別，已逐漸淡然，也是不爭的事實。這點我們可以從自鄭成功以後，清朝各代中揭竿起義的成員中甚少有士人的參與，以及清朝覆滅之後所出現的眾多遺老、遺少，可以得到印證。

曾國藩等奏報戰功折

曾國藩肯出仕清朝，且隨處表現出他忠於朝廷的態度，可見得他已將清朝看成了中國的代表，忠於清朝，即是忠於自己的國家。畢竟，除了清朝，也沒有任何政治組織足以代表中國。由此說來，批評曾國藩和眾多士人一樣，早已泯滅了種族的區別，進而檢討這種現象之所以會產生的原因，或者有助於瞭解中國人的性格。

但是，若直接抨擊他是「漢奸」，恐怕一篙子掃下去，有清二百六十八年中，除了揭竿而起的志士外，大概沒有一個人是完人，沒有一個不是「漢奸」了。這種抨擊，雖然頗能符合一些政治上的需要，卻很可能流於極端，將一個人的價值完全否定了。同時，更不是「知

人論世」，根於情理的批評。

影響

　　本文中曾國藩所顯示出來的對傳統文化的維護態度，更可能是需要進行正面的肯定的。在檄文中，曾國藩批評了太平軍的暴虐，固然是一方面，另外，在批評太平軍極力破壞儒家傳統及民間信仰上，也真的是一針見血。據現存的太平天國資料，太平天國基本上企圖以上帝教的理論，作衡量一切道德、行事的標準，因此對其他各家派的理論、神祇，皆採取敵視、破壞的態度。一方面，由於上帝教是改頭換面、凌雜無統的舶來品，根本缺乏能夠使人信服、尊奉的體系；另一方面，又忽視了國人的需要及傳統的力量，出之以斬釘截鐵的滅絕姿態。因此，太平天國帶給中國人的，恐怕是禍而不是福了。曾國藩以文化存續號召鄉勇抵抗太平軍，其之所以能得到許多人的回應──不僅是知識分子，也包括了農民──因而茁長出一股消滅太平軍的力量，足可證明傳統信仰和固有文化的堅厚與強勁。

　　我想，如果將曾國藩與太平天國的對立，視作兩種信仰和文化的對峙，相信是比較持平的觀念。同時，由這一點去評估曾國藩的功過，也將比較客觀一些。

　　其後「捻亂」「回亂」的平定，也是依靠由左宗棠、李鴻章率領的淮軍完成的。清光緒年間，新軍崛起，從此新式訓練、配備現代化的軍隊，取代了地方鄉勇的地位，團練才逐漸沒落。

原 文

　　為傳檄事：逆賊洪秀全、楊秀清稱亂以來，於今五年矣[1]。荼毒生靈數百餘萬，蹂躪州縣五千餘里。所過之境，船隻無論大小，人民無論貧富，一概搶掠罄盡，寸草不留。其擄入賊中者，剝取衣服，搜括銀錢，銀滿五兩而不獻賊者，即行斬首。男子日給米一合，驅之臨陣向前，驅之築城浚濠；婦人日給米一合，驅之登陴守夜，驅之運米挑煤。婦女而不肯解腳者，則立斬其足以示眾婦；船戶而陰謀逃歸者，則倒抬其屍以示眾船[2]。粵匪自處於安富尊榮，而視我兩湖、三江被脅之人，曾犬豕牛馬之不若，此其殘忍慘酷，凡有血氣者，未有聞之而不痛慽者也。

　　自唐虞三代以來，歷世聖人，扶持名教，敦敘人倫，君臣父子，上下尊卑，秩然如冠履之不可倒置。粵匪竊外夷之緒，崇天主之教，自其偽君偽相，下逮兵卒賤役，皆以兄弟稱之，謂惟天可稱父[3]。此外凡民之父，皆兄弟也；凡民之母，皆姊妹也[4]。農不能自耕以納賦，而謂田皆天王之田；商不能自賈以取息，而謂貨皆天王之貨；士不能誦

---

1 於今五年矣：本文作於咸豐四年（一八五四），距太平天國起事的道光三十年（一八五〇），差不多是五年。
2 解腳：指放小腳。太平軍曾在佔領區中嚴禁纏足。
3 外夷之緒：太平天國崇奉的上帝教，是洪秀全取自西方天主教而轉變過來的，所以說是「外夷之緒」。緒，緒餘，通常指經人挑選後剩下不要的東西。
4 皆姊妹也：洪秀全《原道醒世訓》：「天下多男人，盡是兄弟之輩；天下多女子，盡是姊妹之輩。」這點是由天主教中教友互稱兄弟、姊妹而轉化來的，與墨子的「兼愛」思想很接近。曾國藩代表儒家的傳統精神，在人倫上講究的是「親親而仁民，仁民而愛物」，認為愛是有差等、順序的，因此針對這點加以抨擊。

孔子之經，而別有所謂耶穌之說、《新約》之書[5]。舉中國數千年禮儀人倫，《詩》《書》典則，一旦掃地蕩盡。此豈獨我大清之變，乃開闢以來名教之奇變，我孔子、孟子之所痛苦於九原，凡讀書識字者，又烏可袖手安坐，不思一為之所也。

自古生有功德，沒則為神，王道治明，神道治幽，雖亂臣賊子，窮凶極醜，亦往往敬畏神祇。李自成至曲阜，不犯聖廟；張獻忠至梓潼，亦祭文昌[6]。粵匪焚郴州之學宮，毀宣聖之木主，十哲兩廡，狼藉滿地[7]。嗣是所過郡縣，先毀廟宇，即忠臣義士，如關帝、岳王之凜凜，亦皆汙其宮室，殘其身首；以至佛寺、道院、城隍、社壇，無廟不焚，無像不滅。斯又鬼神所共憤怒，欲一雪此憾於冥冥之中者也。

本部堂奉天子命，統師二萬，水陸並進[8]。誓將臥薪嘗膽，殄此凶逆，救我被擄之船隻，拔出被脅之民人。不特紓君父宵旰之勤勞，而且慰孔孟人倫之隱痛；不特為百萬生靈報枉殺之仇，而且為上下神祇

---

5 田皆天王之田：《天朝田畝制度》：「務使天下共用天父上主皇上帝大福，有田同耕，有飯同食，有衣同穿，有錢同使，無處不均勻，無人不飽暖也。」太平天國實施公田政策，人民耕種所得，除了少部分可以留存之外，一律繳至「聖庫」，不許有私產。貨皆天王之貨：太平天國有一段時間在天京（南京）實施禁商的政策，禁止所有商業的經營，認為「凡物皆天父賜來，不須錢買」。但實施不久，便因有所窒礙而停止了。士不能誦孔子之經：太平天國以上帝為尊，其他學說皆斥為妖邪，所過之處，一切廟宇、神像，盡行焚毀，且不准士子讀「妖書」，即使部分接納了深入人心的「四書」「五經」等書，也力加刪改。
6 不犯聖廟：相傳李自成部隊至孔子故居曲阜，曾特意保全孔子家廟。亦祭文昌：文昌即文昌帝君，又稱梓潼帝君，是道教尊奉的神祇。張獻忠祭文昌帝君，不知何本。
7 郴州：在湖南南部，咸豐二年（一八五二）八月十七日，太平軍一度佔領郴州。學宮：從前科舉時代諸生讀書的學舍。宣聖：即孔子，漢平帝時追諡孔子為褒成宣尼公，唐太宗尊孔子為宣父，所以後人也稱孔子為宣聖。木主：神位。十哲兩廡：歷代君主崇祀孔子，以孔門弟子顏淵、閔子騫、冉伯牛、仲弓、宰我、子貢、冉有、季路、子游、子夏等為十哲，將其木主列在孔廟左右兩廡，共用祭祀。
8 部堂：清代稱各衙門長官為「堂官」，各部尚書、侍郎為「部堂」，曾國藩此時以兵部侍郎的身分帶兵，所以自稱「本部堂」。

雪被辱之憾。是用傳檄遠近，咸使聞知。倘有血性男子，號召義旅，助我征剿者，本部堂引為心腹，酌給口糧。倘有抱道君子，痛天主教之橫行中原，赫然奮怒以衛吾道者，本部堂禮之幕府，待以賓師[9]。倘有仗義仁人，捐銀助餉者，千金以內，給予實收部照，千金以上，專折奏請優敘[10]。倘有久陷賊中，自拔來歸，殺其頭目，以城來降者，本部堂收之帳下，奏授官爵。倘有被脅經年，髮長數寸，臨陣棄械，徒手歸誠者，一概免死，資遣回籍[11]。

在昔漢、唐、元、明之末，群盜如毛，皆由主昏政亂，莫能削平。今天子優勤惕厲，敬天恤民，田不加賦，戶不抽丁。以列聖深厚之仁，討暴虐無賴之賊，無論遲速，終歸滅亡，不待智者而明矣。若爾被脅之人，甘心從逆，抗拒天誅，大兵一壓，玉石俱焚，亦不能更為分別也。

本部堂德薄能鮮，獨仗「忠」「信」二字為行軍之本。上有日月，下有鬼神，明有浩浩長江之水，幽有前此殉難各忠臣烈士之魂，實鑒吾心。咸聽吾言！檄到如律令，無忽！

《曾文正公全集》

---

9 幕府：軍隊出征，常用帳幕，因此稱將軍府為幕府。明清以來的官吏，聘請知識分子參與行政和文書的工作，叫作「幕友」或「幕賓」。
10 部照：清朝中葉以後，由於財政困窘，又開捐官之例，有錢的人捐錢給政府，政府按金額多寡，給予高低不等的官職，以吏部發給的執照為憑，叫「部照」。以示捐獻不致落空。
11 髮長數寸：清軍入關，強迫漢人薙髮蓄辮。太平軍起事，命令人民照舊蓄髮，以示衣冠復漢制。故清廷稱太平軍為「長毛賊」或「髮匪」。這裡是說在太平軍中稍久，頭髮已長數寸。

譯 文

　　為傳佈檄文之事：自逆賊洪秀全、楊秀清舉兵造反以來，到現在已有五年了。他們毒害了數百餘萬的人民，蹂躪了五千多里的州縣。所經過的地方，無論大大小小的船隻、無論貧賤富貴的人民，全部搶奪一空，寸草不留。被俘虜到賊匪中的人，都被剝盡衣服，搜括銀兩，如有銀兩超過五兩而不自動呈獻給盜賊的，立刻被斬首示眾。男人每天供給一合米，驅使他們戰時拼命向前，驅使他們修築城牆、疏通城濠；婦女每天也供給一合米，驅使她們在城牆上擔任夜間巡邏的工作，驅使她們運送糧食、搬挑煤炭。婦女若有不肯放小腳的，便立刻斬下她們的小腳以示眾人；船家若打算偷偷逃離的，則倒抬他們的屍首以示其他船家。粵匪們自己生活在平安富足、尊貴榮耀的情況中，而將我們兩湖、三江被脅迫的人民，看得連豬狗牛馬都不如，他們這種殘忍慘酷的手段，只要是有血性的人，沒有人聽到而不感到痛恨的。

　　自從唐堯虞舜及夏、商、周三代以來，歷代的聖人，極力維護名教，講究倫理道德，君臣、父臣、父子、上下、尊卑的關係，嚴嚴整整的像帽子和鞋子一樣，不容許顛倒穿戴。粵匪們剽竊外國人的緒餘，崇信天主教，上自偽君、偽相，下至軍卒、僕役，都互稱兄弟，說只有天可以稱為父。其他所有人民的父親，都只是兄弟；所有人民的母親，都只是姊妹。農人不能自己耕種田地來繳稅，而說田地都是天王的田；商人不能從事買賣以賺取盈餘，而說財貨都是天王的財產；讀書人不能讀孔孟之書，而另有所謂耶穌的教義及

《新約全書》等書,將中國數千年流傳下來的禮儀、人倫和《詩經》《書經》的典制,一舉掃除淨盡。這不但是我大清朝的巨變,實在也是開天闢地以來名教的奇變,是我們孔子、孟子在九泉之下也會感到痛恨的事。凡是讀過書、認識字的人,又怎麼可以袖手旁觀,不起來為此打算一下呢?

　　自古以來,活著時立有功德的人,死後一定會被人尊奉為神;王道治理陽間,神道治理陰間,雖然是亂臣賊子,兇惡到了極點,也往往會敬畏神明。李自成到曲阜,不敢侵犯孔子廟;張獻忠到梓潼,也祭祀文昌帝君。這都是很好的證明。而粵匪焚毀郴州的學舍,破壞孔子的神位,兩廊屋中的十位哲人,凌雜錯亂,滿地都是。自此以後,凡是他們所經過的郡縣,一定先燒毀廟宇,即使是忠臣義士,像關羽、嶽飛等神聖不可侵犯的神祇,也都被汙毀了廟宇,破壞了神像;其他的佛寺、道院、城隍廟、土地廟,沒有一個廟宇不被燒毀,沒有一個神像不被毀壞。這又是鬼神所共憤,希望能在冥冥之中雪恥復仇的啊!

　　本部堂奉了天子命令,統率兩萬名軍隊,由水、陸二路進發。發誓以臥薪嚐膽的精神,消滅這些兇悍的盜賊,救回被俘虜的船隻,挽救出被脅迫的人民。不但解除皇上宵衣旰食的勤勞,而且撫慰孔子、孟子倫理道德的隱憂;不但為百萬的人民報冤枉被殺的仇恨,而且為天地神明雪洗被侮辱的恨事。因此傳佈檄文於遠近各地,使大家都能夠明白。倘若有具有血性的男子起來號召義軍,協助我征伐剿匪,本部堂一定引為心腹之人,斟酌給予糧食。如果有懷持正道的君子,痛恨天主教的橫行中國,赫然震怒地維護正道,本部堂禮聘於幕府,以

賓客、老師的禮節對待。倘使有仗義相助的仁人，捐錢以助軍餉，一千兩銀子以內，發給實際收到的吏部憑照，一千兩以上，單獨奏請朝廷優先敘用。如果有長久陷入匪賊之中，自動起義來歸，或殺死匪首，獻城投降，本部堂收為部下，奏請朝廷授予官職。如果有被脅迫了好幾年，頭髮已長了數寸，而能在作戰時放下武器，空手來降，一律免死，並給予盤纏，送他回故鄉。

在從前漢、唐、元、明的末年，盜賊多如牛毛，都是由於君主昏庸，政治混亂，因此不能夠消滅平定。現在的君主日夜勤政愛民，謹慎小心，敬畏上天，體恤人民，田地不加稅，戶口不抽壯丁。以歷代賢明君主所遺傳下來的深仁厚澤，去討伐殘酷暴虐的無賴匪寇，無論或慢或快，終有消滅的一天！這是無須智者說明就可以知道的。假如你們這些被脅迫的人，甘心附從叛逆，抗拒天子的懲罰，大軍壓境，將會玉石俱焚，是來不及多作分別的。

本部堂道德淺薄，能力貧乏，唯獨依靠「忠」「信」二字作指揮軍隊的信條。在上有日月，在下有鬼神；陽間有浩浩蕩蕩的長江水，陰間有過去殉節的忠臣烈士的鬼魂，可以洞察我的誠心。希望大家都聽從我的勸誡，檄文所到之處，一切依法律命令列事，千萬不要輕忽！

（林保淳／編寫整理）

統籌新疆全域疏
左宗棠

左宗棠（一八一二—一八八五），字季高，湖南湘陰人。他崛起於太平天國戰亂之際，轉戰閩、浙，頗有建樹。其後陝、甘的平定，以及新疆的戡定，並終歸於建省，都是他經營籌畫的功勞。著有《盾鼻餘瀋》及《奏議》二百卷。

左宗棠像

背 景

新疆自乾隆年間戡定後，迄同治初已達百餘年，其間雖有數次亂事，但在清廷強大的軍事壓力下，很快就弭平了。可是，由於宗教信仰的差異，在粗告安定的情況下，一股洶湧的怒濤也已暗中滋長了。同治三年（一八六四），大規模的亂事，在所謂「獨立」的名目下，終於爆發了。

這場歷時長達十幾年的亂事，最後一統於阿古柏。但是，由於外國勢力的介入——俄國進佔伊犁，欲向東南發展；英國則久欲獨佔中亞，自印度北邊推進。新疆介在西陲，左右控扼，成為英俄兩國衝突的關鍵所在，因此英俄兩國都有染指的企圖，於是新疆全域的情勢，

便顯得格外複雜了。

阿古柏成立回教汗國,清廷自然無法接受。為了保衛領土的完整派兵征剿,是勢在必行的。

但是,此時清廷東南海疆正值多事之秋,為了抵禦沿海的外寇,清廷已經是財力窘蹙了。同時,由於新疆地處偏僻,交通不便,西征軍事,「籌餉難於籌兵,籌運難於籌糧」,如何籌措這一筆龐大的經費,以供軍需,是最迫切的問題。因此,在當時便有李鴻章等海疆重臣,提出了捨棄新疆、專重海防的主張,與左宗棠力主塞防的觀點,展開了一番爭議。

這場爭議的重心,主要從經費籌措及新疆從屬的問題上著眼。李鴻章認為與其耗費鉅資,去為一個地處邊陲的地方進行種種籌謀,不如將一應經費投注於近海領土的捍衛,以保障國家的安全。這個觀點,是基於當時東南岌岌可危的局勢而發的,未嘗沒有道理;但是,左宗棠的看法,相形之下便顯得眼光更長遠一些了。左宗棠認為,新疆是鞏固西北邊防,甚至是維繫全國安全的關鍵,「重新疆者,所以保蒙古;保蒙古者,所以衛京師」,放棄新疆,正好給予虎視眈眈的英、俄(尤其是俄國),自西北長驅直入的機會,其損失絕對不只是新疆一地而已;至於經費的籌措,可以就地解決,未必如李鴻章所說的「勞師糜餉」。

影 響

事實證明了左宗棠的深謀遠慮是更切合實際的。新疆的軍事行

動,在光緒三年(一八七七)告一段落,所需經費在左宗棠、劉錦棠悉心規劃下,就地取材,節省了相當大的轉腳費用;而新疆的一些建設,也在左、劉二人策劃下粗具規模,為後來的改制行省,奠定了良好的基礎。 光緒十年(一八八四),新疆改制行省,派劉錦棠為首任巡撫,不但領土得以完整無缺,而且屹立西北,成為邊防的重鎮,頗有效地制止了俄人併吞新疆的野心。 這都是左宗棠戡平新疆,建議改制行省的功勞!

原 文

竊臣於五月二十四日,欽奉諭旨:「關外軍情順利,吐魯番等處收復後,南八城門戶洞開,自當乘勝底定回疆,殲餘醜類,以竟全功。 惟計貴出於萬全,事必要諸可久。 吐魯番固為南路要隘,此外各城如阿克蘇等處,尚有可據之形勢否? 回酋報知怕夏縛送白彥虎繳回南八城之說,是否可恃[1]? 伊犁變亂多年,前此未遑兼顧,此次如能通盤籌畫,一氣呵成,於大局方為有裨。 該大臣親總師干,自以滅此朝食為念,而如何進取,如何佈置,諒早胸有成竹,為朝廷紓西顧之憂。 其即統籌全域,直抒所見,以慰廑念。 等因,欽此。」跪誦之

---

[1] 怕夏縛送白彥虎繳回南八城之說:怕夏(Buzurg)為道光年間「回亂」魁首張爾格之子,新疆「回亂」伊始,土回金相印乞援於怕夏,遂雄踞一時。沒多久,怕夏由於縱情聲色,為阿古柏(YakoobBeg)所廢,大權全操在阿古柏之手,浸至奄有天山南路八城。此處的怕夏,實為阿古柏之誤,當時交通不便,消息未通,還誤以為怕夏為回部首腦,因此致誤。繳回南八城之議,事在光緒三年(一八七七)劉錦棠攻克達阪城,俘獲大通哈,震驚回疆之時,回部酋長皆代阿古柏求和,願縛在天山南路一帶出沒的悍回白彥虎及南路八城贖罪。此議後寢擱未行。

餘,具仰我皇上眷顧西服,聖慮深遠,於保大之中,廑馭邊之略,欽佩何言。

竊惟立國有疆,古今通義,規模存乎建置,而建置因乎形勢。心合時與地通籌之,乃能權其輕重,而建置使得其宜。伊古以來,中國邊患,西北恆劇於東南。蓋東南以大海為界,形格勢禁,尚易為功;西北則廣莫無垠,專恃兵力為強弱。兵小固啟戎心,兵多又耗國用。以言防,無天險可限戎馬之足;以言戰,無舟楫可省轉餽之煩。非若東南之險阻可憑,集事較易也。周秦至今,惟漢唐為得中策;及其衰也,舉邊要而捐之,國勢遂益以不振。往代陳跡,可覆按矣!顧祖禹於地學最稱淹貫,其論方輿形勢,視列朝建都之地為重輕。我朝定鼎燕都,蒙部環衛北方,百數十年無烽燧之警。不特前代所謂九邊,皆成腹地;即由科布多、烏里雅蘇台已達張家口,亦皆分屯列戍,斥堠遙通,而後畿甸宴然。蓋祖宗朝削平準部,兼定回部,開新疆、立軍府之所貽也。是故重新疆者,所以保蒙古;保蒙古者,所以衛京師。西北臂指相聯,形勢完整,自無隙可乘。若新疆不固,則蒙部不安。匪特陝甘山西各邊,時虞侵軼,防不勝防;即直北關山,亦將無晏眠之日。而況今之與昔,事勢攸殊,俄人括境日廣,由西而東萬餘里,與我北境相連,僅中段有蒙部為之遮閡。徙薪宜遠,曲突宜先,尤不可不預為綢繆者也[2]。

高宗平定新疆,拓地周二萬里,一時帷幄諸臣,不能無耗中事西之疑;聖意堅定不搖者,推舊戍之瘠土,置新定之腴區,邊軍仍舊,

2「徙薪宜遠」二句:此典見《漢書・霍光傳》,即成語「曲突徙薪」的由來,意指防患未然。在這裡是說一切事物須及早籌畫,以免臨時措手不及。

餉不外加,疆宇益增鞏固,可為長久計耳[3]。 方今北路已復烏魯木齊全境,只伊犁尚未收回; 南路已復吐魯番全境,只白彥虎率其餘黨,偷息開都河西岸,喀什噶爾尚有叛弁逃軍,終煩兵力[4]。 此外各城,則方去虎口,如投慈母之懷,自無更抗顏行者。 新秋採運足供,餘糧棲畝,鼓行而西,宣佈朝廷威德,且剿且撫,無難挈舊有之疆宇,還隸職方。 此外如安集延、布魯特諸部落,則等諸邱索之外,聽其翔泳故區可矣。 英人為安集延說者,慮俄之蠶食其地,於英有所不利。 俄方爭土耳其,與英相持,我收復舊疆,兵以義動,設有意外爭辯,在我仗義執言,亦決無所撓屈。

至新疆全境,向稱水草豐饒、牲畜充牣者,北路除伊犁外,奇台、古城、濟木薩至烏魯木齊、昌吉、綏來等處,回亂以來,漢回死喪流亡,地皆荒蕪。 近惟奇台、古城、濟木薩,商民散勇,土著民人,聚集開墾,收穫甚饒,官軍高價收取,足省運腳。 餘如經理得宜,地方始有復元之望。 南路各處,以吐魯番為腴區,八城除喀喇沙爾所屬,地多磽瘠,餘雖廣衍不及北路,而饒沃或過之矣! 官軍已復烏魯木齊、吐魯番,雖有駐軍之所,而所得腴地,尚不及三分之一。 若全境收復,經畫得人,軍食可就地採運,餉需可就近取資,不至如前此之拮据煩憂,張惶靡措也。 區區愚忱,實因地不可棄,兵不可停,而餉事匱絕,計非速複腴疆,無從著手。 局勢所迫,未敢玩愒

---

[3] 不能無耗中事西之疑:新疆「回亂」,由於糧餉籌運困難,再加上東南海疆正值多事之秋,因此如李鴻章等人都認為不應該耗用內地財富,投諸遼遠的邊疆,而該著力於保衛東南。這便是當時著名的海防、塞防之爭。左宗棠基於保衛領土完整的立場,為新疆據理力爭。在這裡,左宗棠借清高宗時的廷議,表明他的看法。
[4] 只伊犁尚未收回:自同治十年(一八七一)五月十七日俄人進佔伊犁後,伊犁一直淪落在俄人之手,不肯退兵,導致了日後簽訂《伊犁和約》的惡果。

相將。

　　至省費節勞，為新疆畫久安長治之策，紓朝廷西顧之憂，則設行省，改郡縣，事有不容已者。合無仰懇天恩，飭戶兵兩部，速將咸豐初年陝甘新疆報銷卷冊各全分，及新疆額征俸薪餉需兵制各卷宗，由驛發交肅州，俾臣得稽考舊章，按照時勢，斟酌損益，以便從長計議，奏請定奪。茲因欽奉諭旨，統籌全域，直抒所見，謹據愚見所及，披瀝密陳，伏乞聖鑒。

《左恪靖侯奏稿》

譯　文

　　臣在五月二十四日接到諭旨：「關外軍事順利，吐魯番等地收復以後，天山南路八城門戶洞開，自然應該乘勝追擊，平定新疆，消滅盜匪，以完成整個計畫。但是，計謀以萬全為可貴，事功一定須考慮到長遠。吐魯番固然是天山南路的要塞，此外各城，如阿克蘇等地，是不是還有可以依據的形勢？回部酋長轉達來的『怕夏將縛送白彥虎及繳回南路八城』的說法，是不是確實的？伊犁變亂多年，從前沒有辦法兼顧，這一次如果能通盤籌畫，一氣呵成，對大局才有幫助。你既然統率全軍，自然應該念茲在茲。而如何進取，如何佈置，相信你一定早就胸有成竹，可以為朝廷紓解西邊的憂患了。請即刻統籌大局，說出你的意見，以慰我心！欽此。」跪誦前旨之餘，對皇上眷顧西方邊境的仁心，以及在保衛內地安全時，仍能顧及防衛邊疆的深謀遠慮，實在有說不出的敬佩！

我認為任何國家的建立,都先具備有完整的領土,這是古今不易的道理。而其規模則有賴於各項制度的建立,制度的建立,又須因時勢而制其宜,將時勢、地形全盤籌議之後,才能夠權衡輕重,從而建立良好的制度。自古以來,中國的邊患,一向是西北比東南來得嚴重。東南方由於有大海作天然屏障,在形勢阻格之下,還比較容易防守;西北方則一片大漠,只能依靠兵力的多寡來決定其強弱。兵力不足,固然會召啟外人侵略的企圖;兵員太多,又可能耗費國家的經費。就防守而言,沒有天險可以作屏障;就攻擊而言,又沒有船隻可以節省運輸糧餉的繁難。不像東南海岸有天險可以依恃,做起事來比較容易。從周、秦到現在,只有漢、唐二代的邊防做得較好;但到了國運衰微的時候,卻將邊境的要塞完全放棄,而國勢也就更加難以振拔了。

以往各代均有跡可循。顧祖禹在地學方面知識最為豐富廣博,他在論述山川形勢的時候,對各朝建立都城所在之地尤為重視,有輕重之分。我大清定都北京,蒙古諸部落環衛北方,一百幾十年來,沒有任何烽火的警兆。不但前(明)代所謂的「九邊」,都成了腹地;即使由科布多、烏里雅蘇台一直到張家口,也都有重兵屯戍,互通聲息,因此京城才能平安無事。這都是我先朝祖宗平定準噶爾、開闢新疆、創立軍府所奠下的基礎。因此,重視新疆,是為了保衛蒙古;保衛蒙古,是為了防護京師。西北方如能聯結成一條有力的臂膀,形勢堅固,敵人自然無隙可乘。若是新疆不安穩,則蒙古也不安全。不但陝西、甘肅、山西各邊境常有被侵犯的憂慮,防不勝防,而且西北關外也將沒有安寧的日子。何況當今的情勢,與從前大不相同,俄國人

領土日增，由西至東橫跨萬餘里，與我國北邊接壤，只有中段借蒙古可作援衛。所謂「曲突徙薪」，須早做預防，這是不能不在事前先籌畫的。

　　高宗平定新疆，拓展兩萬多里的領土時，當時的諸位謀臣，不免有耗費內地財務以從事西北邊境的疑惑；而聖意之所以堅定不移的緣故，無非是認為將舊時貧瘠的戍區捨棄，改置於新平定的肥沃區域，戍守的軍隊和從前一樣多，糧餉也不會增加，而疆域卻更加鞏固，可以維持久遠。如今天山北路方面，已經收復了烏魯木齊全境，只有伊犁還沒有收回；天山南路方面，則收復了吐魯番全境，只有白彥虎和他的餘黨，在開都河西岸苟延殘喘，以及喀什噶爾還有一些叛軍，需要以武力征討。除此以外的各處城鎮，等於是脫離虎口，重新回到慈母的懷抱，自然沒有人會反抗了。今年秋收豐盈，田畝囤糧甚多，足以供應糧餉，以此銳意西征，宣佈朝廷的威德，邊剿邊撫，不難將舊日的領土收復，回歸我國版圖。此外如安集延、布魯特諸部落，則視若遠方之人，聽任他們安居在那兒就可以了。英國人之所以為安集延遊說，是顧慮俄國人入侵其地，對英國會有所不利。俄國人現在正與土耳其作戰，與英國相持不下。我國收復舊有領土，師出有名，即使有意外事件發生，我國仗義執言，也一定不會吃虧的。

　　新疆全境一向以水草豐茂、牛羊眾多著稱，但如今天山北路除伊犁以外，從奇台、古城、濟木薩到烏魯木齊、昌吉、綏來等地，自回人作亂以來，漢民、回民流離四散，土地都已荒蕪了。最近只有奇台、古城、濟木薩等地，在商人、軍隊及當地居民、土人的聚集開墾下，收穫頗為豐盈，若官方以高價收購，可以節省不少運費。其他

的地方如果能妥善經營，才有復原的希望。 天山南路各個地方，以吐魯番最為富饒，八城中除了喀喇沙爾一帶，土地貧瘠以外，其他地方雖比不上北路寬廣，但卻比較肥沃。 官軍已經收復了烏魯木齊、吐魯番，雖然都派有軍隊駐防，但所獲得的肥沃土地，還不到三分之一。若是全境收復，經營得當，軍隊的糧食可以就地採用，餉銀也可以就近取得，不至於像過去一樣拮据繁難、張惶失措了！這是我的一片忠心，實在是因為領土不能捨棄、軍事行動不能停止啊！至於糧餉的缺乏，若不即時收復肥沃的領土，是無從著手的。 局勢已到了緊急的關頭，我不敢出之以敷衍了事的態度。

至於節省勞費，為新疆籌畫一個長治久安的計策，以紓解朝廷西北的邊患，則設置行省、改立郡縣，是不能不加速進行的。 希望皇上能命令戶、兵兩部，火速將咸豐初年陝西、甘肅、新疆報銷的卷冊全分，以及新疆額徵、俸薪、餉需、兵制各檔案卷宗，由驛站發交肅州，使我能夠考核舊有制度，依照當前的局勢，斟酌損益一番，以便仔細思考計畫，奏請皇上定奪。 現在因為接奉諭旨，命我統籌全域，直抒己見，因此謹據愚見所及，誠懇地向皇上陳述，敬請皇上聖明地裁斷。

（林保淳 / 編寫整理）

《興中會章程》與《同盟會盟書》

孫文等

　　孫文（一八六六──一九二五），字德明，號逸仙，廣東香山（今中山）人。旅日時偶然署名「中山樵」，世因稱「中山先生」。他早年行醫濟世，後因受中法戰役失敗的刺激，深感中國貧弱之積弊，唯有革命才足以圖存，遂決心致力於國民革命，先後創立興中會、同盟會革命組織。在他艱苦奮鬥之下，歷經十次失敗，終於推翻清政府，建立了中華民國。民國成立，他曾被推舉為臨時大總統，其後讓位於袁世凱，專心規劃各項富國事業。二次革命、護法之役，皆踴躍參與。四十年心血投入，無非是為了國家的富強與安樂。其著作甚多，有《建國大綱》《建國方略》《孫中山先生全集》等。

　　本文由孫文擬定，黃興、陳天華審定詞句。

　　黃興（一八七四──一八一六），字克強，湖南善化（今長沙）人。他是廣州「三二九」之役的領導人，民國成立後，任南京留守之職，討袁失敗後旅居美國。他和孫先生都是民國建立的主要功臣。

　　陳天華（一八七五──一九〇五），字星台，湖南新化人。他是日知會、華興會、同盟會的會員，一九〇四年長沙革命之役，是領導人之一。著有《警世鐘》《猛回頭》等書，激烈宣揚革命意義。

背 景

　　在中國革命史上，興中會和同盟會的創立，分別標誌兩個關鍵的里程。

　　光緒二十年（一八九四），孫中山先生於檀香山創立興中會，決心反清複漢。這不但是孫先生早在光緒十一年（一八八五）中法之役戰敗後，決心革命的雄心之落實，同時也象徵著排滿意識的萌芽，為中國革命的基業奠定了一個良好的基礎。同盟會成立之前的幾次革命，就是在這個基礎下劍及履及而展開的實際行動。

　　但是，此時的興中會還是處於孤軍奮戰的局面，會眾以秘密會黨的成員為基礎，不但缺乏知識分子的參與，而且一般人也不敢苟同。尤其是排滿的宗旨，在當時閉塞的觀念下，很難有所突破，造成了發展組織上的困境；再加上清帝光緒在甲午喪師之後，頗能力圖振作，極大地鼓舞了憂國之士的士氣，覺得清廷仍是大有可為的，而變法維新是富強的唯一途徑。來自維新派的阻礙，更使得排滿意識無法深入人心。

　　這一段時間，興中會的革命經常在未大舉之前便橫遭挫敗，始終無法造成聲勢，處境是相當艱難的。不過，興中會在此時已廣延觸角，默默地伸展了它的層面，在同盟會成立前夕，已逐漸擁有了相當廣大的群眾基礎。

　　同盟會成立的因緣，與光緒二十四年（一八九八）的戊戌政變這一歷史事件有相當大的關係。維繫天下人心的光緒因銳意變法而被幽囚瀛臺，十足地證明了清廷的昏庸腐敗，同時也使愛國志士大失所

望，等於間接宣告了革命的路線。雖然康、梁師徒遠走東瀛，倡立「保皇會」，以他們生動的文筆、宏博的議論，苦苦撐住一個局面，但已無法遏止愛國志士投向革命陣營的潮流了。一時之間，全國各地雨後春筍般出現了許多革命團體，如日知會、華興會、光復會等，以及激烈宣揚排滿意識的書冊，如《革命軍》《警世鐘》等。這些革命團體，正是同盟會的前身。

當時的留日學生，大抵上都是革命組織的成員，而且各團體的領袖，在發動小規模義舉失敗後，多避走日本。東京儼然成了海外革命志士的大本營。因此，孫先生認為這是一個團結全國革命力量的大好時機。於是，光緒三十一年（一九〇五），由興中會、華興會、光復會及各省同志所組成，象徵著中國知識青年大團結的「中國同盟會」便於焉誕生了。

影響

同盟會的成立，為革命展現了另一個契機，在會中，詳盡地標出了「驅除韃虜，恢復中華，創立民國，平均地權」四大綱領，同時又成立了《民報》作為宣傳革命的機構，與立憲、保皇的《新民叢報》相抗衡。在薈萃全國精英的同盟會努力之下，中國革命事業開始步入坦途，借由辛亥革命之前五次轟轟烈烈的革命行動的啟導，終於在武昌之役開花結果，締建了中華民國。

原 文

（一）《興中會章程》

中國積弱非一日矣，上則因循苟且，粉飾虛張；下則蒙昧無知，鮮能遠慮。近之辱國喪師、剪藩壓境，堂堂華夏，不齒於鄰邦，文物冠裳，被輕於異族，有志之士，能無撫膺？夫以四百兆蒼生之眾，數萬里土地之饒，固可發奮為雄，無敵於天下。乃以庸奴誤國，荼毒蒼生，一蹶不興，如斯之極。方今強鄰環列，虎視鷹瞵，久垂涎於中華五金之富，物產之饒，蠶食鯨吞，已效尤於接踵，瓜分豆剖，實堪慮於目前。有心人不禁大聲疾呼，亟拯斯民於水火，切扶大廈之將傾。用特集會眾以興中，協賢豪以共濟。抒此時艱，奠我中夏，仰諸同志，盍自勉旃！

謹訂規條臚列如左：

一、是會之設，專為振興中華，維持國體起見。蓋我中華受外國欺凌，已非一日，皆由內外隔絕，上下之情罔通，國體抑損而不知，子民受制而無告，苦厄日深，為害何極！茲特聯絡中外華人創興是會，以申民志，而扶國宗。

一、凡入會之人，每名捐會底銀五元，另有義捐以助經費，隨人惟力是視，務宜踴躍赴義。

一、本會公舉正副主席各一位，正副文案各一位，管庫一位，值理八位，差委二位，以專司理會中事務。

一、每逢禮拜四晚本會會議一次，正副主席必要一位赴會，方能開議。

一、凡會中所收會底各銀，必要由管庫存貯妥當，或貯銀行，以備有事調用。惟管庫須有殷商二名擔保，以昭鄭重。

一、凡會中捐助各銀，皆為幫助國家之用，在此不得動支，以省浮費。如或會中偶遇別事要用小費者，可由會友集議妥當，然後支給。

一、凡新入會者須要會友一位引薦擔保，方得准他入會。

一、凡會內所議各事，當照捨少從公之例而行，以昭公允。

一、凡以上所定規條，各友須要恪守，倘有善法，亦可隨時當眾議訂加增，以臻完美。

（二）《同盟會盟書》

聯盟人　省　　縣人　當天發誓，驅除韃虜，恢復中華，創立民國，平均地權。矢信矢忠，有始有卒，如或渝此，任眾處罰。

天運乙巳年　月　　日　　中國同盟會會員[1]

《革命逸史》

戴傳賢先生書《興中會成立宣言》

---

1 天運乙巳：天運，據馮自由《革命逸史》所說，是洪門三合會的年號，當初孫先生以天運作年號，意義有二：一是表示排滿宗旨，因此取歷代反清復明的秘密會黨的年號；二是象徵漢興清亡的氣運。此說確否，尚待考證，因為天地會、太平天國初起時，均奉「天德」年號，而非天運。乙巳年，即光緒三十一年（一九〇五）。

譯 文

（一）《興中會章程》

中國積弱不振已經很久了，在上位的人因循苟且，粉飾太平；在下位的人則愚昧無知，缺乏遠見。近年來軍隊屢屢戰敗，有辱國體；強敵奪取了我國藩屬，甚至侵掠了本國領土，使我堂堂中國，無法與鄰國立於同等地位；五千年的衣冠文物，為異族所輕視。有志之士，怎會不撫膺切齒呢？本來，以我國四百兆之多的人民，數萬里富饒的土地，是應該能夠發奮圖強，無敵於天下的；可是卻因昏庸的清奴誤盡國家大事，殘害人民，因此一蹶不振，到了現在這個地步！如今強敵環列四周，個個虎視眈眈的，垂涎我國礦產的豐富、物產的眾多，已經很久了。蠶食鯨吞般的侵略，已接踵而至；瓜分豆剖的危機，已成為目前最大的憂患了。有心人在這種危機下，不禁要大聲疾呼，迫切地想拯救人民於水深火熱之中，而挽救像大廈將傾倒般的國家。因此我們特地聚集同志以復興中華，與天下豪傑同心協力，以解除時代的憂患，奠定我大中華富強的基礎。希望諸位同志，都能夠全力以赴，各自努力！

（以下章程九條，省略）

（二）《同盟會盟書》

（略）

（林保淳 / 編寫整理）

臺民佈告中外檄
不詳

背 景

　　光緒二十一年（一八九五），中國因甲午之戰失敗，被迫訂了城下之盟——《馬關條約》，一切尊嚴掃地以盡，而最感到屈辱，且直接受到鐵蹄迫害的，則是全臺的上百萬人民！因為《馬關條約》第二條、第三條規定，將臺、澎列島，無條件割讓給日本。

　　光緒曾說：「臺灣一割，天下人心全失。」可見割臺之事，是在如何沉痛的心情下，迫不得已而簽訂的。但是權柄操在日本人手中，荏弱的光緒也只有任人宰割了。因此雖然在消息傳出之後，舉國沸騰，交章劾奏李鴻章賣國，並呼籲總理衙門商請各國，仿照俄、德、法三國干涉還遼的前例，對臺民施與援手。但是一切的奔走努力，在日本人野心熾厲之下，終歸無用。唯一的途徑，便是臺灣人民奮發自強，以自己的血汗，捍衛自己的家園！

　　於是，在當年四月，臺灣人民在丘逢甲、林朝棟等人的領導下，展開了自救的行動，建立「臺灣民主國」，共推當時巡撫唐景崧為「伯理璽天德」（president），制定藍地黃虎的國旗，年號「永清」，一方面積極備戰，另一方面派人向各國求援。這通檄文，便是當時發佈的。

影 響

　　這一篇檄文，充分體現出了臺灣人民在被朝廷拋棄之後，那種無依無靠、瞻烏爰止的哀痛心情。但是，臺灣人民在深心之中，對祖國的懷念，由於大陸、臺灣的血脈相連，也顯得更為眷戀。名義上是獨立自主，但是卻仍舊希望能有回到祖國懷抱的一天！藍地黃虎的國旗（清朝以龍旗作國旗，龍、虎的象徵意義類似）、永清的年號（永遠屬於清朝），以及文中強烈的訴求，無非都顯示了臺灣人民的最終心願！由於這份心願，才支持了臺民轟轟烈烈的抗日義舉；也由於這線希望，才使得五十一年後臺灣光復後，全臺如此歡欣鼓舞。而這份心願及希望，則完全是由大陸、臺灣的血脈所牽繫而成的！這一點，不但是當時臺灣人民的深刻體認，更是現在的臺灣居民應該認清的事實。

　　「臺灣民主國」在曇花一現之後，最終還是在日本的鐵蹄魔掌下瓦解了。然而，全臺人心卻宛如壓不扁的玫瑰花一般，在盤根錯節的荊棘叢中、亂石密佈的沙礫地上，隨處綻放著其與祖國同樣色彩的鮮豔如血的紅花，直到抗戰勝利！

原 文

　　竊我臺灣隸大清版圖二百餘年，近改行省，風會大開，儼然雄峙東南矣。乃上年日本肇釁，遂至失和，朝廷保兵恤民，遣使行成，日本要索臺灣，竟有割臺之款。事出意外，聞信之日，紳民憤恨，哭聲

震天。雖經唐撫帥電奏迭爭,並請代臺紳民兩次電奏,懇求改約,內外臣工,俱抱不平,爭者甚眾,無如勢難挽回。紳民復乞援於英國,英泥局外之例,置之不理。又求唐撫帥電奏,懇由總理各國事務衙門商請俄、法、德三大國,並阻割臺,均無成議。嗚呼!慘矣!

查全臺前後山二千餘里,生靈千萬,打牲防番,家有火器;敢戰之士,一呼百萬。又有防軍四萬人,豈甘俯首事仇?今已無天可呼,無人肯援,臺民惟有自主,推擁賢者,權攝臺政。事平之後,當再請命中朝,作何辦理。倘日本具有天良,不忍相強,臺民亦願全和局,與以利益。惟臺灣土地政令,非他人所能干預,設以干戈從事,臺民惟集萬眾禦之,願人人戰死而失臺,決不願拱手而讓臺!所願奇才異能,奮袂東渡,佐創世界,共立勳名。至於餉銀軍械,目前盡可支援,將來不能不借資內地;不日即在上海、廣州及南洋一帶埠頭,開設公司,訂立章程,廣籌集款。臺民不幸至此,諒必慨為佽助,泄敷天之恨,救孤島之危。

並再佈告海外各國,如肯認臺灣自主,公同衛助,所有臺灣金礦、煤礦,以及可墾田、可建屋之地,一概租與開闢,均沾利益。考公法,讓地為紳士不允,其約遂廢,海邦有案可援[1]。如各國仗義公斷,能以臺灣歸還中國,臺民亦願以臺灣所有利益報之。

臺民皆籍閩粵,凡閩粵在外洋者,均望垂念鄉誼,富者挾貲渡臺,臺能庇之,絕不欺凌;貧者歇業渡臺,既可謀生,兼同泄忿。此非臺民無理倔強,實因未戰而割全省,為中外千古未有之奇變。臺

---

1 公法:當時的國際公法第二百八十六章有「割地須問居民能順從與否」及「民必順從,方得視為易主」的條文。

民欲盡棄田里，則內渡後無家可歸；欲隱忍偷生，實無顏以對天下。因此搥胸泣血，萬眾一心，誓同死守。倘中國豪傑及海外各國能哀憐之，慨然相助，此則全臺百萬生靈所痛哭待命者也。特此佈告中外知之。

《清代通史》

譯文

　　臺灣隸屬大清帝國的版圖已有二百多年了，最近又改制為行省，風氣大開，儼然具有雄踞東南的威勢。可恨去年日本妄造事端，使兩國失和，朝廷為了保護兵民起見，派遣使者求和，而日本要求索取臺灣，以致有割讓臺灣的條款。由於事出意外，在接獲訊息之後，全臺紳民無不痛恨憤怒，哭聲震天。雖經唐景崧撫臺屢次以急電上奏力爭，並代替全臺紳民電奏兩次，懇請朝廷改訂條款；同時，內外臣民，也都打抱不平，據理力爭，但是卻無法挽回既成的事實。全臺紳民又向英國求援，而英國拘泥自己是局外人的身分，也置之不理。又求唐景崧撫臺電奏，求總理各國事務衙門商請俄、法、德三國（仿干涉還遼東之例），一併阻止割讓臺灣，都沒有任何成效。唉！真是可悲啊！

　　臺灣前後山占地二千多里，人民有千萬之多，為了打獵和防阻山番，每家都置備有火器；而勇敢善戰的人，一聲號令，便可聚集百萬以上。同時又有防戍的軍隊四萬人，怎麼甘心俯首事仇呢？如今既然呼天天不靈，沒有人肯施與援手了，全臺人民只有自主，推擁賢能的

人，暫時掌理臺灣行政。等到事情平定之後，將再向朝廷請示，應如何處理善後。假使日本還有一絲天良，不忍心以武力相逼，則全臺人民也願意談和，給予它應得的利益。但是臺灣的土地、行政，絕不容許他人干涉，假如以武力相向，全臺人民唯有聚集群眾加以抵抗，寧可在人人戰死後而失去臺灣，決不願拱手讓出！但願具有奇才異能的人士，能夠奮勇渡海來臺，輔佐我們開創新局，共同建立功名。至於糧餉武器方面，目前尚可以支持一時，但將來仍必須借助於內地；近日即將在上海、廣州及南洋一帶的各商埠開設公司，訂立章程，多方募集款項。全臺人民不幸逢此大厄，相信諸位一定會慷慨解囊，仗義相助，以雪洗這不共戴天的大恨，挽救此一孤島的危機的！

　　同時，我們呼籲海外各國家，假如肯承認臺灣自主，協同保衛我們，所有臺灣的金礦、煤礦，以及可以開墾的田畝、可以建築的土地都願租給他們，大家共用利益。據國際公法記載，割讓領土如為當地人民所反對，則此條約無效，這是各國有案可查的。假如各國能仗義執言，使臺灣回歸中國，全臺人民也願意以臺灣所有的利益作為報償。

　　臺灣居民本籍都在福建、廣東。凡是福建、廣東在海外的移民，希望都能看在同鄉的情分上，有錢的攜帶家產來臺灣，臺灣一定給予保護，絕不欺凌他們；沒有錢的也暫時放下工作來臺灣，一來可以得到謀生的機會，二來可以抒泄憤懣。這並不是臺灣民眾蠻橫無理，實在是因為沒有經過戰爭便被割讓的情況，是古今中外前所未聞的奇恥大辱啊！臺灣民眾想拋棄產業，又恐回到內地後無家可歸；想要苟且偷生，又實在沒有顏面見天下人。因此捶胸泣血，萬眾一心，發誓與臺灣共存亡。假如中國的英雄豪傑及海外各國能憐憫體諒，慨然相

助,這是全臺灣上百萬的人民感激涕零,翹首盼望的啊!在此特地宣告中外人士。

(林保淳／編寫整理)

譯《天演論》自序[1]

嚴復

嚴復（一八五四——一九二一），字幾道，福建侯官（今福州）人。十四歲時入福州船政學堂，一八七六年，奉派留學英國，學習海軍。三年留學期間，廣泛涉獵了西方政治、文化方面的著作，奠定了他日後做一個維新政治啟蒙導師的深厚基礎。一八七九年回國，次年起，任職北洋水師學堂總教習等職共二十年。其間大量譯介西書，對當時影響之大，是前所未見的。所譯書主要有《原富》《群學肆言》《自由論》《法意》《穆勒名學》等，最有影響力的則是《天演論》。

背景

清朝末年，國人在長期受到外族欺壓、眼看著大好河山即將被瓜分的刺激下，深知唯有重新改造中國，才能挽救國家，一時之間，維新、革命的呼聲響徹雲霄；而西方列強的各項制度，自然而然就成了效法的對象。但是，國內懂得外文的人畢竟很少，因此，譯介西書就成為迫切的急務了。一些有志之士，也紛紛利用譯介的機會，大肆宣

---

[1]《天演論》：本書原名Evolution and Ethics，為英人T.H.Huxley所作，一八九四年出版。一八九六年，嚴復將之譯為中文，題為《天演論》，蓋取其中Evolution之意。據原文，應譯作《進化與倫理》。

揚他們的理想。

影　響

　　嚴復是第一個大量譯介西方思想名著到中國的學者。一八九五年，《天演論》譯成。據胡適的說法，一八九八年《天演論》出版不久，立刻風行全國，成為人手一冊的基本讀物；而其中所論的「優勝劣敗，適者生存」的原則，更是成為當時的當頭棒喝。一時之間，人人津津樂道於所謂的「物競」（Struggle for existence）和「天擇」（Selection），都唯恐自己荏弱不振，成為被自然淘汰的廢物。「保種自強」的觀念，因而萌生茁長，在啟迪思想上，實在有極其深遠的影響。

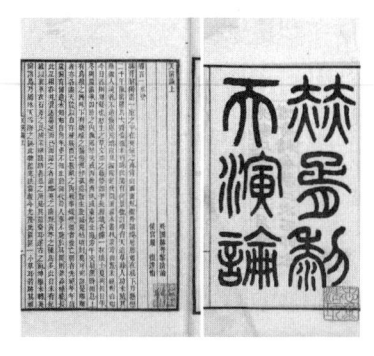

《天演論》書影

　　《天演論》的譯出，距赫胥黎作此書只有三年的時間，因此在成效上也比較直接而顯著。嚴復翻譯此書的目的，念茲在茲的就是「自強保種」，這在序文中已很明顯地表達出來了。

原　文

　　英國名學家約翰・穆勒有言：「欲考一國之文字語言而能見其理

極,非諳曉數國之言語文字者不能也。」[2] 斯言也,吾始疑之,乃今深喻篤信而嘆其說之無以易也。 豈徒言語文字之散者而已!即至微言大義,古之人殫畢生之精力以從事於一學,當其有得,藏之一心則為理,動之口舌、著之簡策則為詞,固皆有其所以得此理之由,亦有其所以載焉以傳之故。嗚呼!豈偶然哉!

自後人讀古人之書而未嘗為古人之學,則於古人所得以為理者,已有切膚精憮之異矣; 又況歷時久遠,簡牘沿訛。 聲音代變,則通叚難明;風俗殊尚,則事意參差[3]。 夫如是,則雖有故訓疏義之勤,而於古人詔示來學之旨,愈益晦矣!故曰讀古書難。 雖然,彼所以托焉而傳之理,固自若也。 使其理誠精,其事誠信,則年代國俗無以隔之。 是故不傳於茲,或見於彼,事不相謀而各有合。 考道之士,以其所得於彼者,反以證諸吾古人之所傳,乃澄湛精瑩,如寐初覺,其親切有味,較之佔畢為學者萬萬有加焉[4]。 此真治異國語言文字者之至樂也。

今夫六藝之於中國也,所謂日月經天,江河行地者爾。 而仲尼之於六藝也,《易》《春秋》最嚴。 司馬遷曰:「《易》本隱之以顯,《春秋》推見至隱。」此天下至精之言也。 始吾以謂本隱之顯者,觀象繫

---

[2] 名學家:即邏輯學家。約翰・穆勒(John Stuart Mill,一八〇六——一八七三):英國經濟學家、倫理學家。
[3] 通叚:即「通假」。在訓詁學中,若兩個字聲母、韻母相近時,可以互相通用,叫「通假」。
[4] 佔畢:一作「佔畢」。古代文字刻在竹簡上,佔畢即閱讀詩書。在這裡則有諷刺那些只知道尋章摘句、考究文字訓詁的人。佔,視。畢,簡牘。

辭以定吉凶而已；推見至隱者，誅意褒貶而已[5]。及觀西人名學，則見其於格物致知之事，有內籀之術焉，有外籀之術焉[6]。內籀云者，察其曲而知其全者也，執其微以會其通者也。外籀云者，據公理以斷眾事者也，設定數以逆未然者也。乃推卷而起曰：有是哉，是固吾《易》《春秋》之學也！遷所謂本隱之顯者，外籀也；所謂推見至隱者，內籀也，其言若詔之矣。二者即物窮理之最要塗術也[7]。而後人不知廣而用之者，未嘗事其事，則亦未嘗諳其術而已矣。

近二百年歐洲學術之盛，遠邁古初，其所得以為名理公例者，在在見極，不可復搖。顧吾古人之所得，往往先之。此非傅會揚己之言也，吾將試舉其灼然不誣者以質天下。夫西學之最為切實，而執其例可以禦蕃變者，名、數、質、力四者之學是已。而吾《易》則名數以為經，質力以為緯，而合而名之曰《易》。大宇之內，質力相推，非質無以見力，非力無以呈質，凡力皆乾也，凡質皆坤也。奈端動之例三，其一曰：「靜者不自動，動者不自靜止，動路必直，速

---

[5] 觀象繫辭以定吉凶：《易經・繫辭傳》：「聖人設卦觀象，繫辭焉而明吉凶。」《易經》共六十四卦，每卦六爻，每一卦的卦象、爻象，皆代表不同意義，製作《易經》的人，在每一爻下皆附上爻辭，以說明此爻的吉凶。誅意褒貶：從前的學者認為《春秋》中的每一個字都含有褒貶的意義，筆法森嚴，因此才會「《春秋》作而亂臣賊子懼」。誅意，指責一個人的用心。褒，讚揚。貶，斥責。
[6] 格物致知：這四字本是宋明理學家最常用的字眼，語出《大學》。但是在清末，一般皆用來作物理學、化學、兵器學的通稱，研究這些學問，即是研究「格致之學」。內籀：即歸納法（Induction），由種種特殊的事例，以歸納出一般原則的方法。外籀：即演繹法（Deduction），由普遍的原理，以推斷特殊的真相的方法。
[7] 即物窮理：朱熹《大學章句》：「所謂致知在格物者，言欲至吾人之知，在即物而窮其理也。」即物窮理，是說就每一項事物，去窮究其所以生成的道理。但嚴復所謂的即物窮理，和朱子的內涵有很大的出入。在範疇上，嚴復指科學，朱子則指哲學。這個差別，和「格物致知」的情形一樣。

率必均。」[8] 此所謂曠古之慮,自其例出而後天學明、人事利者也。 而《易》則曰:「乾,其靜也專,其動也直。」後二百年,有斯賓塞爾者,以天演自然言化,著書造論,貫天地人而一理之,此亦晚近之絕作也[9]。 其為天演界說曰:「翕以合質,闢以出力,始簡易而終雜糅[10]。」而《易》則曰:「坤,其靜也翕,其動也闢。」至於全力不增減之說,則有自強不息為之先; 凡動必復之說,則有消息之義居其始; 而「易不可見,乾坤或幾乎息」之旨,尤與「熱力平均天地乃毀」之言相發明也[11]。 此豈可悉謂之偶合也耶! 雖然,由斯之說,必謂彼之所明皆吾中土所前有,甚者或謂其學皆得於東來,則又不關事實,適用自蔽之說也。 夫古人發其端而後人莫能竟其緒,古人擬其大而後人未能議其精,則猶之不學無術,未化之民而已。 祖父雖賢,何救子孫之童昏也哉!

　　大抵古書難讀,中國為尤。 二千年來,士徇利祿、守闕殘,無獨闢之慮。 是以生今日者,乃轉於西學得識古之用焉。 此可與知者道,

---

8 奈端:即牛頓(Newton,1643—一七二七)的舊譯。動之例三:即牛頓的「運動三大定律」。其一曰:以下是牛頓的第一定律,又稱慣性定律,凡物體不受外力作用,則靜者恆靜,而動者向同一方向作同一速率的恆久動作。
9 斯賓塞爾:英國哲學家Herber Spencer(一八二〇—一九〇三),主張觀念論的實證主義,是社會有機論的創始人。他認為人類社會像動物機體一樣,服從生物學的規律。他將社會發展過程生物化,從而得出種族優、劣的結論。《天演論》中曾針對這種說法加以批駁。
10「翕以合質」二句:斯賓塞爾論宇宙之生成,認為星球是由一團星雲凝聚熱能而逐漸形成的。而在形成之後,熱能亦不斷流失,因此,太陽的熱力將逐日減弱,球體也將日漸減縮。見嚴譯《天演論・導言二》的案語。
11 全力不增減之說:即品質不滅定律,指物質受化學變化,其品質毫無增減,只是形態改變。凡動必復之說:此疑即物理上所謂的「作用力等於反作用力」。消息之義:《易經》中各爻的變化,是以陰陽的消長為主,陰消則陽長,陽消則陰長,陰陽往復,至於無窮,和「凡動必復」正可比附。消,消滅。息,生長。熱力平均天地乃毀:指所有的物質吸收、釋放的能量達到平均點時,一切的活動都將停止,故說「天地乃毀」。

難與不知者言也。風氣漸通，士知拿陋為恥，西學之事，問塗日多。然亦有一二巨子，訑然謂彼之所精，不外象數形下之末；彼之所務，不越功利之間[12]。逞臆為談，不諳其實，討論國聞、審敵自鏡之道，又斷斷乎不如是也。赫胥黎氏此書之恉，本以救斯賓塞任天為治之末流，其中所論，與吾古人有甚合者，且於自強保種之事，反覆三致意焉。夏日如年，聊為迻譯。有以多符空言、無裨實政相稽者，則固不佞所不恤也！

《天演論》

譯文

　　英國邏輯學家約翰・穆勒曾說：「想要考究一國的文字語言，進而發現其道理，若不先精通好幾國的語言，是不可能的。」這段話，我開始時頗為懷疑，如今卻深深地明白、確信，而深感其說法是無法改變的。其實，豈只零散的語言文字而已！即使像一些精微奧妙的道理，古時候的人窮盡一生的精力去研究某一門學問，當他們有所心得時，深藏在心底，就是所謂的「理」；以語言表達出來，或將其寫成文字，就是所謂的「詞」。這些人都有他們之所以能獲得「理」的理由，也有他們必須將其記載流傳下來的原因。唉！這難道可以說是偶然的嗎？

---

12 象數：指《易經》在漢代時利用卦爻間的各種變化，配合天干、地支、陰陽五行、方位、時辰以解說人事的一種學說。形下：指形而下的器，和形而上的道正好相對。過去的學者比較鄙夷象數和器之類屬於形而下的事物，而致力於追求高深奧妙的道，因此這裡說是「末」（不重要的）。

後世的人閱讀古人書籍，而不曾去研究古人的學問，則對於古人所獲得的道理，便會有精通和茫然的差別；更何況時間久遠，書籍不免有傳抄上的錯誤。由於各時代的聲音不同，則「通假」的方式就很難明白；各時代風俗有所差別，則事件所含的意義也將不同。如此一來，則雖然勤奮地去做文字解釋的工作，但對古人明示後人的大旨，卻更加隱晦了。因此說讀古書是很困難的。儘管如此，古人借文字而流傳的道理，卻仍是一樣存在的。假如這道理果然精確，這事件果然可信，則時間、國家的不同，是無法使它阻隔不傳的。因此，在這個地方沒有流傳下來，卻很可能在另一個地方出現，這正是不謀而合的呀！研究義理的學者，以他得自於其他地方的學問，反過來證明自己與古人已有過相同的說法，於是觀念更加清晰明確，像大夢初醒一般，這種親切有味的體會，比起那些只知道死啃古書的人超過了萬萬倍以上。這實在是研究外國語言文字的人最快樂的一件事啊！

　　六藝對當今的中國而言，正好像是運行天際的日月，流經大地的江河一樣重要。而孔子對六藝的態度，以《易經》《春秋》最嚴肅。司馬遷說：「《易經》是由隱微的道理，推求出明顯的理致；《春秋》則是由人事上的顯例，推展到精深的道理。」這是天下最精到的說法。起初我以為由隱微推至顯例，不過是觀察卦象爻象、附繫文辭以決定吉凶而已；由顯例推至精微，也不過是誅心之論、一字定褒貶而已。等到閱讀了西方人的邏輯著作，看到他們在有關「格物致知」的學問裡，有所謂內籀法（歸納法）和外籀法（演繹法）。所謂內籀，是由個別的事例，明白其普遍的道理，由微細而至於貫通。所謂外籀，是依據普遍的公理，斷定各項個別的事例，以一個定點逆推出未

知數。 於是，推開書本而驚起，說：居然有這種道理！這本來就是我國《易經》《春秋》中的學問嘛！司馬遷所說的由隱微推至顯例，正是外籀法； 由顯例推至精微，正是內籀法，他的話已經說得夠明白了！這兩種方法是窮究事物本質最重要的途徑呀！後人不知道推廣這個道理而加以運用，是不會加以研究，同時也不會考究這種方法而已！

　　近二百年來歐洲學術的興盛，遠遠超過了從前，其所建立的真理、公理，處處皆有依據，無法動搖。 但我國古人所知道的，卻往往在他們之前。 這並不是穿鑿附會、自抬身價的話，我可以列舉出一些確然可信的例證以備天下人質問。 西學中最切實，而且據其實例可以處理各種繁雜變化的學問，是名學、數學、質學、力學四種。 我國《易經》則以名、數為經，質、力為緯，而合稱為《易》。 宇宙之中，質和力交互作用，沒有質無法見出力，沒有力無法呈現質。 凡是「力」，都是「乾」的作用；凡是「質」，都是「坤」的本質。 牛頓的三大運動定律，第一定律說：「靜止的不會自己運動，運動的物體不會自己停止，而且其運動方向成直線進行，速率也相等。」這是自古所無的智慧，自從其說出現後，天文學昌明，人事也獲得了進展。 而《易經》則說：「乾，靜止的時候專一凝慮，發動時直道而行。」二百年之後，有斯賓塞爾這個人，以自然演化說明進化，寫成書籍，將天地人的道理合貫為一，也是最近的優秀著作。 他為進化下了定義，說：「凝聚時積聚品質，開闢時散佈熱力，由最初的簡單變化而終至於龐雜繁複。」而《易經》則說：「坤，靜止時聚合凝力，發動時散佈出力。」至於品質不滅定律，則有「自強不息」在此之

前；作用力等於反作用力的說法，則有卦爻消長的義理在先；而「易的道理若不能顯現，則乾坤將可能消滅」的旨意，更與「熱量不增減，則天地將毀滅」的說法互相發明。這些難道可以說是全部巧合嗎？雖然如此，若由這一點而說西方所明白的道理，都是我國所先有的，甚至說他們的學說都是由東方學來的，便又與事實相反，只是用來自欺自蔽的說法而已。古人作了開端而後人無法完成，或者古人擬出大要而後人不能更深入研究，則和一些不學無術，尚未開化的人一樣。祖先雖然賢明，又何能彌補子孫的愚昧無知?!

　　大致而言，古人書籍之難讀，以中國為最。二千年以來，讀書人孜孜於營求功名利祿，抱殘守缺，沒有獨到的思考。因此生於今日的學者，反而轉向西方的學問才明白古時學問的用處。這些話，只能說給明白人聽，而無法向那些無知的人解釋。近年來風氣逐漸開通，讀書人都知道學問淺陋是可恥的事，有關西文的學問，研究的人日漸增多了。但是仍然有少數所謂的「大師」，驕傲自大地認為西方人所精通的，不過是象數、形而下之器之類的小道；而且西方人所從事的，也不離功利的範疇。妄憑臆測而談說，不推究實質；討論國事、探求敵人虛實以自我鑒戒的方法，絕對不是這種態度才是對的！赫胥黎這本書的大旨，本是用來補救斯賓塞爾一任自然演化的末流之病的，其中所談的，與我國古人所說的有很切合的地方，而且在有關自立自強、保護種族的事情上，反覆叮嚀。夏天的日子，一天長似一年，姑且將此書加以翻譯。若有人以此書所說的都是空話、對實際政事沒有裨益來責怪我，我是不會在乎的。

（林保淳／編寫整理）

《孔子改制考》序
康有為

　　康有為（一八五八——一九二七），原名祖詒，字廣廈，號長素，又號更生，廣東南海丹灶（今屬佛山市南海區）人，後人稱他為「南海先生」。他早年以「公車上書」知名於世，後為光緒皇帝所賞識，是「戊戌變法」的首要人物。維新失敗後，避居日本，倡言保皇，與孫中山的革命派針鋒相對，後來又參加張勳的復辟行動。在學術上，他主治《公羊春秋》，對《禮運》中的大同思想情有獨鍾，曾著有《新學偽經考》《孔子改制考》《孟子微》《大同書》等，這些著作，是他政治思想的張本。他的弟子很多，也都頗能嶄露頭角，其中尤以梁啟超最著名，師徒兩人對當時的思想及政治情勢，都有很大的影響。

背景

　　《孔子改制考》一書，在戊戌變法當年（一八九八）印行於上海，是維新思想家變法維新的理論基礎。此書一問世，立刻引起了軒然大波，反對變法的王先謙、葉德輝等，痛詆康有為「無君無父」，要求清廷處死他。主張「中體西用」的張之洞，則寫了著名的《勸學篇》，從理論上進行反攻。即使像對維新派有好感的陳寶箴、孫家鼐，也畏禍呈請光緒帝下詔禁毀他的著作。但在光緒帝的大力支持

下，維新派卻奉此書為理論的圭臬，如火如荼地展開了「百日維新」。

談到《孔子改制考》的基本內容，勢必要以他的另一本書《新學偽經考》為始點，據他自己說，《偽經考》意在「別其真贗」，《孔子改制考》則專門「發明聖作」。「別其真贗」的意涵，主要在宣稱清儒所尊信的漢學，根本不是孔子的真貨，而是劉歆為幫助王莽篡漢所偽造的「偽經」「新學」，因此給劉歆加上了「篡亂古文」的罪名。這個觀念，自然是由清代公羊學者劉逢祿、龔自珍等一脈相傳而來的，只是說得更淋漓大膽而已，同時也不是他思想的主旨。《孔子改制考》的「發明聖作」，才是箇中關竅。

一方面，他大力發揮公羊派「張三世」「通三統」等「三科九旨」之說，宣稱這是孔子微言大義的真諦，再據《禮運》大同的思想，說孔子一生致力的便是這太平、大同的境界；另一方面，他又神化孔子，認為孔子之所以「祖述堯舜，憲章文武」，只是為了寄託未來「太平世」的理想，而編造出來的歷史倒影，其實並無其人其事，而是孔子的「托古改制」。如此一來，則漢唐以來所謂的堯、舜、禹、湯、文、武、周公一脈相承的「道統」，便站不住腳，而必須效法孔子的「隨時改制」了。在這裡，他強調堅持「祖宗成法」而不肯因時制宜，是違背孔子真義的，同時也將使中國亂世不絕，太平無望。由此，他為「維新變法」尋得了理論根據。

影 響

本文概述了《孔子改制考》一書的主要論旨，運用西方進化論的

觀點說明了公羊三世說,同時,也隱然以自己為接受天啟而重建孔教的當世教主,雖不免有點故神其說,但是也說明了他一生的抱負。在政治上,康有為不免有點類似舞臺上的「丑角」,但是在學術上,他這種勇於創革、自矜自恃的魄力,卻擔當了一個「導師」「聖人」的角色。康有為、梁啟超師徒二人,在當時造成的巨大影響,是不容忽視的,民國初年的「古史辨學者」,正是在他們的觀念刺戟下茁長的。

原 文

　　孔子卒後二千三百七十六年,康有為讀其遺言,淵淵然思,淒淒然悲,曰:嗟夫[1]!使我不得見太平之治,被大國之樂者,何哉?使我中國二千年,方萬里之地,四萬萬神明之裔,不得見太平之治,被大同之樂者,何哉?使大地不早見太平之治,逢大同之樂者,何哉?
　　天既哀大地生人之多艱,黑帝乃降精而救民患,為神明,為聖王,為萬世作師,為萬民作保,為大地教主[2]。生於亂世,乃據亂世而

---

[1] 孔子卒後二千三百七十六年:指西元一八九八年(光緒二十四年)。康有為反對用君主年號紀年,主張採用孔子的生年或卒年作中國歷史統一紀年的開始。這裡是用《史記・孔子世家》的說法,以孔子卒於西元前四七九年。
[2] 黑帝乃降精而救民患:黑帝是漢代陰陽五行學說中主宰北方的天帝,代表水德,色尚黑。西漢末期的《春秋緯・演孔圖》中曾說孔子是其母親夢感黑帝所生,因此稱「玄聖」。康有為採用這個說法,以神化孔子,為下文的「神明」「聖王」等鋪路。

立三世之法,而垂精太平[3]。乃因其所生之國而立三世之義,而注意於大地遠近大小若一之大一統[4]。乃立元以統天,以天為仁,以神氣流形而教庶物,以不忍心而為仁政[5]。合鬼神山川,公侯庶人,昆蟲草木,一統於其教,而先愛其圓顱方趾之同類;改除亂世勇亂戰爭角力之法,而立《春秋》新王行仁之制。其道本神明,配天地,育萬物,澤萬世,明本數,繫末度,小大精粗,六通四辟,無乎不在。此制乎,不過於一元中立諸天,於一天中立地,於一地中立世,於一世中隨時立法,務在行仁,憂民憂,以除民患而已。《易》之言曰:「書不盡言,言不盡意。」《詩》《書》《禮》《樂》《易》《春秋》為其書,口傳七十子後學為其言。此制乎,不過其夏葛冬裘,隨時救民之言而已。

若夫聖人之意,窈矣,深矣,博矣,大矣。世運既變,治道斯移,則始於粗糲,終於精微。教化大行,家給人足。無怨望忿怒之患、強弱之難,無殘賊妒疾之人。民修德而美好,被髮銜哺而遊,毒蛇不螫,猛獸不搏,抵蟲不觸。朱草生,醴泉出,鳳凰麒麟遊於郊

---

3 乃據亂世而立三世之法:漢朝的公羊學派解釋《春秋》,說孔子通過它來說明三種社會形態更迭的消息。《公羊傳‧隱西元年》:「所見異辭,所聞異辭,所傳聞異辭。」何休《公羊解詁》:「於所傳聞之世,乃起治於衰亂之中;於所聞之世,見治升平;至所見之世,著治太平。」康有為遂據此附會進化論,以為社會進化可分成三個階段,即據亂世、昇平世、太平世,叫作「三世」。孔子生當亂世,於是制定了撥亂反正、經昇平世循序漸進到太平世的種種辦法,這也即是孔子的「改制」。
4 因其所生之國而立三世之義:所生之國指魯國。據公羊學家的說法,孔子作《春秋》的原則是「以《春秋》當新王,上黜杞,下新周,而故宋」,即所謂「據魯、親周、故殷」的公羊三世說的含義。
5 立元以統天:《春秋》的第一句是「元年春王正月」,康有為採用了董仲舒和何休的看法,認為魯史舊文作「一年春一月公即位」,孔子作《春秋》,將一年改為元年,就是「立元以統天」。因為天地萬物的根本是「元」(元氣),因此《春秋》便包含了統一天地萬事萬物的一切道理。以天為仁:康有為將「元」和「仁」看作異名同質的原理,天地萬物的根本是元,而元就是仁。元、仁統一之後,便可以接續孔子論仁的言論了。

厥。囹圄空虛,畫衣裳而民不犯。則斯制也,利用發蒙,聲色之以化民,末也。

夫兩漢君臣、儒生,尊從《春秋》撥亂之制,而雜以霸術,猶未盡行也。聖制萌芽,新歆遽出,偽《左》盛行,古文篡亂[6]。於是削移孔子之經而為周公,降孔子之聖王而為先師;《公羊》之學廢,改制之義湮,三世之說微;太平之治,大同之樂,暗而不明,郁而不發[7]。我華我夏,雜以魏、晉、隋、唐佛老詞章之學,亂以氐、羌、突厥、契丹、蒙古之風,非惟不識太平,並求漢人撥亂之義,亦乖剌而不可得。而中國之民,遂二千年被暴主、夷狄之酷政,耗矣。哀哉!

朱子生於大統絕學之後,揭鼓揚旗而發明之。多言義而寡言仁,知省身救過而少救民患,蔽於據亂之說而不知太平大同之義,雜以佛老,其道觳苦。所以為治教者,亦僅如東周、劉蜀、蕭詧之偏安而已。

大昏也,博夜也,冥冥汶汶,雰霧雱雱,重重錮昏,皎日墜淵。萬百億千縫掖俊民,跂跂脈脈而望,簧燈而求明,囊螢而自珍,然卒不聞孔子天地之全、太平之治、大同之樂[8]。悲夫!

天哀生民,默牖其明,白日流光,煥炳瑩晶。予小子夢執禮器而

---

6 古文篡亂:康有為不信《左傳》,認為《左傳》是王莽命劉歆偽造的,劉歆不但偽造了《左傳》,而且將典籍中一切有關的地方,盡行篡改,以鞏固《左傳》的地位,所以說「古文篡亂」。
7 「削移孔子之經而為周公」二句:康有為是今文學派,認為「六經」都是孔子改制所作,但劉歆篡亂經書之後,便將「六經」中的大部分經典歸於周公名下,並且將孔子從改制的聖王降到「述而不作」的先師地位。因此,到了唐朝貞觀年間,就「以周公為先聖,而黜孔子為先師」了。
8 縫掖:即「逢掖」。《禮記・儒行》:「丘少居魯,衣逢掖之衣。」逢掖是一種寬大的衣服,因孔子穿這種衣服,所以後來稱儒者的衣服為逢掖。

西行,乃睹此廣樂鈞天,復見宗廟百官之美富。門戶既得,乃掃荊榛而開途徑,撥雲霧而覽日月,別有天地,非復人間世矣。不敢隱匿大道,乃及闡人數輩,朝夕鈞撑,八年於茲。刪除繁蕪,就成簡要,為《改制考》三十卷。同邑陳千秋禮吉、曹泰箬偉,雅才好博,好學深思,編檢尤勞。墓草已宿,然使大地大同太平之治可見,其亦不負二三子鉛槧之勞也夫!

嗟夫!見大同太平之治也,猶孔子之生也。《孔子改制考》成書,去孔子之生二千四百四十九年也。光緒二十四年正月元日,南海康有為廣廈記。

《孔子改制考》

譯 文

孔子死後兩千三百七十六年,康有為讀他的遺書,深思之下,感到非常悲痛。嘆道:唉!為什麼我無法見到太平治世,享受到大同的福祉呢?為什麼我們中國兩千年以來,擁有方圓萬里的土地,四萬萬神明的子孫,卻無法見到太平治世,享受到大同的福祉呢?為什麼大地不及早出現太平治世,以迎接大同的福祉呢?

上天憐憫天下老百姓的多災多難,於是黑帝便降下精魂,以解救人民的災患,讓他(孔子)做神明,做聖王,做萬世的良師,做萬民的守護者,做天下共尊的教主。他生在亂世,因此根據亂世而定出「三世」的原則,而精神則專注於太平世。於是就他所生的魯國,確立了「三世」的含義,而殷殷致意於天下遠近、大小皆如一的「大

一統」世界。於是訂立「元」以統一萬事萬物的道理，以天是具有仁心的，利用元氣流布而生成萬物的道理教導眾生，以不忍人之心發為仁政。將鬼神、山川、貴族、平民、昆蟲、草木，都統一在他的政教當中，而先親愛自己圓頭方足的同類；為消除亂世中以侵略、戰爭互相攻擊的現象，因而以《春秋》當新王，推行仁政。他的道理之神妙，是本於神明，足以配享天地、化育萬物、流澤萬世；同時，以仁為道的根本，具體地表現在一切禮制中，無論是小大、精粗的事物，或是通達、偏僻的地方，都可以看到它的存在。這個制度，不過是在「元」中建立宇宙，在宇宙的地球上建立了地，在地球上建立了「三世」，而在各世中依據不同境況而隨時訂立出法則；主要在推行仁政，憂民之憂，以解救人民的災患而已。《易經》說：「文字無法完全表達言語，言語無法完全表達思想。」《詩》《書》《禮》《樂》《易》《春秋》是孔子的文字，口頭傳授給七十二個弟子是他的言語。這個制度，不過像夏天穿葛衣、冬天襲裘皮一樣，是他依據不同境況以解救人民的言論而已。

　　至於聖人的思想，是精奧、深遠、廣博、偉大的，世運既然有所改變，治法也必隨之變化，通常都是由粗糙的小康開始，然後進於精微的大同。在教化普遍施行之後，便可以使家給人足，而沒有怨恨、憤怒的憂患，及以強凌弱的災禍，也不會有殘暴、妒忌的人。每一個人都能修身養性，富有道德，能自由自在地悠遊於世，毒蛇不會咬他，猛獸不會攻擊他，有角的獸類也不會觸擊他。朱草遍生，醴泉湧出，鳳凰麒麟在郊野出遊；監獄空虛，只要在衣服上畫著應有的刑罰，就沒有人敢犯法了。這個制度，是利用大同之治來開化人民；一

般只用言語來教化人民的方式，不是根本的辦法。

　　漢代的君臣、儒生，雖然尊奉《春秋》撥亂反正的制度，但其中卻摻雜了霸術，還不算完全推行王道。就在這聖人的制度剛剛萌芽的時候，新莽的劉歆突然出現，偽造的《左傳》大為盛行，偽古文經篡亂了聖經。於是將孔子作的六經改歸於周公名下，同時將他自聖王的地位貶降成先師。《公羊》的學說被廢除，孔子改制的大義就埋沒了，而三世的學說也衰微了。太平治世、大同福祉，晦暗而不明，湮沒而無法闡發。我堂堂華夏之國，居然摻雜著魏、晉、隋、唐的佛教、道教及詩賦辭章的學說，而且為氐、羌、突厥、契丹、蒙古等異族的政教風俗所淆亂，不但不明白什麼是太平，即使是想明白漢人的撥亂反正的意義，也不可能了。因此中國的人民，遂為兩千年來殘暴的君主，和夷狄橫酷的統治所折磨。這真是悲哀啊！

　　朱子生在大一統學說滅絕之後，想要大張旗鼓地來闡明這個道理。但是卻多說「義」而很少提到「仁」，只知道修養自身以減少過錯，而不太致力於解救人民的災患，被據亂世的說法所蒙蔽而不明白太平、大同的真義；同時又摻雜佛教、老莊之說，他的方法是淺薄而難行的。因此他所致力的政治教化，也只能夠像東周、蜀漢、後梁一樣，偏安一隅而已。

　　世界一片黑暗，像迷濛的長夜一般，昏昏沉沉，雲霧層層，在一重重的封錮之下，光耀的太陽便永遠沉入於深淵了。幾千萬億的儒生、百姓，在黑暗中翹首仰望，企圖提著燈籠以尋求光明，找到一些些值得珍視的微光，但是終究無法認識孔子像天地一般無所不包的全體學問，以及太平治世、大同福祉。真悲哀呀！

上天憐憫普天下的百姓，默默地啟發他們的智慧，大白天裡閃出一陣耀眼的光芒，光亮剔透地照亮了天地。我夢到捧著禮器西行晉見孔子，因此才能看到像鈞天廣樂般的大道，同時更窺見了其中像宗廟之美、百官之富的內涵。既然尋得了門徑，於是便開始掃除荊棘，而開闢一條坦坦大道，自覺像是撥開雲霧而見到青天白日一樣，別有另一番天地，不再是從前的境界了。我不敢私自隱藏這大道，於是和幾位門人，早晚研究討論，到現在已經八年了。我將其中的繁雜之處刪除，使議論簡明扼要，完成了《改制考》三十卷。同鄉的門人陳千秋字禮吉、曹泰字箸偉，才能淹雅，學問廣博，好學而肯深思，在編輯檢閱上出力很多。如今他們的墳前已長滿了野草，但是，若是大同、太平的治世得以出現在這世界上，也應該不會辜負了他們在出版此書中所付出的勞力了吧？

　　唉！若能見到大同、太平的盛世，就等於孔子再生一樣。《孔子改制考》成書，距孔子出生二千四百四十九年。光緒二十四年（一八九八）正月一日，南海人康有為字廣廈記。

（林保淳／編寫整理）

定國是詔
載湉

　　載湉（一八七一——一九〇八），即清德宗。四歲時即位，改元光緒，在位三十四年。光緒年幼即位，由慈禧太后垂簾聽政，其後雖一度親政，卻仍受制於慈禧，事事不得自主。他遭逢時艱，頗以天下生民為念，希圖自強振奮，在康有為激使之下，下詔變法維新。但是戊戌變法之後，慈禧再度掌政，他被囚禁在瀛臺，最後落得毒發而亡的慘遇。他是個悲劇性的君主，而他的悲劇，實際上也象徵了他那一個時代國家、人民的悲劇。

載湉像

背　景

　　中國自甲午之戰（一八九四），喪權辱國，簽訂了貽禍無窮的《馬關條約》之後，有志之士在悲痛之餘，深切反省，除了少數人如孫中山先生等加深了革命決心之外，大致上都傾向於維新改革的事業。日本之以蕞爾四島，在短期內維新成功，擊垮泱泱中、俄大國，一躍而為強國的範例，刺激、鼓舞了當時國人的雄心。一時之間，維

新變法、力圖自強的主張，形成了一股不可遏止的潮流。在諸多主張維新變法的人物當中，康有為、梁啟超師徒，隱然成為其中的巨柱。

光緒二十一年（一八九五），康有為以「公車上書」轟動京師，力主變法；其後因慈禧太后掣肘，暫時寢擱。遂創辦《萬國公報》，組織「強學會」，宣導變法，以開通風氣。在他們極力奔走之下，形成了強而有力的思潮。

光緒此時親政已有數年，瓜分的危機迫在眉睫，他頗有改革富強的心願，於是在光緒二十四年（一八九八），詔令總理衙門召見康有為。康有為趁機上書光緒，籲請早定國是，變法圖存。光緒覽奏後大為激賞，遂於當年四月二十三日下詔定國是，令中外臣民擷取西法，講求時務，並召見康有為，許他專折具奏。百日維新在康有為多方建議之下，遂如火如荼地展開。此後一百多天，光緒有關新政的旨諭共一百多道，針對朝廷內外各項缺失，作了相當劇烈的改革，如裁冗官、廢八股，設礦務鐵路、農工商總局。維新的形勢大有可為，為當時的國運展露出一道曙光。

影響

這道曙光出現後，一些守舊的大臣、被革黜的冗官，以及廢八股後失去進身之階的士人，結合起來，隱隱形成一股逆流，巨大的陰影正籠罩在這一道曙光之後。慈禧太后此時雖歸政光緒，退居深宮，但仍操縱著大部分的國事。維新變法之拔擢新人、裁汰官僚，對她的勢力等於是首當其衝的削弱。於是，在她暗中籌畫之下，一次政變便逐

漸醞釀而成，完全斬絕了這道曙光所帶來的一切光明和希望。

　　七月二十八日，慈禧命支持維新甚力的翁同龢致仕還鄉，展開第一步棋；八月一日，召袁世凱密謀，在袁世凱覆雨翻雲的策劃下，八月六日（戊戌日），政變發作，光緒被幽囚於瀛臺，慈禧太后再度垂簾聽政，結束了短短一百零三天的維新運動。

　　自此以後，牝雞司晨，國事更是江河日下了。康有為遁居日本，開始倡言「保皇」。而一干有志維新之士，除了「保皇黨」及犧牲的「戊戌六君子」外，大多心灰意冷，於是轉向革命的同志，也就日漸增多了。變法維新的失敗，似乎為當時指出了「唯有革命，才足以救中國」這一條明路！

原　文

　　數年以來，中外臣工講求時務，多主變法自強。迭詔書數下，如開特科、裁冗兵、改武科、創立大小學堂，皆經再三審度，籌之至熟，始定議施行。

　　惟是風氣尚未大開，論說莫衷一是，或狃於老成憂國，以為舊章應行墨守，新法必當擯除，眾喙嘵嘵，空言無補。至今日時局如此，國勢如此，若仍以不練之兵、有限之餉，士無實學，工無良師，強弱異形，貧富懸絕，豈真能制梃以撻堅甲利兵乎？

　　朕惟國是不定，則號令不行；極其流弊，必至門戶紛爭，互相水火，徒蹈宋、明積習，於實政毫無裨益。即以中國大經大法論，五帝、三王不相沿襲，譬之冬裘夏葛，勢不兩存。用是明白宣示，爾中

外大小諸臣，自王公以及士庶，各宜努力向上，憤然為雄。佩聖賢義理之學，采其根本，又須博採西學之切於時務者，實力講求，以救空疏迂謬之弊，專心致志，精益求精，毋徒襲其皮毛，騰其口說，始可化無用以成通權濟變之才。

京師大學堂為各行省之倡，尤應首先舉辦，著軍機大臣、總理各國事務王大臣會同妥速議奏。所有翰林院編修、各部院司員、鑾儀侍衛、候補選道府州縣以下各官、大員子弟、八旗世職各員、武職後裔，其願入學堂者，均准其入學肄習，以期人才輩出，宏濟時艱。不得敷衍因循，徘徊援引，致負朝廷諄諄告誡之至意！將此通諭知之。欽此。

《東華錄》

譯文

這幾年來，內外臣民一致講求時務，大多主張變法以求自強。近日我屢次下詔，如開經濟特科、裁汰冗兵、更改武科、創立大小學堂等，都是經過再三思考，詳盡籌畫以後，才定議施行的。

但是風氣還沒有開放，各種議論仍舊莫衷一是，有的人習於故常，過於憂慮，認為應該墨守成規，排除新法，眾口紛紜，都是無濟於事的空談。時局已到今日的地步，國勢如此衰微，如果還是用沒有經過訓練的軍隊、有限的糧餉，讀書人沒有實用的學識，工匠沒有優秀的師傅，像這樣強弱分明、貧富懸殊的情形，難道我們還真的靠木棍就可以擊敗人精良的武器嗎？

我認為國家的政策若不及早訂定，就無法發號施令，弊病惡性循環，一定會產生門戶紛爭、勢如水火的情況，重蹈宋、明二代的覆轍，而對實政沒有絲毫的幫助。即使就中國傳統的各項有價值的制度而言，五帝和三王的制度不相沿襲，正好像冬天穿裘皮，夏天披葛衣一樣，是決然無法並用的。因此我明白地宣示，你們內外的大小臣民，自王公大臣到普通老百姓，都應該各自努力向上，發憤圖強。除了服膺聖賢的義理之學，奠定基礎之外，還必須採用西方學說中切中於時務的，實地講求研究，以挽救空疏浮誇、迂腐荒謬的弊病，專心致力，精益求精，不要只學到一點皮毛就倡言高論，這樣才可以化無用之學而成為通權達變的人才。

京師大學堂是各省的範例，更應該優先開課，在此命軍機大臣及總理各國事務的王公、大臣會同研議，妥善而且迅速地擬出細則上奏。凡是翰林院的編修、各部各院的司員、朝廷侍衛、候補選的道府州縣及以下各官員、大官子弟、八旗世守其職的官員、武官的後裔，若有願意入學堂就讀的人，都准許他們入學，以求人才輩出，共同挽救時艱。千萬不可敷衍了事，因循怠惰，或遭疑不決、互相攀緣，因而辜負了朝廷諄諄告誡的美意！特頒此詔告知天下臣民。欽此。

（林保淳／編寫整理）

論小說與群治之關係
梁啟超

　　梁啟超（一八七三—一九二九），字卓如，號任公，又號飲冰室主人，廣東新會（今江門市新會區）人。他是康有為的高才弟子，曾隨師參與戊戌變法。失敗後亡命日本，成為「保皇黨」的中堅，但後來與康有為的見解有所歧異，遂獨立發展出個人的思想。他曾先後主編過《時務報》（一八九六）、《清議報》（一八九八）、《新民叢報》（一九〇二）、《國風報》（一九一〇）等，以其常帶感情的筆鋒，鼓吹政治、社會的革新，由於其文字富有魅力，對當時的青年有相當大的影響。著有《飲冰室合集》。

背 景

　　小說這種文學類型，在清末以前，一直得不到應有的重視和地位，一般學者常以鄙夷的態度對待小說，即使《四庫全書》也未予收錄。

　　但是，文學的潮流，畢竟是因時代而轉移的，在清末的二十年當中，由於西方學術的影響，小說逐漸取得了它在文學中應有的地位，一些有識之士，不但大量地借用小說的形式，闡發各種觀念和思想，使得小說創作盛極一時（據粗略統計，不下二千種），而且，他們也

充分意識到小說這種文學形式的意義和價值,因此紛紛撰文提倡,正式給予小說公開而正確的肯定。

影響

梁任公的這篇文章,就是其中最具代表性的議論,寫於光緒二十八年(一九〇二)的《新小說》創刊號上,在中國小說理論史的發展上,是具有里程碑意義的。自此以後,小說遂逐漸成為文學中最重要的一環,一直到今天,還是具有廣泛且深遠的影響力的。

基本上,梁啟超是從小說的功用上去肯定小說的價值的。他認為小說既已深入人心,則必然具有影響力,而所謂的影響力,可能是正面的,也可能是負面的。因此,就功能上的考慮而言,自然不能不估量它為善或為惡的可能性,進而賦予小說正面的功能。梁啟超以舊小說中的負面影響為出發點,認為中國之所以腐敗萎弱,是小說在潛移默化中造成的,因此,若要使中國富強,人心振奮,就必須革除舊有小說中落後的觀念,而加入革新的種子,使小說完成其應有的任務。

這個觀點,雖然可能會引起一些爭議,但是在當時而言,不但代表了梁啟超個人的政治觀念,同時也是整個時代的共同心聲。這點,我們只要略略檢視一下當時小說的目錄就可以明白了。

原文

欲新一國之民,不可不先新一國之小說。故欲新道德,必新小

說；欲新宗教，必新小說；欲新政治，必新小說；欲新風俗，必新小說；欲新學藝，必新小說；乃至欲新人心，欲新人格，必新小說。何以故？小說有不可思議之力，支配人道故。

　　吾今且發一問：人類之普通性，何以嗜他書不如其嗜小說？答者必曰：「以其淺而易解故，以其樂而多趣故。」是固然。雖然，未足以盡其情也。文之淺而易解者，不必小說，尋常婦孺之函札，官樣之文牘，亦非有艱深難讀者存也，顧誰則嗜之！不寧惟是，彼高才贍學之士，能讀墳典索丘，能注蟲魚草木[1]。彼其視淵古之文，與平易之文，應無所擇，而何以獨嗜小說？是第一說有所未盡也。小說之以賞心樂事為目的者固多，然此等顧不甚為世所重；其最受歡迎者，則必其可驚可愕、可悲可感，讀之而生出無量噩夢，抹出無量眼淚者也。夫使以欲樂故而嗜此也，而何為偏取此反比例之物而自苦也？是第二說有所未盡也。

　　吾冥思之，窮鞠之，殆有兩因：凡人之性，常非能以現境界而自滿足者也。而此蠢蠢軀殼，其所能觸、能受之境界，又頑狹短局而至有限也。故常欲於其直接以觸以受之外，而間接有所觸有所受，所謂身外之身，世界外之世界也。此等識想，不獨利根眾生有之，即鈍根眾生亦有焉。而導其根器，使日趨於鈍、日趨於利者，其力量無大於小說。小說者，常導人遊於他境界，而變換其常觸常受之空氣者也。此其一。人之恆情，於其所懷抱之想像，所經閱之境界，往往有行之不知，習焉不察者。無論為哀、為樂、為怒、為怨、為戀、為駭、為

---

[1] 墳典索丘：指三墳、五典、八索、九丘等古籍。注蟲魚草木：指經史中字義、名物、制度的訓解。

憂、為慚,常若知其然而不知其所以然。欲摹寫其情狀,而心不能自喻,口不能自宣,筆不能自傳。有人焉,和盤托出,徹底而發露之,則拍案叫絕曰:「善哉善哉!如是如是!」所謂「夫子言之,於我心有戚戚焉」。感人之深,莫此為甚。此其二。此二者,實文章之真諦,筆舌之能事。苟能批此窾,導此竅,則無論為何等之文,皆足以移人;而諸文之中,能極其妙而神其技者,莫小說若。故曰:「小說為文學之最上乘也。」由前之說,則理想派小說尚焉;由後之說,則寫實派小說尚焉。小說種目雖多,未有能出此兩派範圍外者也。

　　抑小說之支配人道也,復有四種力。

　　一曰熏。熏也者,如入雲煙中,而為其所烘;如近墨朱處,而為其所染。《楞伽經》所謂「迷智為識,轉識成智」者,皆恃此力[2]。人之讀一小說也,不知不覺之間,而眼識為之迷漾,而腦筋為之搖颺,而神經為之營注;今日變一二焉,明日變一二焉,剎那剎那,相繼相續,久之而此小說之境界,遂入其靈臺而據之,成為一特別之原質之種子,有此種子故,他日又更有所觸所受者,旦旦而熏之,種子愈盛,而又以之熏他人,故此種子遂可以遍世界,一切器世間、有情世間之所以成,所以住,皆此為因緣也。而小說則魏巍焉具此威德以操縱眾生者也。

---

2 迷智為識,轉識成智:這是佛教經典《楞伽經》中的名句,本來的意思是說一般人在認識的時候,往往將外在的一切看成實有,其實這種認識是錯誤的,這就是「迷智為識」,而正確的認識,則是將外在的一切視為空相,叫作「轉識成智」。但如何才能「轉識成智」呢?這有賴於「阿賴耶識」的作用。阿賴耶識,又叫「種子識」,其作用是「恆轉如流」,剎那剎那,生滅相續的,可以「熏」其他諸識。梁啟超在本文中,借用了大量佛學的知識解說文學原理,這裡引用《楞伽經》最主要的用意,便在引出「種子」和「熏」兩義,因此在這裡略為解說,至於詳細的情形,請自行參閱有關佛學的書籍。

二曰浸。熏以空間言,故其力之大小,存其界之廣狹;浸以時間言,故其力之大小,存其界之長短。浸也者,入而與之俱化者也。人之讀一小說也,往往既終卷後,數日或數旬而終不能釋然。讀《紅樓》竟者,必有餘戀有餘悲;讀《水滸》竟者,必有餘快有餘怒。何也?浸之力使然也。等是佳作也,而其卷帙愈繁,事實愈多者,則其浸人也亦愈甚。如酒焉,作十日飲,則作百日醉。我佛從菩提樹下起,便說偌大一部《華嚴》,正以此也。

三曰刺。刺也者,刺激之義也。熏浸之力利用漸,刺之力利用頓。熏浸之力,在使感受者不覺;刺之力,在使感受者驟覺。刺也者,能使人於一刹那頃,忽起異感而不能自制者也。我本藹然和也,乃讀林沖雪天三限,武松飛雲浦厄,何以忽然髮指[3]?我本愉然樂也,乃讀晴雯出大觀園,黛玉死瀟湘館,何以忽然淚流[4]?我本肅然莊也,乃讀實甫之琴心酬簡,東塘之眠香訪翠,何以忽然情動[5]?若是者,皆所謂刺激也。大抵腦筋愈敏之人,則其受刺激力也愈速且劇,而要之必以其書所含刺激力之大小為比例。禪宗之一棒一喝,皆利用此刺激力以度人者也。此力之為用也,文字不如語言,然語言力所被不能廣不能久也,於是不得不乞靈於文字。在文字中,則文言不如俗語,莊論不如其寓言,故具此力最大者,非小說末由。

四曰提。前三者之力,自外而灌之使入;提之力,自內而脫之

---

[3] 林沖雪天三限:見《水滸傳》第十回《林教頭風雪山神廟》。三限指王倫限林沖三日內殺人為投名狀的事。武松飛雲浦厄:見《水滸傳》第二十九回《武松大鬧飛雲浦》。
[4] 晴雯出大觀園:見《紅樓夢》第七十七回《俏丫環抱屈夭風流》。黛玉死瀟湘館:見《紅樓夢》第九十八回《苦絳珠魂歸離恨天》。
[5] 實甫之琴心酬簡:見王實甫《西廂記》中《琴心》《酬簡》兩折。東塘之眠香訪翠:見孔尚任《桃花扇》第五、六兩齣《眠香》《訪翠》。

使出,實佛法之最上乘也。凡讀小說者,必常若自化其身焉,入於書中,而為其書之主人翁。讀《野叟曝言》者,必自擬文素臣;讀《石頭記》者,必自擬賈寶玉;讀《花月痕》者,必自擬韓荷生若韋癡珠;讀梁山泊者,必自擬黑旋風若花和尚。雖讀者自辯其無是心焉,吾不信也。夫既化其身以入書中矣,則當其讀此書時,此身已非我有,截然去此界以入於彼界。所謂「華嚴樓閣,帝網重重,一毛孔中,萬億蓮花,一彈指頃,百千浩劫」,文字移人,至此而極[6]!然則吾書中主人翁而華盛頓,則讀者將化身為華盛頓;主人翁而拿破崙,則讀者將化身為拿破崙;主人翁而釋迦、孔子,則讀者將化身為釋迦、孔子,有斷然也。度世之不二法門,豈有過此!

此四力者,可以盧牟一世,亭毒群倫。教主之所以能立教門,政治家所以能組織政黨,莫不賴是;文學家能得其一則為文豪,能兼其四則為文聖。有此四力而用之於善,則可以福億兆人;有此四力而用之於惡,則可以毒萬千載。而此四力最易寄者,惟小說。可愛哉小說!可畏哉小說!

小說之為體,其易入人也既如彼,其為用之易感人也又如此,故人類之普通性,嗜他文終不如嗜小說。此殆心理學自然之作用,非人力所得而易也。此又天下萬國凡有血氣者莫不皆然,非直吾赤縣神州之民也。夫既已嗜之矣,且遍嗜之矣,則小說之在一群也,既已如空氣,如菽粟,欲避不得避,欲屏不得屏,而日日相與呼吸之、餐嚼之

---

[6] 帝網重重:帝網即帝釋網,一稱因陀羅網,其網之線,珠玉交絡,重重無盡。華嚴宗常以帝網比法界緣起之重重無盡。在這裡,作者是借此說明讀者在閱讀的時候,可以突破時空的限制,進入各種不同的小說世界中,下文的「一毛孔中,萬億蓮花」,指空間的變化;「一彈指頃,百千浩劫」,指時間的突破。

矣。於此其空氣而苟含有穢質也,其菽粟而苟含有毒性也,則其人之食息於此間者,必憔悴、必萎病、必慘死、必墮落,此不待蓍龜而決也。於此而不潔淨其空氣,不別擇其菽粟,則雖日餌以參苓,日施以刀圭,而此群中人之老病死苦,終不可得救。知此義則吾中國群治腐敗之總根源,可以識矣!

　　吾中國人狀元宰相之思想,何自來乎?小說也。吾中國人佳人才子之思想,何自來乎?小說也。吾中國人江湖盜賊之思想,何自來乎?小說也。吾中國人妖巫狐鬼之思想,何自來乎?小說也。若是者,豈嘗有人焉提其耳而誨之,傳諸缽而授之也!而下自屠爨販卒、嫗娃童稚,上至大人先生,高才碩學,凡此諸思想,必居一於是,莫或使之,若或使之。蓋百數十種小說之力,直接間接以毒人,如此其甚也!今我國民惑堪輿、惑相命、惑卜筮、惑祈禳;因風水而阻止築路,阻止開礦;爭墳墓而闔族械鬥,殺人如草;因迎神賽會而歲耗百萬金錢,廢時生事,消耗國力者,曰:惟小說之故。今我國民慕科第若膻,趨爵祿若鶩,奴顏婢膝,寡廉鮮恥,惟思以十年螢雪,暮夜苞苴,易其歸驕妻妾、武斷鄉曲一日之快,遂至名節大防,掃地以盡者,曰:惟小說之故。今我國民輕棄信義,權謀詭詐,雲翻雨覆,苛刻涼薄,馴至盡人皆機心,舉國皆荊棘者,曰:惟小說之故。今我國民輕薄無行,沉溺聲色,綣戀床笫,纏綿歌泣於春花秋月,銷磨其少壯活潑之氣,青年子弟,自十五歲至三十歲,惟以多情多感、多愁多病為一大事業,兒女情多,風雲氣少,甚者為傷風敗俗之行,毒遍社會,曰:惟小說之故。今我國民綠林豪傑,遍地皆是,日日有桃園之拜,處處為梁山之盟,所謂「大碗酒,大塊肉,分秤稱金銀,論套

穿衣服」等思想，充塞於下等社會之腦中，遂成為哥老、大刀等會，卒至有如義和拳者起，淪陷京國，啟召外戎，曰：惟小說之故。嗚呼！小說之陷溺人群，乃至如是，乃至如是！

　　大聖鴻哲數萬言諄誨之而不足者，華士坊賈一二書敗壞之而有餘；斯事既愈為大雅君子所不屑道，則愈不得不專歸於華士坊賈之手。而其性質、其位置，又如空氣然，如菽粟然，為一社會中不可得避、不可得屏之物，於是華士坊賈，遂至握一國之主權而操縱之矣。嗚呼！使長此而終古也，則吾國前途，尚可問耶？尚可問耶！故今日欲改良群治，必自小說界革命始！欲新民，必自新小說始！

《飲冰室全集》

譯　文

　　想要革新一國的人民，不能不先改革一國的小說。因此，要革新道德，一定要改革小說；要革新宗教，一定要改革小說；要革新政治，一定要改革小說；要革新風俗，一定要改革小說；要革新文學藝術，一定要改革小說；甚至想要革新人心、革新人格，也一定要改革小說。為什麼呢？因為小說具有不可思議的力量，可以支配人的觀念。

　　我現在先問一個問題：為什麼一般人喜歡別種書籍的不如小說來得普遍？回答的人一定說：「因小說淺顯易讀，而且非常有趣味。」說得對！但是，說得還不夠圓滿。因為文章中淺顯易讀的，不止小說而已。一般人的書信、官場的公函，也不見得有多難讀，但誰會喜歡

讀呢？不但如此，對一些學識廣博的人而言，他們能讀三墳五典、八索九丘之類的古書，也能明白經史中的一些難字，他們對深奧的古文和淺近的文章，應該沒有什麼區別的，為什麼也偏偏喜歡小說呢？這足以證明第一種解釋是不夠圓滿的。小說以使人賞心悅目為創作目標的雖然很多，但這些都不受世人重視；最受歡迎的小說中，一定有一些令人驚愕、令人悲傷感動，閱讀後會有許多噩夢產生，或流下大量眼淚的內容。假如是為了獲得樂趣而喜歡讀小說，那又何必故意找這種相反的東西來自尋苦頭呢？這又可以證明第二種解釋也是不夠圓滿的。

　　我為此窮思冥想，大概歸納出兩個原因：常人的個性，經常不滿足現狀。而人這一塊然軀殼，其所能接觸、感受的範圍，卻是非常狹窄而有限的。因此經常希望能在直接接觸感受到的範圍之外，能別有一種間接的觸感經驗，即所謂的「身外之身」「世界外的世界」。這種觀念，不但聰慧的人有，即使愚昧的人也不例外。而引導這些人，使他們逐漸趨近於愚昧，或逐步趨向於聰慧的力量，沒有比小說更大的了。小說就經常引導人悠遊於另外一個世界，從而改變他們所能觸感的經驗範疇。這是第一個原因。人之常情，在於對自己所擁有的想像、所經歷的境界，往往行而不知，習而不察。無論是悲哀、歡樂、憤怒、怨恨、愛戀、驚駭、憂愁、慚愧，經常是知其然而不知其所以然。雖想要將這些感情以筆墨形容出來，卻苦於自己也不一定能清晰地明白，語言無法表達，動筆更難於述說了。如果有人為他和盤托出，徹底地表露出來，則必定拍案叫絕道：「妙啊！正是如此！」所謂「你所說的，於我心有戚戚焉」，正是這種情況。文章能深切動

人,再也沒有比得上這種情形的了。這是第二個原因。這兩個原因,實在是文章的真諦所在,也是文字語言最有魔力的地方。假如能夠充分明白並利用這個關鍵,那無論是什麼類型的文章,都能感人;而各類型的文章中,能夠盡情發揮這種神妙的作用的沒有一種能比得上小說。因此有人說:「小說是文學中最上乘的。」由第一個原因而論,是理想派小說最重視的;第二個原因,則是寫實派小說所重視的。小說的種類雖然很多,卻都不出這兩派的範圍。

小說之所以能支配人心,還有四種力量。

第一是「熏」。熏的意思,就是如同進入一團煙雲當中,被煙雲烘托;又如近墨者黑,近朱者赤一樣,為朱墨所習染。《楞伽經》中所謂的「迷識為智,轉識成智」,就是依靠這種力量。人在閱讀一篇小說時,在不知不覺當中,眼神會為它所迷惑,腦筋會隨之而幻想,而精神則灌注於其中。今天改變一點,明天又改變了一點,就這樣一點一點地,斷斷續續地受到影響,久而久之,小說中的境界,便進入讀者心中,而成為一種特殊性質的種子。因為有了這個種子,當日後又有所觸感的時候,一日復一日地被薰染,則種子便逐漸擴展,而且又可以去薰染他人,因此這個種子便可以遍佈於全世界。世間的一切現象、一切感情之所以能成就、發展,都是種子所造成的。而小說便是隱隱具有這種威勢以影響眾人的東西。

第二是「浸」。熏指空間而言,因此其力量的大小,端賴其境界的廣狹;浸則指時間而言,因此其力量的大小,則由其篇幅的長短所決定。浸的意思,即進入其中,而與之同化。人在閱讀一篇小說時,往往在看完之後,有好幾天,甚至幾十天都無法忘懷。讀完《紅樓

夢》的人，心中必然有一些難忘的悲喜之情；讀完《水滸傳》的人，也定然有一些痛快或憤怒之情縈繞在心。為什麼呢？這便是浸的力量造成的。同樣是優秀的作品，而其篇幅越長，情節越豐富的，則浸人的力量也越大。正如同喝酒一樣，喝上十天，則必定醉個百日。我佛如來之所以從菩提樹下，一開始便說上偌大一部《華嚴經》，正是為此。

第三是「刺」。刺，是刺激的意思。熏和浸的力量是緩慢而逐漸完成的，刺則快速而直接。熏和浸的力量，在使感受的人不知不覺中受影響；刺的力量，則使感受的人突然警悟。刺的力量，能使人在一剎那間，忽然湧上一種特殊的感情而無法自我控制。我本來是和藹可親的人，但是讀到林沖風雪山神廟和三日期限，或武松在飛雲浦遇難的事時，為什麼會突然間怒髮衝冠？我本來心情非常愉快，但是讀到晴雯被趕出大觀園，或林黛玉病死在瀟湘館的事時，為什麼會忽然流下眼淚？我本來是端莊嚴肅的，但是讀到王實甫《西廂記》的《琴心》和《酬簡》，或孔尚任《桃花扇》的《眠香》和《訪翠》時，為什麼會突然間情難自已？像這些，都是所謂的刺激的力量造成的。大抵上，腦筋越靈活的人，所受到刺激的力量也愈大愈快，但最重要的還是看這本書所含的刺激力的大小而定。禪宗中的當頭棒喝，正是利用這刺激力去點醒眾人。這種力量的運用，文字不如語言有效，但是語言所能涵蓋的範疇不廣，而且不能持久，因此又不能不借助於文字。在文字中，則文言文又比不上白話文。而且，正經嚴肅的教訓，也比不上利用寓言，因此最具有刺激力的，也非小說莫屬。

第四是「提」。前面提到的三種力，是自外而內的灌入；提的力

量,則是由內向外迸出,實在是佛法中最上乘的。凡是讀小說的人,一定經常覺得自己化身進入了書中世界,而成了書中的主角。讀《野叟曝言》的人,一定自認是文素臣;讀《石頭記》的人,一定自認是賈寶玉;讀《花月痕》的人,一定自認是韓荷生或韋癡珠;讀《水滸傳》的人,也一定自認是黑旋風或花和尚。雖然讀者可能辯解自己沒有那種想法,但我絕不相信。既然一個人已化進入書中世界了,則在他讀這本書時,自己已不屬於現存的軀體,而完全離開現實世界而進入幻想世界了。所謂「華嚴樓閣,帝網重重;一毛孔中,萬億蓮花;一彈指頃,百千浩劫」就是如此。文字感人的力量,到這裡達到了巔峰。如此說來,書中的主角若是華盛頓,則讀者便將化身為華盛頓;主角是拿破崙,則讀者將化身為拿破崙;主角是釋迦牟尼、孔子,則讀者也將化身為釋迦牟尼或孔子,這是可以斷定的!教化世人的不二法門,又哪有能超過它的呢?

　　這四種力,可以牢籠一世,教化群眾。宗教家之所以能創立宗教,政治家之所以能組織政黨,都依賴於此。文學家能得到其中之一,則可稱「文豪」;若能兼有四者,則必然是「文聖」。擁有這四種力量,而運用到好的方面,則可以造福億兆的人;有這四種力量而用來為惡,則會流毒千載。這四種力量最容易發揮的,就是小說。可愛啊,小說!可怕啊,小說!

　　小說這種文體,其容易深入人心既如此,其運用之容易感動人心又如此,因此一般人的通性,喜歡其他類型的文章終究比不上小說。這恐怕是心理學上自然的作用,不是人力所能改變的。這又是全世界的人都相同的,不止我們中國人而已。既然大家都已喜歡上小說,而

且普遍地有這種情況，則小說在一種群體中，就等於像空氣、食物一樣，是無法逃避，無法摒棄，而且天天要呼吸、食用了。在這種情況下，若空氣中含有雜質，食物中含有毒性，則生活於其間的人，必定憔悴、生病、慘死、墮落，這是不必多說的了。在這種情況下，若不淨化這空氣，不選擇這食物，那麼即使是天天以人參、茯苓進補，或日日以藥物治療，這群體中的人的老病死等痛苦，還是無法挽救。明白這個道理，則我們中國政治、社會之所以會這樣腐敗的最根本原因，也可以找出來了。

我們中國人的狀元、宰相思想，從哪裡來的呢？從小說來。才子佳人的思想，從哪裡來的？從小說來。江湖盜賊的思想，從哪裡來的？從小說來。妖巫鬼狐的思想，從哪裡來的？也是從小說而來。像這些思想，哪有人去耳提面命，諄諄告誡地傳授給他們呢？可是下自一些販夫走卒、老幼婦孺，上至達官貴人、博學高才，在這些思想中，一定存有一種。雖然看起來是沒有人使他們變成這樣，但無形之中正是有這種影響力存在。因為幾百種小說的力量，在直接間接之中，就具有這麼大的影響！如今我們國人迷信風水、迷信算命、迷信卜筮、迷信拜神；有時甚至為了風水而阻止道路的開築、礦產的開採；為了爭奪墳地而集體械鬥，殺人如麻；為了迎神賽會而耗費大量的金錢時間，招惹事端，消耗國力，這都是小說所造成的！如今我們國人羨慕功名科第和名利富貴，像蒼蠅見血一樣，趨之若鶩，一副奴顏婢膝的樣子，絲毫沒有羞恥，只想以十年寒窗苦讀的工夫，或走後門、行賄賂的途徑，以換取能夠向妻妾誇耀，或是橫行鄉里的快樂，因此使得道德節操的防線，崩潰得無法收拾，這也是小說所造成的！

如今我們國人不講信義，專門以奸詐的手段，在那翻雲覆雨，而且待人苛刻，個性澆薄，因此使得人人城府甚深，全國寸步難行，這也是小說所造成的！如今我們國人輕薄無行，沉溺於聲色狗馬之間，眷戀女色，纏綿一些風花雪月的事物，因而消磨了壯志活力；一般青年子弟，從十五歲到三十歲，只知道多情多愛、多愁多病是最有意義的事，兒女情長，英雄志短，甚至因而做出傷風敗俗的事情，流毒整個社會，這也是小說所造成的！如今我們國人中，所謂的江湖好漢，到處都是，不是這裡在桃園三結義，就是那裡在梁山泊歃血為盟，所謂「大碗喝酒，大塊吃肉，分秤稱金銀，論套穿衣服」的思想，充斥在下層階級的人的腦海中，因此有哥老會、大刀會的產生，最後甚至導致義和團的興起，使京城淪陷，招致外患，這仍然是小說所造成的！唉！小說害人不淺，居然到了這種地步！居然到了這種地步！

　　我國聖賢大哲以數萬言諄諄教誨國民，而仍然感覺到效果不彰的一些輕薄的文人、缺德的商人隨便地刊印一兩本書，就將它破壞得一乾二淨；小說這種東西，既然越來越不受到高尚人士的重視，就不得不淪落到輕薄文人和缺德商人手中。而這小說的性質和地位，又好像是空氣和食物一樣，是社會中所不可缺少、不可摒棄的東西，於是輕薄文人和缺德商人，便隱隱然握有主權而可以任意操縱它了。唉！假如聽任這種情況長遠地持續下去，那我國的前途，還堪聞問嗎？還堪聞問嗎？因此，在今天若想改良社會，一定要先改革小說界！要革新國民，一定要先改革小說！

（林保淳／編寫整理）

《革命軍》序

章炳麟

章炳麟（一八六九—一九三六），號太炎，初名學乘，字枚叔，後因欽慕顧炎武而改名絳，浙江餘杭（今杭州市餘杭區）人。他不但是個學問淵博的學者，同時也是個具有愛國思想的革命家，早年曾主編過《昌言報》，主張民族主義，後來加入同盟會，主持過《民報》，並於東京發起「支那亡國二百四十二年紀念會」，對傳播革命思想有很大的功勞。他的著作很多，學術性的有《章氏叢書》和《章氏叢書續編》等，代表他政治思想的則有《訄書》等。

背 景

一九〇三年春天，沙俄進兵滿洲，拒絕撤走，並企圖強迫清廷訂立密約，以便獨佔滿洲的權益。消息傳出，全國憤慨，各地紛紛展開愛國運動，抵制俄貨。

其時，《革命軍》的作者鄒容（一八八五—一九〇五，字蔚丹，四川巴縣人）正留學東京，在激憤之餘，發起「拒俄大會」，公電清廷宣言否認新約，並組織了「拒俄義勇隊」，以示反俄的決心。不久，日本政府徇清公使蔡鈞的請求，勒令解散義勇隊，鄒容亦被迫返回上海。

這時，章炳麟正在上海主持「愛國學社」，以文章氣節自勵勵人，名聲卓著。鄒容既憾恨清廷的昏庸腐敗，又得到章炳麟的開導，深悟唯有推翻清廷，中國才有希望，於是發憤寫了《革命軍》這個小冊子，五月在上海大同書局印行。章炳麟十分激賞，認為此冊雖文字淺直，卻具有感動人心的魔力，因此不但為他作了此序，還在《蘇報》上撰文推崇此書。

影響

《革命軍》的基本內容，首先號召全民起來進行推翻清政府的革命，進而掃除外國在華的各種特權和惡勢力，並主張永遠廢除封建專制政體，建立「中華共和國」。書中很詳盡地剖析了中國之所以需要革命的原因，同時更揭露了清廷對漢人殘酷的統治政策，而且也相當鮮明地提出了民主革命的綱領，對革命的締造有很大的促進作用。

與《革命軍》同時，章炳麟也發表了著名的《駁康有為論革命書》，與鄒容互相呼應，相得益彰。但是，也因此招清廷之忌，雙雙被捕入獄。一九〇六年，章炳麟刑滿出獄，繼續為革命事業而奔走，而鄒容卻在前一年出獄前七十天病死獄中。

自鄒容入獄後，《革命軍》更是風行海內，銷售量達一百多萬冊，是清末革命群書中銷量最大的書。影響力之大，可以想見。章炳麟的這篇序文則有推波助瀾之功。

原 文

　　蜀鄒容為《革命軍》方二萬言，示余曰：欲以立懦夫，定民志，故辭多恣肆，無所回避，然得無惡其不文耶？余曰：凡事之敗，在有其唱者而莫與為和，其攻擊者且千百輩，故仇敵之空言，足以墮吾實事。夫中國吞噬於逆胡已二百六十年矣，宰割之酷，詐暴之工，人人所身受，當無不昌言革命。然自乾隆以往，尚有呂留良、曾靜、齊周華等持正議以振聾俗，自爾遂寂泊無所聞[1]。吾觀洪氏之舉義師，起而與為敵者，曾、李則柔煦小人，左宗棠喜功名、樂戰爭，徒欲為人策使，顧勿問其讎非枉直，斯固無足論者。乃如羅、彭、邵、劉之倫，皆篤行有道士也，其所操持，不洛、閩而金溪、餘姚，衡陽之《黃書》日在几閣，孝弟之行，華戎之辨，仇國之痛，作亂犯上之戒，宜一切習聞[2]。卒其行事乃相紾戾如彼，材者張其角牙以覆宗國，其次即以身家殉滿洲，樂文采者則相與鼓吹之。無他，悖德逆倫，並為一談，牢不可破，故雖有衡陽之書而視之若無見也。然則洪氏之敗，不盡由計畫失所，正以空言足與為難耳。

---

1 呂留良、曾靜、齊周華：這三個人都是雍正、乾隆兩朝間，清廷文字獄迫害下的死難者。呂留良的書中常倡言攘夷的思想，曾靜受到他的影響，派弟子勸岳鍾琪謀反，但被岳出賣，因而釀成大獄，呂留良被鞭屍，門人弟子都受到株連。清廷偽造曾靜悔罪書，編成《大義覺迷錄》，而免曾靜死罪。但乾隆時，仍被斬殺。齊周華則因私刻呂留良遺書，也遭殺害。章炳麟之所以舉此三人為例，主要是因為他們提倡排滿的思想。
2 洛：指宋代二程兄弟。閩：指朱熹。金溪、餘姚：金溪指宋陸九淵，餘姚指明王守仁。章炳麟以羅澤南等人「操持不洛、閩，而金溪、餘姚」，而認為他們「篤行有道」，是因為清朝諸帝全都信奉程朱，而排斥陸王。既然羅澤南等人信守的理學與清廷不同，則他們未必是清廷的鷹犬，只是不明白民族大義而已；而不明大義，又肇因於一些舊有的君臣觀念的束縛，沒有人去衡決這個樊籬。這便是他之所以致慨於「空言足以為難」的原因。

今者風俗臭味少變更矣，然其痛心疾首，懇懇必以逐滿為職志者，慮不數人。數人者，文墨議論，又往往務為蘊藉，不欲以跳踉搏躍言之，雖余亦不免是也。嗟呼！世皆囂昧而不知話言，主文諷切，勿為動容，不震以雷霆之聲，其能化者幾何？異時義師再舉，其必墮於眾口之不理，既可知矣。今容為是書，壹以叫咷恣言，發其慚恚，雖囂昧若羅、彭諸子，誦之猶當流汗祇悔。以是為義師先聲，庶幾民無異志，而材士亦知所返乎！

若夫屠沽負販之徒，利其徑直易知，而能恢發智識，則其所化遠矣。藉非不文，何以致是也！抑吾聞之，同族相代，謂之革命；異族攘竊，謂之滅亡。改制同族，謂之革命；驅除異族，謂之光復。今中國既滅亡於逆胡，所當謀者光復也，非革命云爾。容之署斯名，何哉？諒以其所規劃，不僅驅除異族而已，雖政教學術，禮俗材性，猶有當革者焉，故大言之曰「革命」也。

共和二千七百四十四年六月，餘杭章炳麟序[3]。

《革命軍》

譯文

蜀人鄒容寫了兩萬多字的《革命軍》一書，向我表示說：為了使懦弱的人剛強起來，並堅定人民革命的意志，因此在詞句中不免放

---

3 共和二千七百四十四年：這原是光緒二十九年（一九〇三），共和指周、召共和的年代，即西元前八四一年，加上一九〇三，正好是二千七百四十四。章炳麟不承認清朝的紀年，又不願學步西曆，因此以共和紀年。當時也有人用黃帝和孔子紀年的。

肆，毫不隱諱，希望你不會嫌惡它不夠文雅。我回答說：一件事情之所以失敗，往往是由於只有提倡的人，而沒有人附和，而攻擊他的人卻有千百人之多！因此，敵人的一些空話，便足以使我們的實際行動招致慘敗。中國被滿洲人併吞已經有二百六十年了，他們壓迫的殘酷手段，以及欺騙恐嚇的巧妙手法，是人人都親身經歷到的，照道理應該沒有人不倡議革命才對。但是在乾隆以前，還有呂留良、曾靜、齊周華等人，秉持嚴正的議論以振奮人心，從此以後，便悄然不聞聲息了。據我的觀察，當初洪秀全起義的時候，起來與他們相抗衡的，像曾國藩、李鴻章，不過是柔和順從的小人，而左宗棠則熱衷功名，喜歡戰爭，只想在清廷驅使下立功，而不論其是非曲直，這些人是不值一提的。但是像羅澤南、彭玉麟、邵懿辰、劉蓉這些人，都是篤實踐履的有道之士，他們信守的不是朝廷尊奉的程

朱之學，而是陸王之學；而且像王夫之所著的《黃書》，也是天天在閱讀的，關於孝弟的行為、華夷的分辨，以及國仇家恨，犯上作亂的儆戒，應該都早已明白的了。可是最後他們的行事卻錯亂到那個地步。有才能的人張牙舞爪的傾覆自己的祖國，差一些的則以身家性命為滿洲人犧牲，而一些喜歡舞文弄墨的人則在大力地歌功頌德。這沒有其他的原因，而正是他們將違反道德和背逆君臣之理這兩件事混為一談，形成牢不可破的觀念，因此雖然有王夫之闡揚民族大義的書在旁，也視如未見。由此看來，洪秀全的失敗，不盡是因為計畫失當，而正是這些空話從中作梗的緣故。

當今的風俗觀念已經有點改變了，但是能夠痛心疾首，孜孜不倦地以驅逐滿洲人為職志的人，我估量只有幾個人而已。而這幾個人，

在寫文章發表議論的時候，又往往要求溫柔敦厚，不願意以猛烈激蕩的話表現出來，即使像我也不例外。唉！世上的人都愚昧得聽不懂言外之意，即使是以委婉的文字作譏諷，也一點都不會受到感發；假如不用雷霆般的語言去驚醒他們，又能感化幾個人？以後若有人再度起義，也一定會慘敗於眾人相應不理的態度上！現在鄒容寫這本書，全利用了一些激烈跳蕩的言辭，去激發他們的慚愧與憤怒，即使是愚昧得像羅澤南、彭玉麟這樣的人，讀了之後也會汗流浹背，深悔以往的作為。若是以此書作義軍的號召，想必人民絕不會三心二意，而有才能的人也將回到我們的陣營了吧！

至於像販夫走卒這些人，若因此書的簡潔易懂，而拓展啟發了他們的知識，則此書所能感化的範圍就更深更遠了。假如不是此書的不夠文雅，又怎能達成這樣的功效？！但是，我曾聽說，同一種族的人互相取代，叫作革命；被異族竊據，則叫作滅亡。同種族的人更改制度，叫作革命；驅逐異族，則叫作光復。如今中國既然已經為異族所滅，則我們所應計畫的，該是光復，而不是所謂的革命。鄒容現在卻用「革命」作為書名，又是為什麼呢？我深信他所規劃的，一定不只是驅逐異族而已，在政治、教育、學術及風俗、人才方面，還有更多應該革命的呢，因此他才大刺刺地寫上「革命」二字。

共和二千七百四十四年六月，餘杭章炳麟序。

（林保淳／編寫整理）

《鐵雲藏龜》序

羅振玉

羅振玉（一八六六—一九四〇），字叔蘊，初號雪堂，晚號貞松，浙江上虞（今紹興市上虞區）人。他學識廣博，無論河江、農政、經史之學，都有相當深厚的根底。甲骨文出土後，更是專心致力於龜甲文字的研究，著有《殷商貞蔔文字考》《殷墟書契前編》《後編》《續編》等多種，可以說是中國研究卜辭的開山祖師，與董彥堂（作賓）、王觀堂（國維）、郭鼎堂（沫若），並稱「四堂」，有《羅雪堂先生全集》問世。

背 景

甲骨文的發現，是在一個有趣而湊巧的機緣上展開的。十九世紀末葉，河南安陽出土了一堆甲骨的碎片，當時被誤解為龍骨，可以治療痼疾，遂由商人販賣到京師。其時王懿榮罹患瘧疾，購買了一些預備服用。恰巧這時劉鶚（字鐵雲）在王家做客，偶然發現上面有些字跡，認為是比大篆還早的文字，不禁大喜過望，便開始搜集研究，因此

出土的甲骨文原片

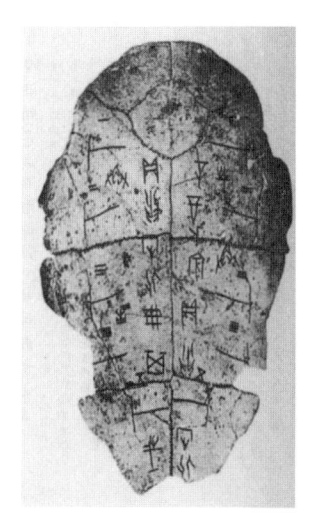

甲骨一躍而為稀世奇珍，變成古物收藏、研究者的瑰寶，而有關甲骨文字的研究，更漸漸成為今日的顯學。

劉鶚前後收集的甲骨片約五千片，光緒二十九年（一九〇三），在羅振玉等人的協助下，選擇了其中較完整的一千多片，拓印成《鐵雲藏龜》，是為第一本甲骨文字的整編。

本書選出第一部甲骨資料編輯問世的《鐵雲藏龜》的序，就是為了紀念發現者劉鶚及贊助者羅振玉的貢獻，沒有他們，我們不會有現在的成就。

影　響

自劉鶚收集整編出土甲骨之後，五十年間，有大約十萬片的甲骨出土。其中一九二八年至一九三七年間，中央研究院歷史語言研究所在董作賓率領下，以科學方法在安陽附近的小屯，長期從事挖掘，共得二萬四千多片，是最完整也最有價值的一批。以此為基礎，自一八九九年第一次發現甲骨文開始，到一九四九年，五十年間居然已有三百多位學者，寫成了八百多種關於甲骨文和商代史事的著作，其所受到的重視以及對學者裨助之大，是可以想見到的。

甲骨文可以說是目前所知道的最早的中國文字，據此可以對其後文字的演變，及中國文字的構造，作更明晰、有系統的考察，在文化上，有其重大的意義。

因此，甲骨文的發現，在近代學術史上可以說是一件值得大書特書的事。它的出現，使載籍中世次、年曆淆亂不清，人物、事件撲朔

迷離的商代歷史，有了個較為清晰的輪廓，使我國的信史得以推展到商代早期，貢獻之大，是難以估量的。

原 文

　　金石之學，自本朝而極盛，咸、同以降，山川所出瑰寶日益眾，如古陶器、古金鈑、古泥封之類，為從來考古家所未見[1]。至光緒己亥，而古龜、古骨乃出焉。此物唐、宋以來載籍之所未道，不僅其文字有裨「六書」，且可考證經史。今就圖見所及，述之如左。

　　古卜筮之制，故書散失，其儀式多不可考見。《漢書・藝文志》載著龜十五家，今都放佚，惟《周官》及《太史公書》，尚得見厓略。今依據兩書，參以目驗，有所是正於經史者，凡四事：

　　一曰灼龜與鑽龜。古人灼龜用荊，謂之「燋」，又謂之「焞」，又謂之「俊」。取明火以灼龜，其灼也必焦黑，此灼龜之可考者[2]。鑽龜一曰作龜，鑿龜用契，此鑽龜之可考者。蓋古人之卜，先鑽後灼，鑽與灼自是兩事，本自分明，故《龜策傳》曰：「卜先以造灼鑽，鑽中已，又灼，龜首各三，又復灼所鑽中。」此鑽先灼後之明證。今驗之新出之龜，其鑽跡作「0」狀，大如海松子仁，以利刃鑿之之痕可辨認，或一或二，灼痕或即在鑽旁，或去鑽痕稍遠。灼痕圓形，略小於鑽跡，此又鑽與灼為二事之實驗，乃經注家多誤並鑽與灼為一，如

---

1 本朝：即清朝，此序作於光緒二十九年（一九〇三）。
2 明火：古時祭祀時，認為直接由日光取火較為潔淨，稱為「明火」。利用一種銅制、凹形，稱作「陽燧」的鏡形物，置於日光下，利用聚焦的原理來取火。

「華氏掌其燋契」注³。《士喪禮》:「楚焞置於燋。」焞即契所用以灼龜。《士喪禮》注:「楚,荊也。」荊焞所以鑽龜、灼龜。《正義》:「古法鑽龜用荊,謂之荊焞。」殊不知灼龜用焞,鑽龜用契,混契與楚焞為一者,誤也。且不僅箋注家如此,《周官・卜師》:「揚火以作龜。」其語亦未明瞭,此箋注家致誤之所由來,非實見鑽與灼之跡,殆不能發現其訛誤,此是正之一端也。

二曰鑽灼之處。古人灼龜,其部分不甚明瞭。《周官・大卜》:「眂高作龜」注:眂高,以龜骨高者可灼處示宗伯也⁴。龜之骨近足者其部高云云。茲驗之今日所出故龜,其鑽灼處皆在腹內之澀面,而不在腹下光滑之處。殆以光滑之處難灼也。其部分則或偏或正,其式不一。此又可據目驗補經史之缺者二也。

三曰卜之日。《龜策傳》載卜禁日,云子、亥、戌不可以卜。今證之故龜文字,則以此數日卜者甚多。或此禁忌乃有周以後之說,而今日出土之龜,尚在夏、殷時故邪?此又可以之補正史記者三也。

四曰骨卜之原始。古經史不言骨卜,惟楊方《五經鉤淵》言東夷之卜用牛骨。茲驗之今日所得故骨,皆為牛脛骨,其文字既與龜同,且與龜同出一處,其為同時物無疑。可知三代時中國久用骨卜,特書闕有間耳。此又可補經史之脫佚者四也。

至其文字之締造,與篆書大異,其為史籀以前之古文無疑,為此龜與骨乃夏、商而非周之確證。且證之經史,亦有定其為夏、商而非周者。《周官・占人》:「凡卜筮既事,則繫幣以比其命,歲終則計

---

3 其:此字應作「共」,見《周禮・華氏》。
4 眂:此字應作「睢」,是「視」的古字。

其占之中否。」杜子春云:「繫幣者以帛書其占,繫之龜也。」玄謂:「既卜筮,史必書其命龜之事及兆於策,繫其禮神之幣而合藏焉。」按,無論如杜說為書占於帛,繫之於龜,抑如鄭說為書辭於策,繫之於帛,均足證周人非徑刻辭於龜可知。今徑刻文於龜,其非周制而為夏、殷之制,顯然可見[5]。且更有足證者,《史記·龜策傳》:「夏、殷欲卜者,乃取蓍龜,已則棄去之,以為龜藏則不靈,蓍久則不神。至周室之卜官,常寶藏龜蓍。」由是觀之,周人之卜,一龜不僅用一次,今徑刻辭於龜,其為一用即不再用可知。此均足為夏、殷之龜而非周龜之確證,鐵案如山,不可移易焉矣!

癸卯夏,拓墨付景印,既訖功,為援據經史,綴辭於後,以質海內方聞之士。秋八月,上虞羅振玉叔蘊書於海上寓居之懷新小築。

《鐵雲藏龜》

譯 文

金石方面的學問,到本朝最為興盛,咸豐、同治以來,名山大川所出土的寶物逐日增多,像古陶器、古金鈑、古泥封之類的東西,都是考古學者從未見過的。到了光緒二十五年(一八九九),則古龜、古骨也出土了。這東西是唐、宋以來的任何書籍都不曾提到的,不僅上面的文字對研究「六書」有幫助,而且可以用來考訂經書史籍。現

---

[5] 顯然可見:此段所舉的理由,以及下文所說的周人卜龜不只用一次,而商人只一用即不再用的說法,都是有問題的。一九六四年,發掘出岐山的「西周甲骨」,證明了周人也是直接將文字刻在龜甲上;而且,商人占卜,一龜絕對不止用一次。

在就我所知道的，略述如左。

　　古代卜筮的制度，由於古書散失，它的儀式已經無法考證了。《漢書・藝文志》中記載的蓍龜十五家，現在也都遺佚，只有《周官》和《史記》中還有些粗略的記載。現在我根據這兩本書，再參考我親眼看到的龜骨，認為有四點可以校正經書和史籍：

　　第一點是灼龜和鑽龜的事。古人燒灼龜骨用荊草，叫作「燋」，又叫作「焞」，也叫作「焌」。他們用「明火」來燒灼龜甲，燒過的地方一定呈現焦黑痕跡，這是灼龜可以考見的。鑽龜又叫「作龜」，鑿穿龜甲時用「契」這種工具，這是鑽龜可以考見的。大抵上，古人占卜的時候，先鑽後灼，鑽和灼是兩個不同的過程，本來是很明顯的。所以《龜策列傳》上說：「占卜時先做好鑽、灼的工作，鑽過洞之後，再燒灼，在龜甲頭部各鑽、灼三次，又再燒灼所鑽過的洞。」這是先鑽後灼的明證。現在以新出土的龜甲作驗證，其中鑽過的痕跡呈「O」形，大小和海松子仁一樣，用利器鑿過的痕跡明顯地可以辨認出來，有的一個，有的兩個；燒灼的痕跡有時就在鑽過的洞旁邊，有時則距離稍微遠一點。燒灼的痕跡呈圓形，比鑽的洞稍微小一些，這也是鑽和灼是兩件事的實際證據。但是古時候的經注家常誤將鑽和灼混為一談，如「華氏掌共燋契」的注。鄭玄引用《士喪禮》中「楚焞置於燋」的句子，以為焞就是契，是用來灼龜的。而《士喪禮》的注則說：「楚，荊也。」以為荊和焞是用來鑽龜、灼龜的。孔穎達的《正義》也說：「古法鑽龜用荊，謂之荊焞。」殊不知灼龜時用焞，鑽龜則用契，將契和焞混在一起，顯然是錯誤的。不僅箋注家如此誤解，像經書中，如《周官・卜師》「揚火以作龜」的話，語意也

很含糊,這是箋注家發生錯誤的原因。 若是沒有實際看到鑽和灼的痕跡,恐怕就不能發現他們的錯誤了。 這是有助校正的第一點。

　　第二點是鑽、灼的部位。 古人灼龜的部位,不是很清楚。《周官・大卜》的「眠高作龜」,鄭玄注認為「眠高」,就是將龜骨高凸而可以燒灼的部位告訴宗伯,而且又說龜甲靠近足部的地方比較高凸等等的話。 如今以出土的古龜來驗證,它們鑽、灼的地方,都在腹甲較粗糙的一面,而不在光滑的一面,恐怕是因為光滑面比較難燒灼的緣故。 而它的部位,有時在旁側,有時在中央,方式也不一定。 這又是可以根據親眼所見來補充經史缺漏的第二點。

　　第三點是占卜的日子。《龜策列傳》上記載禁止占卜的日子,有子、亥、戊三天不能占卜。 以現有的龜甲文字考證,在這三天中占卜的很多。 這恐怕是周代以後才有的禁忌,而今天出土的龜骨,是屬於夏、商兩代的原因吧? 這是可以補正史書記載的第三點。

　　第四點是利用骨頭占卜的起源。 古代經史沒有提到用骨頭占卜,只有楊方在《五經鉤淵》中提到東夷是利用牛骨占卜的。 以今日的古骨來考證,都是牛脛骨,而上面的文字又和龜甲文字相同,且同處出土,則龜、骨是同時代的東西毫無疑問。 由此可知在夏、商、周三代時,中國早就已用骨頭來占卜了,只是書籍遺失,沒有記載罷了。 這是可以補足經史遺漏的第四點。

　　至於龜、骨上文字的構造,和篆書有很大的不同,毫無疑問是太史籀以前的古代文字;而且也是這些龜和骨是夏、商兩代而不是周代之物的明證。《周官・占人》說:「凡是卜筮的完畢後,就繫上幣帛,寫上所要占卜的事,到年底時再計算其占卜的命中與否。」杜子

春說:「繫幣就是將占卜之辭寫在帛上,和龜甲綁在一起。」鄭玄則說:「卜筮完畢後,史官一定要將他用龜占問的事及所呈現的徵兆寫在竹片上,再綁上祭神用的幣帛而合併藏起來。」無論這方式是像杜子春所說的將占辭寫在帛上,和龜甲綁在一起;或是像鄭玄所說的寫占辭在竹片上,而與帛綁在一起。這些都足以證明周代人不是直接將占辭刻在龜甲上,是可以得知的。現在直接將文辭刻在龜甲上,不是周代人的制度而屬於夏、商兩代,也是顯而易見的了。除此而外,還有更堅強的證據,《史記‧龜策列傳》說:「夏、商的人,希望占卜時,才取來蓍草和龜甲,用完了就丟掉,認為龜甲藏了就會失去靈效,蓍草用久了就不神奇。至於周代的卜官,則經常將龜甲和蓍草珍藏起來。」由此可知,周人占卜,一片龜甲不止用一次,而現在將占辭直接刻在龜甲上,是只用一次就不再用,也可以得知了。這些都足以堅強有力地證明出土的龜甲和獸骨是屬於夏、商而不是周代的。鐵案如山,是不可能改變的。

　　光緒二十九年(一九〇三)夏天,將出土龜甲拓下,交付書局影印,大功告成之後,便援用經史的若干證據,略寫一些意見在後面,以備海內外的學者質問。秋八月,上虞羅振玉叔蘊寫於寓居的懷新小築。

(林保淳/編寫整理)

《民報》發刊詞

孫文

背景

　　一九〇五年，孫中山先生結合國內有志革命的各黨派，在東京成立了「中國革命同盟會」，揭櫫了三民主義及五權憲法的政治主張，作為革命的理論基礎；同時，在當年十二月廿一日，正式刊行《民報》，作為鼓吹革命的宣傳機關，社址便設在東京。

　　《民報》的出刊，對革命事業有相當大的裨助。一方面，它可以正面提出各種主張，以喚起國人注意，並與當時由梁啟超創辦的保皇黨刊物《新民叢報》相抗衡，在理論上抨擊保皇黨的謬誤。另一方面，由於《民報》薈萃了國內的人才，形成強而有力的體系，因此在宣揚革命意識上，富有更積極的力量。

　　當時陸續主持筆政的，都是一時之選，如陳天華、胡漢民、汪兆銘、章炳麟、宋教仁等，都足以振動一時的視聽。國人的觀念，為之一新。清廷在逐漸高漲的革命意識的壓力下，大為驚恐。在不得

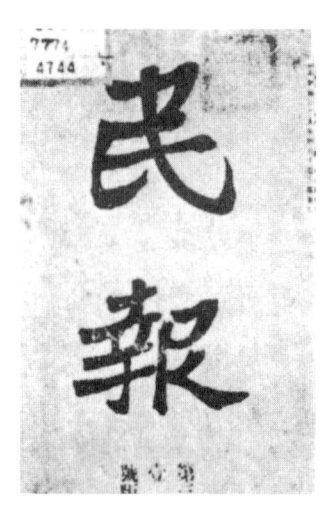

《民報》第一號刊頭

已之下,商請日本政府封閉報社。

　一九〇八年七月,日本政府應清廷之請,藉故封閉了《民報》,《民報》遂因而停刊。《民報》雖停刊,但兩年多來的努力,早已滲入了人心,革命的呼聲,在中國各地都已響徹雲霄。

影　響

　這篇文章是孫中山先生為《民報》所寫的發刊詞,正式提出了「三民主義」的政治主張。在三大主義中,孫先生高瞻遠矚地提出了「民生主義」的理論,認為「二十世紀不得不為民生主義之擅場時代」。這種超卓的識見,在方今民生問題依然成為一切問題根源的時代,更能看出其意義之非凡。

　孫先生所處的時代,正是西學東漸、全國都籠罩在一片歐風美雨浸淫下的時代,當時固然不乏一些有志之士,切切以富國圖強為念,援引了許多西方學說,以作改造中國的張本。但在孫先生眼中,他們其實對西方學說瞭解不深,而且最重要的是,未能考究國情的差異,做番斟酌損益的工夫,以適合中國人的需要,以致皆成了「見美服而求之,忘其身之未稱」的「囂聽」而已,未能達到拯救中國的效果。孫先生有鑑於此,遂融合中西學說的精華,獨創出其著名的三民主義和五權憲法。孫先生這套學說,雖未必盡善盡美,但較諸其他生吞活剝、罔顧歷史文化差異而大放厥詞的理論,卻是不可同日而語的。由於此學說,孫先生不但成為被舉世欽服的思想家,而且也為苦難的中國燃亮了一盞明燈,指引出一道向前邁進的坦坦大道!

原 文

　　近時雜誌之作者亦夥矣，姱詞以為美，囂聽而無所終，擿埴索塗，不獲則反覆其詞而自惑[1]。求其斟時弊以立言，如古人所謂對症發藥者，已不可見；而況夫孤懷宏識，遠矚將來者乎？夫繕群之道，與群俱進，而擇別取捨，惟其最宜。此群之歷史既與彼群殊，則所以掖而進之之階級，不無先後進止之別。由之不貳，此所以為輿論之母也[2]。

　　予維歐美之進化，凡以三大主義：曰民族，曰民權，曰民生。羅馬之亡，民族主義興，而歐美各國以獨立[3]。洎自帝其國，威行專制，在下者不堪其苦，則民權主義起。十八世紀之末，十九世紀之初，專制僕而立憲政體殖焉。世界開化，人智益蒸，物質發舒，百年銳於千載。經濟問題，繼政治問題之後，則民生主義躍躍然動，二十世紀不得不為民生主義之擅場時代也。是三大主義皆基本於民，遞嬗變易，而歐美之人種胥冶化焉。其他施維於小己大群之間，而成為故說者，皆此三者之充滿發揮而旁及者耳。

1　擿埴索塗：這是說盲人以手杖點地，摸索道路而行。揚雄《法言·修身》：「擿埴索塗，冥行而已。」擿，通「擲」，投的意思。埴是黏土的意思，借指土地而言。
2　由之不貳：依照這個道理去做而不疑惑。這裡指「先後進止」的程序而言。孫中山的基本主張是在採用西方制度的時候，必須斟酌國情，加以取捨損益，不能盲目移植。《民報》發表言論的標準，正基於此，所以下文說這是「輿論之母」。
3　羅馬之亡：西元前廿七年，屋大維創立羅馬帝國（Roman Empire），其後分為東、西二羅馬。西羅馬亡於西元四七六年，東羅馬亡於西元一四五三年。這裡主要指東羅馬帝國而言。

今者中國以千年專制之毒而不解，異種殘之，外邦逼之，民族主義、民權主義，殆不可以須臾緩。而民生主義，歐美所慮積重難返者，中國獨受病未深而去之易。是故或於人為既往之陳跡，或於我為方來之大患，要為繕吾群所有事，則不可不並時而弛張之[4]。嗟夫！所陟卑者，其所視不遠。遊五都之市，見美服而求之，忘其身之未稱也，又但以當前者為至美。近時志士，舌敝唇枯，惟企強中國以比歐美。然而，歐美強矣，其民實困。觀大同盟罷工與無政府黨、社會黨之日熾，社會革命其將不遠。吾國縱能媲跡於歐美，猶不能免於第二次之革命，而況追逐於人已然之末軌者之終無成耶？夫歐美社會之禍，伏之數十年，及今而後發見之，又不使之遽去。吾國治民生主義者發達最先，睹其禍害於未萌，誠可舉政治革命，社會革命，畢其功於一役，還視歐美，彼且瞠乎後也。

　　繫我祖國，以最大之民族，聰明強力，超絕等倫，而沉夢不起，萬事墮壞；幸為風潮所激，醒其渴睡。旦夕之間，奮發振強，勵精不已，則事半功倍，良非誇嫚。惟夫一群之中，有少數最良之心理，能策其群而進之，使最宜之治法，適應於吾群；吾群之進步，適應於世界，此先知先覺之天職，而吾《民報》所為作也。抑非常革新之學說，其理想輸灌於人心，而化為常識，則其去實行也近。吾於《民報》之出世覘之。

《孫中山全集》

---

4 不可不並時而弛張之：《禮記・雜記》：「張而不弛，文、武不能也；弛而不張，文、武弗為也。一張一弛，文、武之道也。」張指法令的嚴密，弛則指放鬆而言。在這裡是說推行民生主義的同時，要謹記西方的弊病，而有所興革，以免重蹈覆轍。

譯 文

　　最近在雜誌上發表議論的人已經很多了，他們以為美妙動聽的言辭就是好的，眾說紛紜而沒有固定的宗旨，就像盲人以手杖點地，摸索道路而行一樣，不但沒有什麼結果，而且說來說去，連自己都搞迷糊了。 想要在這些議論當中找到能夠斟酌當前的弊病而進言，像古人所謂的對症下藥的，已經很難了，更何況是那種有獨特的思想、宏大的見識，能夠遠觀未來的人呢？治理群眾的方法，要順應群眾的需要，和群眾共同邁進，而在選擇、辨別，或取或捨的時候，則要採取最適宜的方法。 這個群體的歷史既然不同於另外的群體，那麼用來引導他們前進的層次，也就不能沒有先後、快慢的區別了。 照著這個道理去做而不疑惑，正是輿論的根本。

　　我以為歐美各國的進步，一共有三大主義，就是民族、民權和民生主義。 羅馬帝國滅亡，民族主義隨之興起，而歐美各國便借此獨立。 等到實行帝國，以威力推行專制統治，百姓無法忍受壓迫的痛苦，於是民權主義興起。 十八世紀晚期、十九世紀初期，專制政體傾覆，而立憲政體成立了。 世界文化獲得開啟，人類智慧更加增進，物質發達，在一百年之間的發展，比從前一千年還要快速。 經濟問題緊接在政治問題之後發生，於是民生主義開始興起。 因此，二十世紀一定是民生主義特別興盛的時代。 這三大主義都是以人民為根本，在交替轉變之間，歐美的人們都受到了陶冶和教化。 其他用來維繫個人和群體之間的各種學說，而已經成為一種成說的，都是這三大主義充實發揮而造成的影響。

現在中國受到的千年以來專制政體的毒害尚未解除，異族迫害，外國侵略，民族主義和民權主義的推展是不能再遲延的了。而民生主義方面，歐美各國所憂慮的積重難返的弊病，中國卻受害不深而容易加以革除。因此，或者是他人已成為過去的問題，或者是我們將要面臨的大患，都是治理我們的國家所應注意的事，不能不同時加以興革。哎呀！爬得不高，看得不遠。到繁華的城市去遊玩，看到美麗的衣服就要了來，而忘記自己未必能適合，又誤認為目前所看到的就是最好的。近來的有志之士，苦口宣傳，連唇舌都說破，只是希望能使中國強盛起來，能和歐美各國相比。但是，歐美各國雖強盛，人民的生活卻很困苦。只要看看罷工和無政府黨、社會黨，一天比一天猖獗，就可以知道社會革命大概就要發生了。我國縱使在目前可以和歐美各國並駕齊驅，還是無法避免第二次的革命，何況只是跟隨在他人已失敗的途徑後面，是一定無法有所成就的！歐美社會的禍根，隱伏了數十年，到現在才發現，已不能很快地將它消除。我國研究民生主義最早、最發達，能在禍害尚未萌芽時及早發現，實在可以將政治革命、社會革命，在一次行動中一舉完成！回顧歐美各國，他們將遠遠落在我們後面。

　　我們的祖國，本是世界上最大的民族，聰明且有能力，是超過其他民族的，但卻沉睡不醒，一切事物都毀壞無餘；所幸為時代的潮流所刺激，將她自沉睡中喚醒。若能在很短的時間內，振作圖強，不停地奮鬥，那麼事半功倍的成效，實在不是欺人的大話。在一個群體之中，有少數最優秀的人才，能鼓舞群眾向前邁進，使最適當的治理方法，適用於整個群體；而我們整個群體的進步，又能順應於世界潮

流。這是先知先覺的人天賦的職責,也是我們《民報》創辦的原因。至於一種特殊的革命學說,若能將其理想灌輸於人心,使它變成普通的常識,那麼離實現也就不遠了。我願從《民報》的問世觀察到這一點。

（林保淳／編寫整理）

《宋元戲曲考》序

王國維

　　王國維（一八七七－一九二七），字靜安，號觀堂，浙江海寧人。他是清末民初著名的學者，無論在哲學、文學、古器物學上，皆有重大成就；尤其在文學方面，《人間詞話》的「境界說」及《〈紅樓夢〉評論》的「悲劇說」，都開啟了國人心目，使文學批評的見解有更上一層樓的認識；而其一系列有關戲曲的論著，更使沉埋已久的瑰寶，綻放出耀眼的光芒，直到現在，仍是中國文學研究的主要課題之一。因此，有人譽其為「文學革命的先驅者」。著有《觀堂集林》《宋元戲曲考》《人間詞話》《靜庵文集》等。

背　景

　　中國正統文人一向鄙夷戲曲、小說等俚俗不文的作品，只承認古文、詩賦等正統著作的文學地位。因此，從事這方面文學創作的文人，不是出之以「行有餘力」的態度，便是借此以糊口，談不上對它們有什麼正確的認識。至於載籍上有關書目的記錄不予收錄，則更是「正統」偏見作祟。

　　當然，在觀念層次上，這種做法自有其理由。但是，戲曲、小說這些「不登大雅之堂」的作品，無疑地也有其訴諸的對象及存在的理

由，只待時機成熟，就可以蛻變而躍升至更高的層次。王國維對戲曲的推崇和研究，正是使時機臻於成熟的媒介，故戲曲研究繼王國維之後，能蓬勃發展直到今日，而五四文學運動的健將，也都視其中的文字是自然、活潑而有魅力的語言。

五四新文學運動，雖說直接由胡適《文學改良芻議》所激生，但是，任何一種改革運動的迸發，其中必然經過一段潛藏的醞釀時期。我們若是將王國維在文學上的成就置於這個定點來評價，則《宋元戲曲考》一書，不但在闡揚、整理固有文化上有其一定的貢獻，同時更兼具了開創新局的先驅意義。

影　響

本文是《宋元戲曲考》的序，王國維在文中強調「一代之文學」的重要性，以及元人戲曲文字「自然」的特色，我們若持之與胡適著名的「八不主義」做比較，其針縷吻合之跡，了然可見；而且胡適更有意在未完成的《白話文學史》中闢專章介紹元代戲曲，更足以證明上述論點。就此而言，《宋元戲曲考》實際上可以視作新文學的一座橋樑，其意義是相當重大的。

原　文

凡一代有一代之文學：楚之騷，漢之賦，六代之駢語，唐之詩，宋之詞，元之曲，皆所謂一代之文學，而後世莫能繼焉者也。

獨元人之曲,為時既近,托體稍卑,故兩朝史志與《四庫》集部,均不著於錄;後世儒碩,皆鄙棄不復道[1]。而為此學者,大率不學之徒;即有一二學子,以餘力及此,亦未有能觀其會通、窺其奧窔者。遂使一代文獻,鬱堙沉晦者,且數百年,愚甚惑焉。

　　往者讀元人雜劇而善之,以為能道人情、狀物態,詞采俊拔,而出乎自然,蓋古所未有,而後人所不能髣髴也。輒思究其淵源,明其變化之跡,以為非求諸唐、宋、遼、金之文學,弗能得也,乃成《曲錄》六卷、《戲曲考原》一卷、《宋大曲考》一卷、《優語錄》二卷、《古劇腳色考》一卷、《曲調源流表》一卷。從事既久,續有所得,頗覺昔人之說,與自己之書,罅漏日多,而手所疏記,與心所領會者,亦日有增益。

　　壬子歲莫,旅居多暇,乃以三月之力,寫為此書。凡諸材料,皆餘所蒐集;其所說明,亦大抵余之所創獲也。世之為此學者自余始,其所貢於此學者,亦以此書為多。非吾輩才力過於古人,實以古人未嘗為此學故也。寫定有日,輒記其緣起,其有匡正補益,則俟諸異日云。

《宋元戲曲考》

譯文

　　各個時代都有各時代的代表文學,如:楚國的騷、漢朝的賦、六

---

[1] 托體稍卑:元曲的文字,大抵都俚俗不文,和正統文學的文章、詩賦之高古雅正,大異其趣,因此一般學者都很輕視它。王國維也承認元曲的文字的確有此缺點,所以說「托體稍卑」,但由於這是「出乎自然」的情感流露,因此更重視它的成就。

朝的駢體文、唐詩、宋詞及元代的戲曲，都是一個時代的代表文學，而後世的人是無法趕得上的。

其中唯獨元人的戲曲，由於時代距離較近，而且文字稍嫌俚俗不文，因此宋、元兩朝史書的《藝文志》及《四庫全書》的「集部」中，都不曾收錄；後世的學者也都甚為鄙夷，不肯談起。而從事於這門學問的人，又大都是不學無術之徒，即使有一二位學人，肯以餘力從事，也沒有人能夠融會貫通，明瞭其中的奧妙。遂使得一代的文獻，就此沉寂晦暗了將近好幾百年，我實在覺得很奇怪。

從前我在讀元人所作的雜劇時，發現它實在是不可多得的好文章，覺得它能夠將人的感情及事物的狀態形容得淋漓盡致，文詞也俊逸挺拔，而一切都是自然而然的流露，實在是自古以來所未曾見過，而後人無法模仿其萬一的。因而常希望能考究出它的淵源，探明它變化的過程，而認為若不從唐、宋、遼、金各朝代的文學作品中去研討，是不可能獲致結論的，於是完成了《曲錄》六卷、《戲曲考原》一卷、《宋大曲考》一卷、《優語錄》二卷、《古劇腳色考》一卷、《曲調源流表》一卷。研究久了之後，漸漸地有新的心得，頗覺前人的說法，和自己所作的書，漏洞很多，而我親手作的筆記和心中的領悟也一天天地增加了。

壬子年（民國元年，一九一二）歲暮，由於旅居在外，閒暇稍多，便花了三個月的時間和精力，寫出了這本書。其中所有的資料，都是我自己收集的；而所作的說明，也大多是自己獨創的見解。當今從事這門學問，可以說是從我開始；而能對這門學問有較大貢獻的，也以這本書為多。這並非我的才能智慧超過古人，實在是因為古人不

曾做深入的研究呀！這本書寫成已有一段時日了，因而略述其著書的緣由。其中若有需要修正補充的地方，則有待於來日了。

（林保淳／編寫整理）

異哉所謂國體問題者

梁啟超

背景

　　一九一五年，袁世凱密謀恢復帝制，又恐滋物議，遂一方面大量剷除異己，置換或暗殺國民黨要員；一方面企圖勾結日本為外援，簽訂了相當苛刻的「二十一條」條約。同時，又偽造民意，授意其美籍顧問古德諾發表了《共和與君主論》一文，倡言共和之制不適合中國國情，應改行帝制為宜；並由楊度聯絡了劉師培、嚴復兩位學者及失意的國民黨元老李燮和、孫毓筠、胡瑛，組成了「籌安會」，以討論國體為藉口，暗地裡鼓吹帝制。一時之間，帝制的呼聲響徹雲霄。

　　在袁世凱幕後操縱之下，遂有所謂「全國請願聯合會」的動作，同時，十一月十五日國會投票結果，一九九三名代表，「一致贊成」君主立憲，推戴袁世凱為「中華帝國皇帝」。十二月十二日，袁世凱正式承認帝制，改元洪憲，大事封爵。

　　消息傳出，各省督軍多持反對意見，紛紛通電北京，勸袁世凱取消帝制，恢復共和政體。袁世凱自然不願意，並準備以武力壓迫反對者。於是，各省紛紛宣告獨立，其中尤以唐繼堯、李烈鈞、蔡鍔的「中華民國護國軍」聲勢最大，展開了「倒袁」的行動。

　　在「籌安會」組成之前，梁啟超已聞風聲，遂約馮國璋（華甫）

入京,預備據理力爭。袁世凱在二人之前矢志不當皇帝,馮國璋以此言登諸報刊,以為帝制之議已寢擱了。沒想到事隔一月,竟有「籌安會」出現。梁啟超憤怒之餘,便作了這篇著名的《異哉所謂國體問題者》。

影 響

　　這篇長文,就國體、政體的區別,在理論上給予「籌安會」強力的反擊。在文章未發表前,袁世凱聞得消息,派人威脅利誘,希望梁啟超將此文燒毀。梁啟超不為所動,徑行發表,對袁世凱造成相當大的威脅。在發表此文前,梁啟超心知袁世凱必將稱帝,於是命其弟子蔡鍔,先與袁氏虛與委蛇,趁間逃出北京,回到雲南,組織反袁的軍力。梁啟超也於十二月十八日潛逃至上海,隨後轉赴廣西,策動反袁工作。護國軍的成立,梁啟超也頗有功勞。

　　在北方軍隊作戰失利的窘境下,外國(尤其是日本)對袁世凱的支持也轉弱了;再加上袁世凱的主將馮國璋、段祺瑞也不表贊成,迫不得已,乃在一九一六年三月廿二日下令撤銷帝制,算是結束了僅僅八十多天的「中華帝國」國祚。六月六日,袁世凱憂愧而卒,結束了他的一生,也開啟了北洋軍閥爭權奪利的混亂局面。本文對這個局面的形成應有直接且具關鍵性的影響。

原 文

　　秋霖腹疾，一臥兼旬，感事懷人，百念灰盡。而戶以外甚囂塵上，慸然以國體問題聞。以厭作政談如鄙人者，豈必更有所論列？雖然，獨於茲事，有所不容已於言也。乃作斯篇。

　　吾當下筆之先，有二義當為讀者告：其一，當知鄙人原非如新進耳食家之心醉共和，故於共和國體非有所偏愛，而於其他國體非有所偏惡。鄙人十年來夙所持論，可取之以與今日所論相對勘也。其二，當知鄙人又非如老輩墨守家之斷爭朝代，首陽蕨薇，魯連東海，此個人各因其地位而謀所以自處之道則有然，若放眼以觀國家尊榮危亡之所由，則一姓之興替，豈有所擇[1]？先辨此二義以讀吾文，庶可以無蔽而邇於正鵠也。

　　吾自昔常標一義以告於眾，謂吾儕立憲黨之政論家，只問政體，不問國體。驟聞者或以此為取巧之言，不知此乃政論家當恪守之原則，無可逾越也。蓋國體之為物，既非政論家之所當問，尤非政論家之所能問。何以

《異哉所謂國體問題者》書影

---

[1] 「首陽蕨薇」二句：這裡用伯夷、叔齊恥食周粟，隱居首陽山，採薇而食；以及魯仲連寧可蹈東海而死，也義不帝秦的典故，表示梁啟超當初之加入「保皇黨」，及今日之反對帝制，都不是為了「一姓之興替」，而是為了「國家尊榮危亡」。

言乎不當問？當國體彷徨歧路之時，政治之一大部分，恆呈中止之狀態，殆無復政象之可言，而政論更安所麗？苟政論家而牽惹國體問題，故導之以入彷徨歧路，則是先自壞其立足之礎，譬之欲陟而捐其階，欲渡而捨其舟也。故曰不當問也。何以言乎不能問？凡國體之由甲種而變為乙種，或由乙種而復變為甲種，其驅運而旋轉之者，恆存夫政治以外之勢力。其時機未至耶？絕非緣政論家之贊成所能促進。其時機已至耶？又絕非緣政論家之反對所能制止。以政論家而容喙於國體問題，實不自量之甚也。故曰不能問也。豈惟政論家為然，即實行之政治家亦當有然。常在現行國體基礎之上，而謀政體政象之改進，此即政治家唯一之天職也。苟於此範圍外越雷池一步，則是革命家之所為，非堂堂正正之政治家所當有事也。其消極的嚴守之範圍，則既若是矣；其積極的進取之範圍，則亦有焉。在甲種國體之下為政治活動，在乙種反對國體之下，仍為同樣之政治活動，此不足成為政治家之節操問題。惟犧牲其平日政治上之主張，以售易一時政治上之地位，斯則成為政治家之節操問題耳！是故不問國體，只問政體之一大義，實徹上徹下，而政治家所最宜服膺也。

夫國體本無絕對之美，而惟以已成之事實，為其成立存在之根源，欲憑學理為主奴，而施人為的取捨於其間，寧非天下絕癡妄之事？僅癡妄猶未足為深病也，惟於國體挾一愛憎之見，而以人為的造成事實，以求與其愛憎相應，則禍害之中於國家，將無已時。故鄙人生平持論，無論何種國體，皆非所反對，惟在現行國體之下，而思以言論鼓吹他種國體，則無論何時皆反對之。昔吾對於在君主國體之下而鼓吹共和者，嘗施反對矣。吾前後關於此事之辯論，殆不下二十

萬言。直至辛亥革命既起,吾於其年九月,猶著一小冊,題曰《新中國建設問題》,為最後維持舊國體之商榷。吾果何愛於其時之皇室者?彼皇室之傮辱我,豈猶未極?苟微革命,吾至今猶為海外之傮民耳!復次,當時皇室政治,種種予人以絕望,吾非童騃,吾非聾瞶,何至漫無感覺?顧乃冒天下之大不韙,思為彼勻垂絕之命,豈有他哉?以為若在當時現行國體之下,而國民合群策,合群力,以圖政治之改革,則希望之遂,或尚有其期;舊國體一經破壞,而新國體未為人民所安習,則當驟然蛻變之數年間,其危險苦痛,將不可思議。不幸,則亡國恆於斯;即幸而不亡,而緣此沮政治改革之進行,則國家所蒙損失,已何由可贖?嗚呼!前事豈復忍道?吾請國中有心人,試取甲辰、乙巳兩年《新民叢報》中之拙著,一覆觀之,凡辛亥迄今數年間,全國民所受之苦痛,何一不經吾當時層層道破?其惡現象循環迭生之程序,豈有一焉能出吾當時預言之外?然而大聲疾呼,垂涕婉勸,遂終無福命以荷國民之嘉納,而變更國體所得之結果,今則既若是矣!

今喘息未定,而第二次變更國體之議又復起,此議起因之真相何在?吾未敢深知。就表面觀之,乃起於美國博士古德諾氏一席之談話。古氏曾否有此種主張,其主張之意何在,亦非吾所敢深知(古氏與某英文報記者言,則謂並未嘗有此主張云)。顧吾竊有惑者,古氏論中各要點,若對於共和君主之得失,為抽象的比較,若論國體須與國情相適,若歷舉中美、南美、墨、葡之覆轍,凡此諸義,本極普通,非有甚深微妙,何以國中政客如林,學士如鯽,數年之間,並此淺近之理論事實而無所覺識,而至今乃忽借一外國人之口以為重?吾

實惑之。若曰此義非外國博士不能發明耶，則其他勿論，即如鄙人者，雖學識譾陋，不逮古博士萬一；然博士今茲之大著，直可謂無意中與我十年舊論同其牙慧，特其透闢精悍，尚不及我十分之一、百分之一耳！此非吾妄自誇誕，坊間所行《新民叢報》《飲冰室文集》《立憲論與革命論之激戰》《新中國建設問題》等，不下百數十萬本，可覆按也。獨惜吾睛不藍、吾髯不赤，故吾之論宜不為國人所傾聽耳！

夫孰謂共和利害之不宜商榷？然商榷自有其時，當辛亥革命初起，其最宜商榷之時也。過此以往，則殆非復可以商榷之時也。（湖口亂事繼起，正式大總統未就任，列國未承認共和時，或尚有商榷之餘地，然亦僅矣！）當彼之時，公等皆安在？當彼之時，世界學者比較國體得失之理論，豈無一著述足供參考？當彼之時，美、墨各國豈皆太平宴樂，絕無慘狀呈現，以資我高抬貴手？當彼之時，迂拙愚戇如鄙人者，以羈泊海外之身，憂共和之不適，著論騰書，淚枯血盡（吾生平書札不存稿，今無可取證，然得吾書者，當自知之。吾當時有詩雲「報楚志易得，存吳計恐疏」，又雲「茲梧安可觸，弛恐難復張」，又雲「讓皇居其所，古訓聊可式」，自餘則有數論寄登群報也）。而識時務之俊傑，方日日以促進共和為事，謂共和為萬國治安之極軌，謂共和為中國歷史所固有也。

嗚呼！天下重器也，可靜而不可動也，豈其可以翻覆嘗試，廢置如弈棋，謂吾姑且自埋焉，而預計所以自扣之也？譬諸男女婚媾，相攸伊始，宜慎之又慎，萬不可孟浪以失身於匪人，倘蹈危機，則家族親知，臨事犯顏以相匡救，宜也。當前此饒有審擇餘地之時，漫置不省，相率慫恿，以遂苟合，及結縭已歷年所，乃曰聒於其旁曰：

「汝之所天,殊不足以仰望而終身也。」愛人以德,宜如是耶?夫使共和而誠足以亡國也,則須知當公等興高采烈,以提倡共和、促進共和之日,即為陷中國於萬劫不復之時。諺有之:「既有今日,何必當初。」人生幾何,造一次大罪孽,猶以為未足,忍又從而益之也?夫共和之建,曾幾何時?而謀推翻共和者,乃以共和元勳為之主動,而其不識時務,猶稍致留戀於共和者,乃反在疇昔反對共和之人[2]。天下怪事,蓋莫過是,天下之可哀,又莫過是也!

今之論者則曰:「與其共和而專制,孰若君主而立憲?」夫立憲與非立憲,則政體之名詞也;共和與非共和,則國體之名詞也。吾儕平昔持論,只問政體,不問國體。故以為政體誠能立憲,則無論國體為君主、為共和,無一而不可也;政體而非立憲,則無論國體為君主、為共和,無一而可也。國體與政體,本截然不相蒙,謂欲變更政體,而必須以變更國體為手段,天下寧有此理論!而前此論者,謂君主決不能立憲,惟共和始能立憲(吾前此與革命黨論戰時,彼黨持論如此),今茲論者,又謂共和決不能立憲,惟君主始能立憲。吾誠不知其據何種理論以自完其說也。吾今請先與論者確定立憲之界說,然後徐察其論旨之能否成立。所謂立憲者,豈非必有監督機關與執行機關相對峙,而政體之行使,常蒙若干之限制耶?所謂君主立憲者,豈非以君主無責任為最大原則,以建設責任內閣為必要條件耶?既認定

---

2 乃以共和元勳為之主動:「籌安會六君子」中,李燮和、胡瑛、孫毓筠三人,都是國民黨黨員,在武昌革命時,曾立下不少汗馬功勞,因此梁啟超頗有啼笑皆非的感受。因為他們當時立志推翻專制,曾力斥「保皇黨」的意見,如今卻一反過去的所作所為,擁立袁世凱專制稱帝;而當初「保皇黨」的健將,反而大力反對推翻共和。梁啟超說「天下怪事,蓋莫過是」,政治的雨覆雲翻,確實令人難以臆度。

此簡單之立憲界說，則更須假定一事實，以為論辯之根據。吾欲問論者，以將來理想上之君主為何人？更質言之，則其人為今大總統耶？抑於今大總統以外，而別熏丹穴以求得之耶？（今大總統不肯帝制自為，既屢次為堅決之宣言，今不過假定以資辯論耳。不敬之罪，吾所甘受也。）如曰別求得其人也，則將置今大總統於何地？大總統盡瘁國事既久，苟自為計者，豈不願速釋此重負，頤養林泉？試問我全國國民能否容大總統以自逸？然則將使大總統在虛君之下，而組織責任內閣耶？就令大總統以國為重，肯降心相就，而以全國托命之身，當議會責任之沖，其危險又當何若？是故於今大總統以外，別求得君主，而謂君主立憲，即可實現，其說不能成立也。如曰即戴今大總統為君主也，微論我大總統先自不肯承認也，就令大總統為國家百年大計起見，甘自犧牲一切以徇民望，而我國民所要求於大總統者，豈希望其作一無責任之君主？夫無責任之君主，歐美人常比諸受豢之肥腯耳，優美崇高之裝飾品耳。以今日中國萬急之時局，是否宜以如此重要之人，投諸如此閒散之地？藉曰今大總統不妨為無責任之君主也，而責任內閣之能否成立、能否適用，仍是一問題。非謂大總統不能容責任內閣生存於其下也，現在國中欲求具此才能資望之人，足以代元首負此責者，吾竟苦未之見。蓋今日凡百艱巨，非我大總統自當其沖，雲誰能理？任擇一人而使之代大總統負責，微論其才力不逮也，而威令先自不行。昔之由內閣制而變為總統制，蓋適應於時勢之要求，而起廢之良藥也。今後一兩年間之時勢，豈能有以大異於前？而謂國體一更，政制即可隨之翻然而改，非英雄欺人之言，即書生迂闊之論耳！是故假定今大總統肯為君主，而謂君主立憲，即可實現，其

說亦不能成立也。

　　然則今之標立憲主義以為國體論之護符者,除非其於「立憲」二字別有解釋,則吾不敢言。夫前清之末葉,則固自謂立憲矣,試問論者能承認否?且吾欲問論者,挾何券約,敢保證國體一變之後,而憲政即可實行而無障?如其不然,則仍是單純之君主論,非君主立憲論也。既非君主立憲,則其為君主專制,自無待言。不忍於共和之敝,而欲以君主專制代之,謂為良圖,實所未解。今在共和國體之下而暫行專制,其中有種種不得已之理由,犯眾謗以行之,尚能為天下所共諒。今如論者所規劃,欲以立憲政體與君主國體為交換條件,使其說果行,則當國體改定伊始,勢必且以實行立憲,宣示國民,宣示以後,萬一現今種種不得已之理由者,依然存在,為應彼時時勢之要求起見,又不得不仍行專制,吾恐天下人遂不復能為元首諒矣!夫外蒙立憲之名,而內行非立憲之實,此前清之所以崩頹也。《詩》曰:「殷鑒不遠,在夏後之世。」論者其念諸!

　　且論者如誠以希求立憲為職志也,則曷為在共和國體之下,不能遂此希求,而必須行曲以假塗於君主?吾實惑之。吾以為中國現在不能立憲之原因,蓋有多種,或緣夫地方之情勢,或緣夫當軸之心理,或緣夫人民之習慣與能力。然此諸原因者,非緣因行共和而始發生,即不能因非共和而遂消滅。例如上自元首,下及中外、大小獨立官署之長官,皆有厭受法律束縛之心,常感自由應付為便利,此即憲政一大障礙也。問此於國體之變不變有何關係也?例如人民絕無政治興味,絕無政治智識,其道德及能力,皆不能組織真正之政黨,以運用神聖之議會,此又憲政一大障礙也。問此於國體之變不變有何關係

也？諸類此者，若令吾悉數之，將累數十事而不能盡，然皆不能以之府罪於共和，甚章章也。而謂共和時代不能得者，一入君主時代即能得之，又謂君主時代能得者，共和時代決不能得之，以吾之愚，乃百思不得其解。吾以為中國而思實行立憲乎，但求視新約法為神聖，字字求其實行，而無或思遁於法外；一面設法多予人民以接近政治之機會，而毋或壅其智識，閼其能力，挫其興味，壞其節操，行之數年，效必立見。不此之務，而徒以現行國體為病，此朱子所謂「不能使船嫌溪曲」者也。

　　主張變更國體者最有力之論據，則謂當選舉總統時易生變亂。此誠有然，吾十年來不敢輕於附和共和，則亦以此。論者如欲自伸其現時所主張以駁詰我，吾勸其不必自行屬稿，不如轉錄吾舊著，較為痛快詳盡也。今幸也茲事既已得有比較的補救良法。蓋新頒之大總統選舉法，事實上已成為終身總統制，則今大總統健在之日，此種危險問題，自末由發生。所憂者，乃在今大總統千秋萬歲後事耳。夫此事則豈復國民所忍言。然人生血肉之軀，即上壽亦安能免？固無所容其忌諱。今請遂為毋諱之言。吾以為若天佑中國，今大總統能更為我國盡瘁至十年以外，而於其間整飭紀綱，培養元氣，固結人心，消除隱患，自茲以往，君主可也，共和亦可也；若昊天不弔，今大總統創業未半，而遽奪諸國民之手，則中國惟有糜爛而已，雖百變其國體，夫安有幸？是故將來中國亂與不亂，全視乎今大總統之壽命與其禦宇期內之所設施，而國體無論為君主、為共和，其結果殊無擇也。聞者猶有疑乎？請更窮其事理以質言之。夫君主共和之異，則亦在元首繼承法而已。此種繼承法，雖今元首在世時制定之，然必俟今元首即世

時而始發生效力,至易見也。彼時所發生之效力,能否恰如所期,則其一,當視前元首生前之功德威信,能否及於身後;其二,當視彼時有無梟雄跋扈之人,其人數之多寡,其所憑藉是否足以持異議。吾以為立此標準以測將來,無論為君主、為共和,其結果常同一也。現行大總統選舉法,規定後任大總統應由前任大總統推薦,預出其名以藏諸石室金匱。使今大總統一面崇閎其功德,而鞏固其威信,令國人心悅誠服,雖百世之後,猶尊重其遺令而不忍悖;一面默察將來易於釀亂之種子在何處,思所以預防而消弭之。其種子存乎制度上耶,則改其制度,毋使為野心家之資;其種子存乎人耶,則裁抑其人,導之以正,善位置而保全之,毋使陷於不義(即漢光武、宋太祖優待功臣之法)。更一面慎擇可以付託大業之人(依大總統選舉法,無論傳賢傳子,純屬前任大總統之自由也),試以大任以養其望,假以實力以重其威,金匱中則以其名袞然居首,而隨舉不足重輕之二人以為之副而已。如是,則當啟匱投票之時,豈復有絲毫紛爭之餘地?代代總統能如是,雖行之數百年不敝可也。而不然者,則區區紙片上之皇室典範,抑何足恃?試歷覽古來帝王家之掌故,其陳屍在堂、稱戈在闕者,又何可勝數?從可知國家安危治亂之所伏,固別有在,而不在憲典形式上之共和君主明矣!論者盛引墨西哥之五總統爭立,及中美、南美、葡萄牙之喪亂,以為共和不如君主之鐵證,推其論指,得毋謂此諸國者,苟變其國體為君主,而喪亂遂可以免也?吾且詰彼,彼爹亞士之統治墨西哥三十年矣,而今歲五月(月分記不確)始客死於外,使因總統繼承問題而致亂,則亂宜起於今年耳。若謂國體果為君主,斯可以毋亂,且使爹亞士當三十年前,而有如古德諾者以為之提

示，有如籌安會者以為之鼓吹，而爹氏亦憪然從之，以制定其皇室典範，則墨人宜若可以長治久安，與天同壽矣。而豈知苟爾爾者，則彼之皇室典範未至發生效力時，彼自身先已遜荒於外，其皇室典範，猶廢紙也。夫及身猶不能免於亂，而謂死後恃一紙皇室典範可以已亂，五尺之童，有以知其不然矣！故墨西哥之必亂，無論為共和、為君主，其結果皆同一也。所以者何？爹亞士假共和之名，行專制之實，在職三十年，不務培養國本，惟汲汲為固位之計，擁兵自衛，以劫持其民；又慮軍隊之驕橫，常挑間之，使互相反目，以遂己之操縱，摧鋤異己，惟力是視；其對於愛國之士，或賄收以變其節，或暗殺以戕其生；又好鋪張門面，用財如泥，外則廣借外債，內則橫徵暴斂，以至民窮財盡，無可控訴。吾當十年前嘗評爹氏為並時無兩之怪傑，然固已謂彼死之後，洪水必來，墨民將無噍類矣（此皆吾十年前評爹氏之言，嘗見於《新民叢報》及《新大陸遊記》，非今日於彼敗後而始非訾之也。吾友湯覺頓亦嘗著一文，述爹氏之政治罪惡，其言尤為詳盡，見《國風報》。湯文出版時，墨亂方始起也）。由爹氏之道以長國家，幸而托於共和之名，猶得竊據三十年，易以君主，恐其亡更早矣。中美、南美諸國亦然。歷代總統，皆以武力為得位之階梯，故武力相尋無已時，共和不適，固不失為致亂之一原因，若謂此為唯一之原因，吾有以明其不然矣。若葡萄牙改共和後不免於亂，斯固然也。然彼非因亂又何以成共和？前此亂時，其國體非君主耶？謂共和必召亂，而君主即足以致治，天下寧有此論理？波斯非君主國耶？土耳其非君主國耶？俄羅斯非君主國耶？試一翻其近數十年之歷史，不亂者能有幾稔？彼曾無選舉總統之事，而亦如此，則何說也？我國五胡十

六國、五代十國之時，亦曾無選舉總統之事，而喪亂慘酷，一如墨、美，則又何說也？凡立論者，須徵引客觀之資料，不能專憑主觀的愛憎，以為去取。果爾者，不能欺人，徒自蔽耳。平心論之，無論何種國體，皆足以致治，皆足以致亂。治亂之大原，什九恆繫於政象，而不繫於國體。而國體與國情不相應，則其導亂之機括較多且易，此無可為諱也。故鄙人自始不敢妄倡共和，至今仍不敢迷信共和，與公等有同情也。顧不敢如公等之悍然主張變更國體者，吾數年來，懷抱一種不能明言之隱痛深慟，常覺自辛亥壬子之交，鑄此一大錯，而中國前途之希望，所餘已復無幾。蓋既深感共和國體之難以圖存，又深感君主國體之難以規復，是用怵惕彷徨，憂傷憔悴。往往獨居深念，如發狂瘍，特以舉國人方皆心灰意盡，吾何必更增益此種楚囚之態？故反每作壯語以相煦沫，然吾力已幾於不能自振矣。吾友徐佛蘇當五六年前，常為我言，謂中國勢不能不革命，革命勢不能不共和，共和勢不能不亡國。吾至今深味其言，欲求所以被此妖讖者，而殊苦無術也。夫共和國體之難以圖存，公等當優能言之矣。吾又謂君主國體之難以規復者，則又何也？蓋君主之為物，原賴歷史習俗上一種似魔非魔的觀念，以保其尊嚴。此種尊嚴，自能於無形中發生一種效力，直接間接以鎮福此國。君主之可貴，其必在此。雖然，尊嚴者不可褻者也，一度褻焉，而遂將不復能維持。譬諸范雕土木偶，名之曰神，舁諸閟殿，供諸華龕，群相禮拜，靈應如響。忽有狂生，拽倒而踐踏之，投諸溷渝，經旬無朕。雖復舁取以重入殿龕，而其靈則已渺矣。自古君主國體之國，其人民之對於君主，恆視為一種神聖，於其地位不敢妄生言思擬議，若經一度共和之後，此種觀念，遂如斷者之不可

復續。試觀並世之共和國,其不患苦共和者有幾,而遂無一國焉能有術以脫共和之軛,就中惟法國共和以後,帝政兩見,王政一見,然皆不轉瞬而覆也。則由共和復返於君主,其難可想也。我國共和之日雖曰尚淺乎,然醞釀之則既十餘年,實行之亦既四年。當其醞釀也,革命家醜詆君主,比諸惡魔,務以減殺人民之信仰,其尊嚴漸褻,然後革命之功乃克集也。而當國體驟變之際與既變之後,官府之文告,政黨之宣言,報業之言論,街巷之談說,道及君主,恆必以惡語冠之、隨之,蓋尊神而入溷廁之日久矣。今微論規復之不易也,強為規復,欲求疇昔尊嚴之效,豈可更得?復次,共和後規復君主,以舊王統復活為勢最順,使前清而非有種族嫌疑,則英之查理第二、法之路易第十八,原未嘗不可出現於我國,然滿洲則非其倫也。若新建之皇統,則非經若干年之艱難締構,功德在民,其克祈永命者希矣。是故吾數年來,獨居深念,亦私謂中國若能復返於帝政,庶易以圖存而致強。而欲帝政之出現,惟有二途:其一,則今大總統內治修明之後,百廢具興,家給人足,整軍經武,嘗膽臥薪,遇有機緣,對外一戰而霸;功德巍巍,億兆敦迫,受茲大寶,傳諸無窮。其二,則經第二次大亂之後,全國鼎沸,群雄割據,翦滅之餘,乃定於一。夫使出於第二途耶,則吾儕何必作此祝禱?果其有此,中國之民無孑遺矣。而戡定之者,是否為我族類,益不可知,是等於亡而已。獨至第一途,則今正以大有為之人,居可有為之勢,稍假歲月,可冀旋至而立有效。中國前途一線之希望,豈不在是耶?故以謂吾儕國民之在今日,最宜勿生事以重勞總統之廑慮,俾得專精一慮,為國家謀大興革,則吾儕最後最大之目的,庶幾有實現之一日。今年何年耶?今日何日耶?大難甫

平，喘息未定，強鄰脅迫，吞聲定盟，水旱癘蝗，災區遍國。嗷鴻在澤，伏莽在林，在昔哲後，正宜撤懸避殿之時，今獨何心，乃有上號勸進之舉？夫果未熟而摘之，實傷其根；孕未滿而催之，實戕其母。吾疇昔所言中國前途一線之希望，萬一以非時之故，而從茲一蹶，則倡論之人，雖九死何以謝天下？願公等慎思之。

《詩》曰：「民亦勞止，汔可小息。」自辛亥八月迄今，未盈四年，忽而滿洲立憲，忽而五族共和；忽而臨時總統，忽而正式總統；忽而制定約法，忽而修改約法；忽而召集國會，忽而解散國會；忽而內閣制，忽而總統制；忽而任期總統，忽而終身總統；忽而以約法暫代憲法，忽而催促制定憲法。大抵一制度之頒，行之平均不盈半年，旋即有反對之新制度起而推翻之。使全國民彷徨迷惑，莫知適從，政府威信，掃地盡矣。今日對內對外之要圖，其可以論列者不知凡幾，公等欲盡將順匡救之職，何事不足以自效，何苦無風鼓浪，興妖作怪，徒淆民視聽，而詒國家以無窮之戚也？

吾言幾盡矣，惟更有一二義宜為公等忠告者。公等主張君主國體，其心目中之將來君主為誰氏，不能不求公等質言之。若欲求諸今大總統以外耶，則今大總統朝甫息肩，中國國家暮即屬纊[3]。以公等之明，豈其見不及此？見及此而猶作此陰謀，寧非有深仇積恨於國家，必絕其命而始快？此四萬萬人所宜共誅也。若即欲求諸今大總統耶，今大總統即位宣誓之語，上以告皇天后土，下則中外含生之儔，實共聞之。年來浮議漸興，而大總統偶有所聞，輒義形於色，謂無論若

---

3 屬纊：人將死之前，以棉絮置放鼻前，以待其氣絕，叫「屬」，這裡借指國家將要滅亡。

何敦迫,終不肯以奪志[4]。此凡百僚從容瞻觀者所常習聞,即鄙人固亦歷歷在耳。而馮華甫上將且為余述其所受誥語,謂已備數椽之室於英倫,若國民終不見捨,行將以彼土作汶上[5]。由此以談,則今大總統之決心,可共見也。公等豈其漫無所聞,乃無端而議此非常之舉耶?設念及此,則侮辱大總統之罪,又豈擢發可數?此亦四萬萬人所宜共誅也。

　　復次,公等曾否讀約法?曾否讀暫行刑律?曾否讀結社集會法?曾否讀報律?曾否讀一年來大總統關於淆亂國體懲儆之各申令?公等又曾否知為國民者,應有恪遵憲典法令之義務?乃公然在輦轂之下,號召徒眾,煽動革命(凡謀變更國體則謂之革命,此政治學之通義也),執法者憚其貴近,莫敢誰何,而公等乃益白晝橫行,無復忌憚。公等所籌將來之治安如何,吾不敢知,而目前之紀綱,則既被公等破壞盡矣。如曰無紀綱而可以為國也,吾復何言?如其否也,則請公等有以語我來。且吾更有願為公等進一解者,公等之倡此議,其不願徒托諸空言甚明也,其必且希望所主張者能實見施行。更申言之,則希望其所理想之君主國體一度建設,則基業永固,傳諸無窮也。夫此基業果遵何道,始能永固以傳諸無窮?其必自國家機關令出惟行,朝野上下守法如命。今當開國承家伊始,而首假途於犯法之舉動以為

4　終不肯以奪志:民國三年(一九一四)十一月二十四日,袁世凱下令:「民主共和,載在《約法》,邪詞惑眾,厥有常刑;嗣後如有造作讕言,紊亂國憲者,即照內亂罪從嚴懲辦。」但只是故作姿態而已。梁啟超豈會不知道?只是不好直接點破,留下轉圜的餘地而已。

5　汶上:此語出自《論語‧雍也》:「季氏使閔子騫為費宰。閔子騫曰:『善為我辭焉,如有複我者,則吾必在汶上矣。』」因此後來便將「汶上」一詞當作辭去國事,逍遙自樂的地方。

資,譬諸欲娶婦者,橫挑人家閨闥,以遂苟合,曰但求事成,而節操可毋沾沾也。則其既為吾婦之後,又有何詞以責其不貞者?今在共和國體之下,而曰可以明目張膽集會結社,以圖推翻共和,則他日在君主國體之下,又曷為不可以明目張膽,集會結社以圖推翻君主?使其時復有其他之博士,提示別種學說,有其他之團體,希圖別種活動,不知何以待之?《詩》曰:「毋教猱升木,如塗塗附。」謀國者而出於此,其不智不亦甚耶!孟子曰:「君子創業垂統,為可繼也。」以不可繼者詔示將來,其不祥不亦甚耶!昔干令升作《晉紀總論》,推原司馬氏喪亂之由,而嘆其創基植本異於三代。陶淵明之詩亦曰:「本不植高原,今日復何悔?」嗚呼!吾觀於今茲之事,而隱憂乃無極也!

　　孟子曰:「予豈好辯哉!予不得已也。」以生平只問政體,不問國體如鄙人者,曷為當前此公等第一次主張變更國體時,而復嘵嘵取厭?當今日公等第二次主張變更國體時,而復嘵嘵取厭?夫變更政體,則進化的現象也;而變更國體,則革命的現象也。進化之軌道,恆繼之以進化;而革命之軌道,恆繼之以革命。此徵諸學理有然,徵諸各國前事亦什九皆然也。是故,凡謀國者必憚言革命,而鄙人則無論何時,皆反對革命。今日反對公等之君主革命論,與前此反對公等之共和革命論,同斯職志也。良以中國今日當元氣凋敝,汲汲顧影之時,竭力栽之,猶懼不培,並日理之,猶懼不給,豈可復將人才日力耗諸無用之地,日擾擾於無足重輕之國體,而阻滯政體改革之進行?徒阻滯進行,猶可言也,乃使舉國人心惶惶,共疑駭於此種翻雲覆雨之局,不知何時焉而始能稅駕,則其無形中之新喪,所損失云何

能量?《詩》曰:「嗟我兄弟,邦人諸友,莫肯念亂,誰無父母?」嗚呼!論者其念之哉!其念之哉!

或曰:「革命者,事實之不得已也。天下惟已成之事實為不可抗,吾子疇昔抗之不已,以自取僇辱,今何必復爾爾者?」惟然,吾固知之。然使吾捐棄吾良心之所主張,吾之受性,實有所不能。故明知其無益焉,而不能以自已也。屈原齎志於汨羅。而賈生損年於墮馬。問其何以然?恐非惟不能喻於人,抑亦不自喻也。吾昔曾有詩云:「十年以後當思我,舉國猶狂欲語誰?」吾生平之言亦多矣,大抵言之,經十年之後,未有不繫人懷思者。然非至十年以後,則終無道以獲國人之傾聽。其為吾之不幸耶?其為國家之不幸耶?嗚呼!吾願自今十年之後,國人毋復思吾今日之言,則國家無疆之休焉耳!

附言:

吾作此文既成後,得所謂「籌安會」者,寄示楊度氏所著《君憲救國論》。偶一翻閱,見其中有數語云:「蓋立憲者,國家有一定之法制,自元首以及國人,皆不能為法律外之行動。賢者不能逾法律而為善,不肖者亦不能逾法律而為惡。」深嘆其於立憲精義,能一語道破。惟吾欲問楊氏所長之「籌安會」,為法律內之行動耶?抑法律外之行動耶?楊氏賢者也,或能自信非逾法律以為惡,然得毋已逾法律以為善耶?嗚呼!以昌言君憲之人而行動若此,其所謂君憲者從可想耳!而君憲之前途亦從可想耳!

《飲冰室全集》

(林保淳/編寫整理)

文學改良芻議
胡適

　　胡適（一八九一一一九六二），字適之，安徽績溪人。他是中國近代文學的開山祖師，是提倡白話文學的創始人。在思想上，他崇信美國杜威（Dewey）的經驗主義，主張「大膽假設，小心求證」，運用這個方法整理國故，稱作「科學的治學方法」。在歷史、哲學上，也有相當可觀的成績。他的著作相當多，涉及範疇也很廣，最有影響力的是《胡適文存》。

背　景

　　一九一九年的五四新文學運動，在政治上對巴黎和約不滿的情緒激蕩下，獲得了初步的成功。新文學——主要即是白話文學，遂也如燎原的野火，迅速猛烈地燃燒起來，照亮了廣大的文學園地。首先點燃起這個火種的，則是發表在一九一七年一月號的《新青年》雜誌上的這篇《文學改良芻議》。

　　嚴格說來，白話文的醞釀，並不始自胡適的苦思經營。早在清末以及王國維發現元人戲曲中俗字俗語自然活潑的特性時，就已默默地滋長了，胡適文章的發表，則適逢其會地成為一篇正式的宣言，代表白話文學向傳統文言文下了戰書。受到正面挑戰的，不僅是當時講究

桐城義法的古文家如林紓和後來的學衡派（胡先驌）、甲寅派（章士釗）等，而是代表著中國文學正統的詩詞和古文。這項挑戰，在政治低迷的情況下，鼓舞了知識分子的精神意志，來勢洶洶，遂成為不可遏止的時代巨流。

《文學改良芻議》剛發表就引起了熱烈的迴響，陳獨秀在《新青年》的二月號上也發表了《文學革命論》為胡適聲援。其後劉半農、錢玄同，以及大多數的二三十年代的著名作家學者，都熱絡回應，在理論及實際創作上給予支持。

當然，在堅守文言文壁壘的學者觀念中，是不容許這種「妖夢」存在的，以林紓為首，繼之以胡先驌、章士釗等，都對白話文展開了尖銳而猛烈的抨擊，但是終究無法阻擋時代的潮流。

影　響

一九二〇年一月，教育部正式頒佈了國語教科書使用的命令，白話文遂正式獲得了全面的成功，接下來的問題，不是「該不該」，而是「如何」寫白話文了。這不得不歸功於這篇《文學改良芻議》的宣導。

這篇文章，胡適開宗明義地提出了「八不主義」。這八個觀點，除了「不用典」「不講對仗」「不避俗字俗語」三項之外，其實都是前人文學理論中固有的觀點，而事實上也只有這三項才是白話文學的基本主張。雖然，以今人的眼光而論，還大有斟酌的餘地，但既是「芻議」，則正留有甚大的餘地可供後人研究討論。「但開風氣不為師」，

就開創新文學的機運而言,胡適的地位及價值,無疑是可以肯定的。

原 文

今之談文學改良者眾矣!記者末學不文,何足以言此,然年來頗於此事再四研思,輔以友朋辯論,其結果所得,頗不無討論之價值。因綜括所懷見解,引為八事,分別言之,以與當世之留意文學改良者一研究之。

吾以為今日而言文學改良,須從八事入手。八事者何?

一曰,須言之有物;

二曰,不摹仿古人;

三曰,須講求文法;

四曰,不作無病之呻吟;

五曰,務去爛調套語;

六曰,不用典;

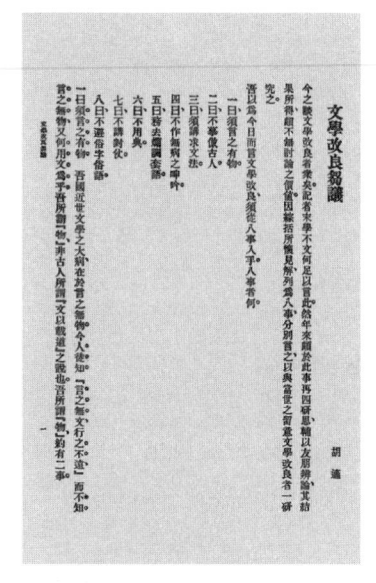

七曰,不講對仗;

八曰,不避俗字俗語。

《文學改良芻議》書影

一曰須言之有物

　　吾國近世文學之大病，在言之無物。今人徒知「言之無文，行而不遠」，而不知言之無物，又何用文為乎？吾所謂「物」，非古人所謂「文以載道」之說也。吾所謂「物」，約有二事：

　　一、情感。《詩序》曰：「情動於中而形諸言。言之不足，故嗟嘆之；嗟嘆之不足，故詠歌之；詠歌之不足，不知手之舞之、足之蹈之也。」此吾所謂情感也。情感者，文學之靈魂。文學而無情感，則如人之無魂，木偶而已，行屍走肉而已（今人所謂「美感」者，亦情感之一也）。

　　二、思想。吾所謂「思想」，蓋兼見地、識力、理想三者而言之。思想不必皆賴文學而傳，而文學以有思想而益貴；思想亦以有文學的價值而益貴也。──此莊周之文，淵明、老杜之詩，稼軒之詞，施耐庵之小說，所以夐絕千古也。思想之在文學，猶腦筋之在人身。人不能思想，雖面目姣好，雖能啼笑感覺，亦何足取哉？文學亦猶是耳。

　　文學無此二物，便如無靈魂無腦筋之美人，雖有穠麗富厚之外觀，抑亦末矣。近世文人沾沾於聲調字句之間，既無高遠之思想，又無真摯之情感，文學之衰微，此其大因矣。此文勝之害，所謂言之無物者是也。欲救此弊，宜以質救之。質者何？情與思二者而已。

二曰不摹仿古人

　　文學者，隨時代而變遷者也。一時代有一時代之文學：周、秦有周、秦之文學，漢、魏有漢、魏之文學，唐、宋、元、明有唐、宋、元、明之文學。此非吾一人之私言，乃文明進化之公理也。即以文論，有《尚書》之文，有先秦諸子之文，有司馬遷、班固之文，有韓、柳、歐、蘇之文，有語錄之文，有施耐庵、曹雪芹之文，此文之進化也。試更以韻文言之：《擊壤》之歌，《五子之歌》，一時期也；三百篇之詩，一時期也；屈原、荀卿之騷賦，又一時期也；蘇、李以下，至於魏、晉，又一時期也；江左之詩，流為排比，至唐而律詩大成，此又一時期也；老杜、香山之「寫實」體諸詩（杜之《石壕吏》《羌村》，白之《新樂府》），又一時期也；詩至唐而極盛，自此以後，詞曲代興，唐、五代及宋初之小令，此詞之一時代也；蘇、柳（永）、辛、姜之詞，又一時代也；至於元之雜劇傳奇，則又一時代矣。凡此諸時代，各因時勢風會而變，各有其特長；吾輩以歷史進化之眼光觀之，決不可謂古人之文學皆勝於今人也。左氏、史公之文奇矣，然施耐庵之《水滸傳》，視《左傳》《史記》，何多讓焉？「三都」「兩京」之賦富矣，然以之視唐詩宋詞，則糟粕耳！此可見文學因時進化，不能自止。唐人不當作商、周之詩，宋人不當作相如、子雲之賦——即今作之，亦必不工。逆天背時，違進化之跡，故不能工也。

　　既明文學進化之理，然後可言吾所謂「不摹仿古人」之說。今日之中國當造今日之文學，不必摹仿唐、宋，亦不必摹仿周、秦也。

前見「國會開幕詞」，有云「於鑠國會，遵晦時休」。此在今日，而欲為三代以上之文之一證也。更觀今之「文學大家」，文則下規姚、曾，上師韓、歐；更上則取法秦、漢、魏、晉，以為六朝以下無文學可言：此皆百步與五十步之別而已，皆為文學下乘[1]。即令神似古人，亦不過為博物院中添幾許「逼真贗鼎」而已，文學云乎哉！昨見陳伯嚴先生一詩云：

濤園鈔杜句，半歲禿千毫。
所得都成淚，相過問奏刀。
萬靈噤不下，此老仰彌高。
胸腹回滋味，徐看薄命騷。

此大足代表今日「第一流詩人」摹仿古人之心理也。其病根所在，在於以「半歲禿千毫」之工夫作古人的鈔胥奴婢，故有「此老仰彌高」之嘆。若能灑脫此種奴性，不作古人的詩而惟作我自己的詩，則決不致如此失敗矣。

吾每謂今日之文學，其足與世界「第一流」文學比較而無愧色者，獨有白話小說（我佛山人、南亭亭長、洪都百煉生三人而已）一項。此無他故，以此種小說皆不事摹仿古人（三人皆得力於《儒林外史》《水滸》《石頭記》，然非摹仿之作），而惟實寫今日社會之情狀，故能成真正文學。其他學這個、學那個之詩古文家，皆無文學之價值

---

[1] 文學大家：指林紓等桐城派的古文家。

也。今之有志文學者，宜知所從事矣。

三曰須講文法

今之作文作詩者，每不講求文法結構。其例至繁，不便舉之，尤以作駢文律詩者為甚。夫不講文法，是謂「不通」。此理至明，無待詳論。

四曰不作無病之呻吟

此殊未易言也。今之少年往往作悲觀，其取別號則曰「寒灰」「無生」「死灰」；其作為詩文，則對落日而思暮年，對秋風而思零落，春來則惟恐其速去，花發又惟懼其早謝：此亡國之衰音也。老年人為之猶不可，況少年乎！其流弊所至，遂養成一種暮氣，不思奮發有為，服勞報國，但知發牢騷之音，做感喟之文；作者將以促其壽年，讀者將亦短其志氣，此吾所謂無病之呻吟也。國之多患，吾豈不知之？然病國危時豈痛哭流涕所能收效乎？吾惟願今之文學家作費舒特（Fichte），作瑪志尼（Mazzini），而不願其為賈生、王粲、屈原、謝翱也。其不能為賈生、王粲、屈原、謝翱，而徒為婦人醇酒喪氣失意之詩文者，猶卑卑不足道矣！

五曰務去爛調套語

今之學者，胸中記得幾個文學的套語，便稱詩人。其所為詩文，

處處是陳言爛調。「蹉跎」「身世」「寥落」「飄零」「蟲沙」「寒窗」「斜陽」「芳草」「春閨」「愁魂」「歸夢」「鵑啼」「孤影」「雁字」「玉樓」「錦字」「殘更」……之類，累累不絕，最可憎厭。其流弊所至，遂令國中生出許多似是而非、貌似而實非之詩文。今試舉吾友胡先驌先生一詞以證之：

熒熒夜燈如豆，映幢幢孤影，凌亂無據。翡翠衾寒，鴛鴦瓦冷，禁得秋宵幾度？么弦漫語，早丁字簾前，繁霜飛舞。嫋嫋餘音，片時猶繞柱。

此詞驟觀之，覺字字句句皆詞也，其實僅一大堆陳套語耳。「翡翠衾」「鴛鴦瓦」，用之白香山《長恨歌》則可，以其所言乃帝王之衾之瓦也。「丁字簾」「么弦」，皆套語也。此詞在美國所作，其夜燈決不「熒熒如豆」，其居室猶無「柱」可繞也。至於「繁霜飛舞」，則更不成話矣。誰曾見繁霜之「飛舞」耶？

吾所謂務去爛調套語者，別無他法，惟在人人以其耳目所親見、親聞，所親身閱歷之事物——自己鑄詞以形容描寫之。但求其不失真，但求能達其狀物寫意之目的，即是工夫。其用爛調套語者，皆懶惰而不肯自己鑄詞狀物者也。

六曰不用典

吾所主張八事之中，惟此一條最受朋友攻擊，蓋以此條最易誤會

也。 吾友江亢虎君來書曰：

所謂典者，亦有廣狹二義。餖飣獺祭，古人早懸為厲禁；若並成語故事而屏之，則非惟文字之品格全失，即文字之作用亦亡[2]。……文字最妙之意味，在用字簡而涵義多。此斷非用典不為功。不用典不特不可作詩，並不可寫信，且不可演說。來函滿紙「舊雨」「虛懷」「治頭治腳」「捨本逐末」「洪水猛獸」「發聾振聵」「負弩先驅」「心悅誠服」「詞壇」「退避三舍」「滔天」「利器」「鐵證」……皆典也。試盡抉而去之，代以俚語俚字，將成何說話？其用字之繁簡，猶其細焉。恐一易他詞，雖加倍蓰而涵義仍終不能如是恰到好處，奈何？……

此論甚中肯要。 今依江君之言，分典為廣狹二義，分論之如下：
一、廣義之典非吾所謂典也。 廣義之典約有五種：
甲、古人所設譬喻　其取譬之事物，含有普通意義，不以時代而失其效用者，今人亦可用之。 如古人言「以子之矛，攻子之盾」，今人雖不讀書者，亦知用「自相矛盾」之喻，然不可謂為用典也。 上文所舉例中之「治頭治腳」「洪水猛獸」「發聾振聵」……皆此類也。蓋設譬取喻，貴能切當，若能切當，固無古今之別也。 若「負弩先驅」「退避三舍」之類，在今日已非通行之事物，在文人相與之間，

---

[2] 餖飣：又稱「飣餖」，本來是指餅餌堆積如飣一般多，韓愈詩有「或如臨食案，肴核紛餖飣」的句子，因此，世人常稱寫文章時因襲堆垛，不切實際叫「飣餖」。獺祭：意思和餖飣一樣。據傳水獺貪食，常捕食許多魚，在四周陳列，像祭魚一般，因此人稱「獺祭魚」。《談苑》說：「李商隱為文，多檢閱書冊，左右鱗次，號獺祭魚。」

或可用之,然終以不用為上。如言「退避」,千里亦可,百里亦可,不必定用「三舍」之典也。

乙、成語　成語者,合字成辭,別為意義。其習見句,通行已久,不妨用之。然今日若能另鑄「成語」,亦無不可也。「利器」「虛懷」「捨本逐末」……皆屬此類。此非「典」也,乃日用之字耳。

丙、引史事　引史事與今所論議之事相比較,不可謂用典也。如老杜詩云:「未聞殷周衰,中自誅褒妲。」此非用典也。近人詩云:「所以曹孟德,猶以漢相終。」此亦非用典也。

丁、引古人作比　此亦非用典也。杜詩云:「清新庾開府,俊逸鮑參軍。」此乃以古人比今人,非用典也。又云:「伯仲之間見伊呂,指揮若定失蕭曹。」此亦非用典也。

戊、引古人之語　此亦非用典也。吾嘗有句云:「我聞古人言,艱難惟一死。」又云:「嘗試成功自古無,放翁此語未必是。」此乃引語,非用典也。

以上五種為廣義之典,其實非吾所謂典也。若此者,可用可不用。

二、狹義之典,吾所主張不用者也。吾所謂用「典」者,謂文人詞客不能自己鑄詞造句以寫眼前之景、胸中之意,故借用不全切、或全不切之故事陳言以代之,以圖含混過去,是謂用「典」。上述廣義之典,除戊條外,皆為取譬比方之辭;但以彼「喻此」,而非以彼「代此」也。狹義之用典,則全為以典「代言」;自己不能直言之,故用典以言之耳。此吾所謂用典與非用典之別也。狹義之典,亦有工拙之別:其工者偶一用之,未為不可;其拙者則當痛絕之。

子、用典之工者,此江君所謂用字簡而涵義多者也。客中無書不

能多舉例,但雜舉一二,以實吾言:

（一）東坡所藏「仇池石」,王晉卿以詩借觀,意在於奪。東坡不敢不借,乃先以詩寄之,有句云:「欲留嗟趙弱,寧許負秦曲。傳觀慎勿許,間道歸應速。」此用藺相如返璧之典,何其工切也!

（二）東坡又有「章質夫送酒六壺,書至而酒不達」。詩云:「豈意青州六從事,化為烏有一先生!」此雖工,已近於纖巧矣!

（三）吾十年前嘗有讀《十字軍英雄記》一詩云:「豈有鳩人羊叔子?焉知微服趙主父?十字軍真兒戲耳,獨此兩人可千古。」以兩典包盡全書,當時頗沾沾自喜。其實此種詩,盡可不作也。

（四）江亢虎代華僑誄陳英士文有「本懸太白,先壞長城。世無鉏麑,乃戕趙卿」四句,余極喜之。所用趙宣子一典,甚工切也。

（五）王國維詠史詩,有「虎狼在堂室,徒戎復何補?神州遂陸沉,百年委榛莽。寄語桓元子,莫罪王夷甫!」此亦可謂使事之工者矣。

上述諸例,皆以典代言,其妙處終在不失設譬比方之原意;惟為文體所限,故譬喻變而為稱代耳。用典之弊,在於使人失其所欲譬喻之原意。若反客為主,使讀者迷於使事用典之繁,而轉忘其所為設譬之事物,則為拙矣。古人雖作百韻長詩,其所用典不出一二事而已(《北征》與白香山《悟真寺詩》皆不用一典),今人作長律則非用典不能下筆矣。嘗見一詩八十四韻,而用典至百餘事,宜其不能工也。

丑、用典之拙者,大抵皆懶惰之人,不知造詞,故以此為躲懶藏拙之計。惟其不能造詞,故亦不能用典也。統計拙典亦有數類:

（1）比例泛而不切,可作幾種解釋,無確定之根據。今取王漁洋

《秋柳》一章證之：

娟娟涼露欲為霜，萬縷千條拂玉塘。
浦裡青荷中婦鏡，江乾黃竹女兒箱。
空憐板渚隋堤水，不見琅邪大道王。
若過洛陽風景地，含情重問永豐坊。

此詩中所用諸典，無不可作幾樣說法者。

（2）僻典使人不解。夫文學所以達意抒情也，若必求人人能讀五車書，然後能通其文，則此種文不作矣。

（3）刻削古典成語，不合文法。「指兄弟以孔懷，稱在位以曾是」（章太炎語），是其例也。今人言「為人作嫁」，亦不通。

（4）用典而失其原意，如某君寫山高與天接之狀，而曰「西接杞天傾」是也。

（5）古事之實有所指，不可移用者，今往往亂用普通事實。如古人灞橋折柳以送行，本是一種特別土風。陽關、渭城亦皆實有所指。今之懶人不能狀別離之情，於是雖身在滇、越，亦言灞橋；雖不解陽關、渭城為何物，亦皆言「陽關三疊」「渭城離歌」。又如張翰因秋風起而思故鄉之蓴羹鱸膾；今則雖非吳人，不知蓴鱸為何味者，亦皆自稱有「蓴鱸之思」。此則不僅懶不可救，真是自欺欺人耳！

凡此種種，皆文人之不下工夫，一受其毒，便不可教。此吾所以有「不用典」之說也。

七曰不講對仗

排偶乃人類言語之一特性,故雖古代文字,如老子、孔子之文,亦間有駢句。如「道可道,非常道;名可名,非常名。無名天地之始;有名萬物之母。故常無,欲以觀其妙;常有,欲以觀其徼。」此三排句也。「食無求飽,居無求安。」「貧而無諂,富而無驕。」「爾愛其羊,我愛其禮。」此皆排句也。然此皆近於語言之自然,而無牽強刻削之跡;尤未有強定其字之多寡,聲之平仄,詞之虛實者也。至於後世文學末流,言之無物,乃以文勝;文勝之極,而駢文、律詩興焉,而長律興焉。駢文、律詩之中非無佳作,然佳作終鮮。所以然者何?豈不以其束縛人之自由過甚之故耶?(長律之中,上下古今,無一首佳作可言也。)今日而言文學改良,當「先立乎其大者」,不當枉費有用之精力於細微纖巧之末,此吾所以有廢駢廢律之說也。即不能廢此兩者,亦但當視為文學末技而已,非講求之急務也。

今人猶有鄙夷白話小說為文學小道者。不知施耐庵、曹雪芹、吳趼人皆文學正宗,而駢文、律詩乃真小道耳。吾知必有聞此言而卻走者矣。

八曰不避俗字俗語

吾惟以施耐庵、曹雪芹、吳趼人為文學正宗,故有「不避俗字俗語」之論也(參看上文第二條下)。蓋吾國言文之背馳久矣。自佛書之輸入,譯者以文言不足以達意,故以淺近之文譯之,其體已近白

話。其後佛氏講義語錄尤多用白話為之者,是為語錄體之原始。及宋人講學以白話為語錄,此體遂成講學正體(明人因之)。當是時,白話已久入韻文,觀唐、宋人白話之詩詞可見也。及至元時,中國北部已有異族(遼、金、元)之下,三百餘年矣。此三百年中,中國乃發生一種通俗行遠之文學。文則有《水滸》《西遊》《三國》⋯⋯之類,戲曲則尤不可勝計(關漢卿諸人,人各著劇數十種之多,吾國文人著作之富,未有過於此時者也)。以今世眼光觀之,則中國文學當以元代為最盛;可傳世不朽之作,當以元代為最多,此可無疑也。當是時,中國之文學最近言文合一,白話幾成文學的語言矣。使此趨勢不受阻遏,則中國幾有一「活文學」出現,而但丁、路得之偉業〔歐洲中古時,各國皆有俚語,而以拉丁文為文言,凡著作書籍皆用之,如吾國之以文言著書也。其後義大利有但丁(Dante)諸文豪,始以其國俚語著作。諸國踵興,國語亦代起。路得(Luther)創新教,始以德文譯《舊約》《新約》,遂開德文學之先。英法諸國亦復如是。今世通用之英文新舊約乃一六一一年譯文,距今才三百年耳。故今日歐洲諸國之文學,在當日皆為俚語。追諸文豪興,始以「活文學」代拉丁之死文學,有活文學而後有言文合一之國語也。〕幾發生於神州。不意此趨勢驟為明代所阻——政府既以八股取士,而當時文人如何、李七子之徒,又爭以復古為高,於是此千年難遇言文合一之機會,遂中道夭折矣。然以今世歷史進化的眼光觀之,則白話文學之為中國文學之正宗,又為將來文學必用之利器,可斷言也(此「斷言」乃自作者言之,贊成此說者今日未必甚多也)。以此之故,吾主張今日作文、作詩,宜採用俗語俗字。與其用三千年前之死字(如「於鑠國

會，遵晦時休」之類），不如用二十世紀之活字；與其作不能行遠不能普及之秦、漢、六朝文字，不如作家喻戶曉之《水滸》《西遊》文字也。

結論

　　上述八事，乃吾年來研思此一大問題之結果。遠在異國，既無讀書之暇晷，又不得就國中先生長者質疑問難，其所主張容有矯枉過正之處。然此八事皆文學上根本問題，——有研究之價值。故草成此論，以為海內外留心此題者作一草案。謂之芻議，猶云未定草也。伏惟國人同志有以匡糾是正之。

《新文學運動史資料》
（林保淳／編寫整理）

《臺灣通史》序
連橫

　　連橫（一八七八──一九三六），字武公，號雅堂，又號劍花，臺灣台南人。早年熱心革命，在廈門創《福建日日新聞》，鼓吹排滿，和南洋同盟會聲氣互通。民國肇建，遊歷中原各地，欲有所建樹，其後志願不遂，於是返臺潛心著作《臺灣通史》，為臺灣一島，尋根探源，處處不忘其與神州的血脈相連，頗富有民族意識。另外，尚有《劍花室文集》等傳世。

背　景

　　臺灣的開發，最早可以追溯到隋代，但是直接的經營、建設，則要到荷蘭入據殖民才開始。但荷蘭人畢竟以外族侵略的姿態出現，和中國談不上有什麼淵源，在他們心目中，臺灣不過是個貿易的根據地罷了。而中原與臺灣的血脈，卻因之差點被攔腰斬絕。所幸鄭成功在失意中原之餘，以堂堂之陣，正正之旗，收復了臺島，才又延續了這道密不可分的血脈。從鄭成功開始，臺灣逐漸邁開穩健的腳步，展現她在歷史上的地位與價值，尤其重要的，她也自鄭成功奉明正朔開始，成為生聚教訓的一個象徵。

　　連橫生長於臺灣的時代，正是日本軍閥鐵蹄肆虐於臺灣的時候，

他眼看著祖國在割讓臺灣的禍首清政府被推翻之後，已逐漸茁長出生機，而臺灣卻因條約的束縛，依舊淪落在日本人的魔掌中，人民備受欺壓與蹂躪，不免有所感慨。他的祖先是由福建遷徙來臺的，這一絲血緣，使得他刻意強調臺灣和中原的血脈相連。這也促使他發憤著作《臺灣通史》一書。

鄭成功，這一位延續明代正朔的民族英雄，正是這道血脈的津梁。可惜的是，清代的官書多所忌諱，不肯將鄭成功的建臺史蹟列入記載──這豈不讓人忽略了臺灣所擁有的象徵意味？後人在日化統治下，是否將忘了臺灣的意義與地位？在兢兢業業的責任感驅使下，連橫作了《臺灣通史》，補官書之缺漏，自是原因之一，但是更重要的是發揚種性──民族精神。

臺灣是被割讓了，但是，只要歷史仍舊存在，大和民族和中華民族的壁壘，依然可以清晰地釐劃開來，「國可滅而史不可滅」，只要臺灣人深切明瞭自己的血液不同於日本人，則有朝一日，臺灣還是會歸復中國版圖的！這是連橫作《臺灣通史》的職志所在。

影　響

秉持著這一深切的體認，連橫辛勤地搜羅史料，校訂有關記載，十年於茲，終以一腔熱血，配合著美妙的文筆，暢快的議論，在民國七年（一九一八），完成了這部巨作──臺灣有史以來的第一部通史。

這篇序文中，很明顯地說明了他創作的用心所在，「起自隋代，終於割讓」，原就不願臺灣的歷史中存有日本人一絲一毫的影子呀！連橫的父親曾告訴過他：「臺灣人不可不知臺灣事。」這句話，是值得

大家反覆深思的。而《臺灣通史》這部史書所發揮的影響力,更是巨大悠遠的,直至今日仍不衰。

原文

　　臺灣固無史也。荷人啟之,鄭氏作之,清代營之,開物成務,以立我丕基,至於今三百有餘年矣[1]。而舊志誤謬,文采不彰,其所記載,僅隸有清一朝;荷人、鄭氏之事,闕而弗錄,竟以島夷海寇視之。嗚乎!此非舊史氏之罪歟?且府志重修於乾隆二十九年,臺、鳳、彰、淡諸志,雖有續修,局促一隅,無關全域,而書又已舊[2]。苟欲以二三陳編而知臺灣大勢,是猶以管窺天,以蠡測海,其被囿也亦巨矣!

　　夫臺灣固海上之荒島爾!篳路藍縷,以啟山林,至於今是賴[3]。顧自海通以來,西力東漸,運會之趨,莫可阻遏。於是而有英人之役,

---

1 荷人啟之:明天啟四年(一六二四),荷蘭人佔據,至永曆十五年(一六六一,清順治十八年),為鄭成功所驅逐,一共三十八年。鄭氏作之:鄭成功到臺灣,教官兵屯田,創法制,設官職,立學校,開道路,建設臺島為反清復明的基地。清代營之:康熙二十二年(一六八三),鄭克塽投降,清廷正式統治臺灣,直到光緒二十一年(一八九五),於《馬關條約》中割讓給日本,一共兩百一十二年。
2 府志重修於乾隆二十九年:乾隆二十九年(一七六四),余文儀續修《臺灣府志》。臺、鳳、彰、淡諸志:嘉慶十二年(一八〇七),薛志亮續修《臺灣縣志》八卷;乾隆二十九年(一七六四),王瑛重修《鳳山縣志》十二卷;道光十年(一八三〇),李廷璧修《彰化縣志》;同治十年(一八七一),楊浚修《淡水廳志》八卷。
3 篳路藍縷:乘坐簡陋的車子,穿著破舊的衣服,這是形容前人開闢臺灣的艱苦情況。篳路,用荊條或竹子做的車。藍縷,破爛的衣服。

有美船之役,有法軍之役,外交兵禍,相逼而來,而舊志不及載也[4]。草澤群雄,後先蹶起,朱、林以下,輒啟兵戎,喋血山河,藉言恢復,而舊志亦不備載也[5]。續以建省之議,開山撫番,析疆增吏,正經界,籌軍防,興土宜,勵教育,綱舉目張,百事俱作,而臺灣氣象一新矣[6]。

夫史者,民族之精神,而人群之龜鑑也。代之盛衰,俗之文野,政之得失,物之盈虛,均於是乎在。故凡文化之國,未有不重其史者也。古人有言:「國可滅而史不可滅。」是以郢書燕說,猶存其名,晉《乘》楚《杌》,語多可采[7]。然則臺灣無史,豈非臺人之痛歟?

顧修史固難,修臺之史更難,以今日而修之尤難。何也?斷簡殘編,蒐羅匪易,郭公夏五,疑信相參,則徵文難;老成凋謝,莫可諮詢,巷議街譚,事多不實,則考獻難[8]。重以改隸之際,兵馬倥傯,檔案俱失,私家收拾,半付祝融,則欲取金匱石室之書,以成風雨名山之業,而有所不可[9]。然及今為之,尚非甚難,若再經十年、二十年而

---

[4] 英人之役:鴉片戰爭期同,英艇曾入侵基隆,又擾大安港,為姚瑩、達阿洪所敗。美船之役:同治六年(一八六七)、美商船Rover號漂至臺灣,船員被土人殺死,引起一場紛爭,不久講和。法軍之役:光緒十年(一八八四),中法戰爭期間,法軍攻基隆、滬尾,次年陷澎湖,法將孤拔戰死。
[5] 朱、林以下:康熙六十年(一七二一),朱一貴起事;乾隆五十一年(一七八六),林爽文起事。
[6] 建省之議:光緒十一年(一八八五),清廷建臺灣為行省,以劉銘傳為臺灣第一任巡撫。
[7] 郢書燕說:事見《韓非子・外儲說》。因為郢人寫信給燕相國時,寫者誤將「舉燭」二字寫入信中,燕相接信,又誤解為勸他「登用賢才」,因此後人便將「誤會本意」稱作「郢書燕說」。
[8] 郭公夏五:《春秋・莊公二十四年》:「郭公……」,《桓公十四年》:「夏五……」,都有闕文,因此後人將史籍中缺漏的地方叫作「郭公夏五」。
[9] 改隸之際:指臺灣割讓給日本的時候。風雨名山之業:即亂世中珍貴的著作。古人常將著作收藏在名山中,以待後人啟示,故著作一事,被稱為名山大業。風雨,象徵亂世。

後修之,則真有難為者。是臺灣三百年來之史,將無以昭示後人,又豈非今日我輩之罪乎?

　　橫不敏,昭告神明,發誓述作,兢兢業業,莫敢自遑。遂以十稔之間,撰成《臺灣通史》,為紀四、志二十四、傳六十,凡八十有八篇,表圖附焉。起自隋代,終於割讓,縱橫上下,巨細靡遺,而臺灣文獻於是乎在[10]。

　　洪維我祖宗,渡大海,入荒陬,以拓殖斯土,為子孫萬年之業者,其功偉矣!追懷先德,眷顧前途,若涉深淵,彌自儆惕。嗚乎!念哉!凡我多士,及我友朋,惟仁惟孝,義勇奉公,以發揚種性,此則不佞之幟也。婆娑之洋,美麗之島,我先王先民之景命,實式憑之。

　　大正七年,秋八月朔日,台南連橫雅堂自序於劍花室[11]。

《臺灣通史》

譯　文

　　臺灣本來是沒有史書的。自從荷蘭人加以開闢,鄭成功銳意建設,清朝繼續經營,開發物資,完成事業,而奠定了我們偉大的基業,到現在已經有三百多年了。但是舊有的史書錯誤很多,而且文采不優美,其中所記載的,也只有清廷一朝的事蹟;荷蘭人和鄭成功開

---

10 起自隋代:《臺灣通史・凡例》:「始於隋大業元年。」隋煬帝曾派陳稜經略澎湖(當時稱為琉球)。

11 大正七年:即民國七年(一九一八)。大正是日本天皇的年號,本書在日據時代出版,因此不能不用日本紀年。

關的經過,缺漏不記,居然將他們視為島國夷狄、海上強盜!唉!這豈不是舊史作者的罪過嗎?況且,《臺灣府志》在乾隆二十九年(一七六四)重修,《臺灣縣志》《鳳山縣志》《彰化縣志》《淡水廳志》等,雖然有人繼續纂修,卻局限在局部的地方,與全域無關,而且成書也已經很久了。如果想憑這兩三部陳舊的史志來瞭解臺灣的大勢,就好像是用竹管測天、葫蘆量海一樣,定極大地受到限制。

臺灣本來不過一個海上的荒島而已。前人駕柴車、穿破衣,艱苦奮發地開闢山林,到現在我們還能享受到他們的成果。但是自從海運開通以來,西方人的勢力向東方推展,時勢所趨,是無法阻止的。因此有英人的侵擾、美船的交涉、法軍的攻擊,外交戰禍,交相迫至,而舊有史志都來不及記載。還有一些草莽英雄,先後揭竿而起,自朱一貴、林爽文之後,經常發生戰爭,

河山染滿了鮮血,都倡言要恢復中原,而舊有史書也沒有詳細的記載。其後建置行省的主張興起,因此開發山地,安撫番族,分設州縣,增加官員,清丈田界,籌畫軍防,利用土地,加強教育,一切都分門別類,有條不紊地建設起來,因此臺灣的氣象就煥然一新了。

歷史,是民族精神的反映,而且是人群的借鑒。一代的興亡盛衰,風俗的文明野蠻,政治的成敗得失,物產的虛實盈虧,都可以從中看出。因此凡是文化發達的國家,沒有不重視他們的歷史的。古人曾說:「國家可以消滅,而歷史卻不能被消滅。」因此雖然是錯誤很多的史書,至今還保存下來;晉、楚二國的史書《乘》《檮杌》,也還有很多值得採取的材料。如此說來,臺灣沒有史書,豈不是臺灣人的悲哀嗎?

不過，修史的確困難，而修臺灣的歷史更困難，在今日來修尤其困難。為什麼呢？史料零星殘缺，不容易搜求，文字脫落錯謬，令人半信半疑，這是求物證的困難；年老的人死了，沒有人可以詢問，而道聽塗說，事實又多不真，這是求人證的困難。再加上割讓給日本的時候，兵荒馬亂的，官廳的檔案資料全都散失了，私人的藏書也大半被燒毀了。因此若想利用這些公私藏書，來完成一部亂世中不朽的巨作，是相當困難的。但是，現在著手，還不算頂難，如果經過二三十年後再來動筆，那就真的是難上加難了。如此一來，臺灣三百年來的史實，就無法顯示給後人看了，這豈不是當今我們這些人的罪過嗎？

我雖然才能拙劣，卻曾明告神靈，發誓要著成臺灣的史書，兢兢業業，一點都不敢偷安懶散。於是以十年的時間，寫成了《臺灣通史》，有四篇紀、二十四篇志、六十篇傳，共八十八篇，並附有圖表。上自隋代，下至割讓，古往今來的大事、小事都沒有遺漏，臺灣的文獻就在這部書裡了。

回想我們偉大的祖先，跋涉重洋，進入荒僻的島嶼，來開墾這個地方，為子孫留下了永久的基業，功勞是多麼偉大呀！緬懷先人的德澤，瞻望未來的前途，像是走在深淵的邊緣，自己格外警惕。唉！仔細想想啊！我的同胞、我的朋友們！好好地以仁孝做人，以義勇精神奉獻給國家，來發揚民族精神吧！這是我畢生的職志呀！婆娑的大海，美麗的島嶼，我先王、先民偉大的使命，就寄託在你身上了！

大正七年（一九一八）秋，八月一日，台南連橫序於劍花堂。

（林保淳 / 編寫整理）

與錢玄同先生論古史書
顧頡剛

顧頡剛（一八九三─一九八〇），字銘堅，江蘇蘇州人。他是民國初年「疑古派」的驍將，主張以科學的方法整理國故，極富有懷疑的精神。在史學上，他最大的貢獻是編輯了《古史辨》七冊，啟開了史學研究的新領域和新方法；在民俗學上，則故事、歌謠的收集、整理，也為民間文學的提倡和保存奠定了深厚的基礎。

背 景

五四新文化運動具有深遠而廣泛的影響。當胡適以《文學改良芻議》在文學上掀起狂飆式的白話文運動時，他的弟子顧頡剛在稍後幾年，也以其嶄新的歷史觀點，沖決了傳統史學的範限，成就了史學的革命事業。

傳統史學家在儒家思想的籠罩下，往往將經典中的記載視作唯一可靠的信史，非但不敢有所懷疑，甚至以之作為評斷的基準。誠然，疑經改經的風氣自宋人以來便逐漸有所發展，因而才有清初揭露《偽古文尚書》真相的成績出現。但其成就畢竟有限，至少，在認定為孔子著述的經書以及肯定不是偽造的典籍中，是沒有人敢提出異議的。崔述先生致力於《考信錄》一書，頗富有懷疑的精神，但仍

以為「聖人之道,六經而已」,依舊脫離不了儒家的範限,就是一個最好的代表。

直到康有為大膽地以《孔子改制考》一書倡言所謂堯、舜、禹、湯、文、武、周公一派相傳的正統,只是孔子在「托古改制」的苦心下創造出來的之後,雖然衛道之士醜言誣詆,加以其政治觀點之未能令人接受以致其說難以大行;但是,受到他啟發的學者,卻揚徽立旄,在史學界豎立起革命的旗幟,承繼了他的觀點。這一批學者,就是以顧頡剛、錢玄同、胡適等為主幹的「古史辨」學者。

影 響

《古史辨》七冊,成書於一九四一年,其間各冊編者不一,而顧頡剛於一九二六年輯成此書第一冊,開榛闢莽,居功第一。在這十幾年間,許多學者加入了廣泛討論的行列,成績粲然可觀,雖說其中仍存有不少問題,但是新血液的輸入,卻深刻地改變了傳統史學的觀點。墨守成規、故步自封的時代已經過去了,學者們翹首企盼史學新機運的來臨,這個新機運,就是「古史辨學者」所開啟的。

顧頡剛在這一封書信中,頗扼要地呈露了他的觀點,「層累地造成的中國古史」觀雖終究沒有完成,但是,這個觀念卻是突破傳統樊籬的一柄利劍,有此「先鋒」宣導,遂引領學者邁向了另一種境界,影響之深,是難以估量的。傅斯年曾說顧頡剛已在中國史學上稱王,雖不免有點溢美,卻也道出了他在史學上的地位。

原　文

（一）

　　我二年以來，蓄意要辨論中國的古史，比崔述更進一步。崔述的《考信錄》確是一部極偉大又極細密的著作，我是望塵莫及的。我自知要好好的讀十幾年書，才可追得上他。但他的著作有二點我覺得不滿意。第一點，他著書的目的是要替古聖人揭出他們的聖道王功，辨偽只是手段。他只知道戰國以後的話足以亂古人的真，不知道戰國以前的話亦足以亂古人的真。他只知道楊、墨的話是有意裝點古人，不知道孔門的話也是有意裝點古人。所以他只是儒者的辨古史，不是史家的辨古史。第二點，他要從古書上直接整理出古史跡來，也不是妥穩的辦法。因為古代的文獻可徵的已很少，我們要否認偽史是可以比較各書而判定的，但要承認信史便沒有實際的證明了。崔述相信經書即是信史，拿經書上的話做標準，合的為真，否則為偽，所以整理的結果，他承認的史跡亦頗楚楚可觀。但這在我們看來，終究是立腳不住的，因為經書與傳記只是時間的先後，並沒有截然不同的真偽區別；假使在經書之前還有書，這些經書又要降做傳記了。我們現在既沒有「經書即信史」的成見，所以我們要辨明古史，看史跡的整理還輕，而看傳說的經歷卻重。凡是一件史事，應當看它最先是怎樣的，以後逐步逐步的變遷是怎樣的。我們既沒有實物上的證明，單從書籍上入手，只有這樣做才可得一確當的整理，才可盡我們整理的責任。

　　我很想做一篇《層累地造成的中國古史》，把傳說中的古史的經歷詳細一說。這有三個意思。第一，可以說明「時代愈後，傳說的

古史期愈長」。如這封信裡說的，周代人心目中最古的人是禹，到孔子時有堯、舜，到戰國時有黃帝、神農，到秦有三皇，到漢以後有盤古等。 第二，可以說明「時代愈後，傳說中的中心人物愈放愈大」。如舜，在孔子時只是一個「無為而治」的聖君，到《堯典》就成了一個「家齊而後國治」的聖人，到孟子時就成了一個孝子的模範了。 第三，我們在這上，即不能知道某一件事的真確的狀況，但可以知道某一件事在傳說中的最早的狀況。 我們即不能知道東周時的東周史，也至少能知道戰國時的東周史；我們即不能知道夏商時的夏商史，也至少能知道東周時的夏商史。

但這個題目的範圍太大了，像我這般沒法做專門研究的人，簡直做不成功。 因此，我想分了三個題目做去：一是《戰國以前的古史觀》，二是《戰國時的古史觀》，三是《戰國以後的古史觀》。 後來又覺得這些題目的範圍也廣，所以想一部書一部書的做去，如《〈詩經〉中的古史》《〈周書〉中的古史》《〈論語〉中的古史》……我想，若一個月讀一部書，一個月做一篇文，幾年之後自然也漸漸地做成了。 崔述的學力我固是追不到，但換了一個方法做去，也足以補他的缺陷了。

這回適之先生到上海來，因為不及做《讀書》雜誌的文字，囑我趕做一篇。 我當下就想做一篇《〈論語〉中的古史》，因為材料較少，容易做成。 但今天一動筆之後，又覺得趕不及，因為單說《論語》自是容易，但若不與他書比較看來，就顯不出它的地位，而與他書一比較之後，範圍又大了，不是一二天內趕得出的。 因此，想起我兩月前曾與玄同先生一信，論起這事，固然是信筆寫下，但也足以說出一點大綱。 所以就把這篇信稿鈔在這裡，做我發表研究的起點。 我自己知

道既無學力,又無時間,說不上研究;只希望因了發表這篇,引起了閱者的教導和討論,使我可以把這事上了軌道去做,那真是快幸極了!

十二、四、廿七

(二)

玄同先生:

(上略)

先生囑我為《國學季刊》作文,我也久有這個意思。我想做的文是《層累地造成的中國古史》。現在先對先生說一個大意——我這些意思從來沒有寫出,這信恐怕寫得凌亂沒有條理。

我以為自西周以至春秋初年,那時人對於古代原沒有悠久的推測。《商頌》說:「天命玄鳥,降而生商。」《大雅》說:「民之初生,自土沮漆。」又說:「厥初生民,時維姜嫄。」可見他們只是把本族形成時的人作為始祖,並沒有很遠的始祖存在他們的意想之中。他們只是認定一個民族有一個民族的始祖,並沒有許多民族公認的始祖。

但他們在始祖之外,還有一個「禹」。《商頌·長發》說:「洪水芒芒,禹敷下土方……帝立子生商。」禹的見於載籍以此為最古。《詩》《書》裡的「帝」都是上帝。(帝堯、帝舜等不算,詳見後。《尚書》裡可疑的只有一個帝乙,或是殷商的後王尊他的祖,看他和上帝一樣,加上的尊號,也說不定。)這詩的意思是說商的國家是上帝所立的。上帝建商,與禹有什麼關係呢?看這詩的意義,似乎在洪水芒芒之中,上帝叫禹下來布土,而後建商國。然則禹是上帝派下來

的神，不是人。《小旻篇》中有「旻天疾威，敷於下土」之句，可見「下土」是對「上天」而言。

《商頌》，據王靜安先生的考定，是西周中葉宋人所作的（《樂詩考略・說商頌下》）。這時對於禹的觀念是一個神。到魯僖公時，禹確是人了。《閟宮》說：「是生后稷……俾民稼穡……奄有下土，纘禹之緒。」（按：《生民篇》敘后稷事最詳，但只有說他受上帝的保衛，沒有說他「纘」某人的「緒」。因為照《生民》作者的意思，后稷為始事種植的人，用不到繼續前人之業。到《閟宮》作者就不同了，他知道禹為最古的人，后稷應該繼續他的功業。在此，可見《生民》是西周作品，在《長發》之前，還不會有禹這一個觀念。）這詩的意思，禹是先「奄有下土」的人，是后稷之前的一個國王，后稷是後起的一個國王。他為什麼不說后稷纘黃帝的緒，纘堯舜的緒呢？這很明白，那時並沒有黃帝、堯舜，那時最古的人王（有天神性的）只有禹，所以說后稷纘禹之緒了。商族認禹為下凡的天神，周族認禹為最古的人王，可見他們對於禹的觀念，正與現在人對於盤古的觀念一樣。

在這上，我們應該注意的「禹」和「夏」並沒有發生什麼關係。《長發》一方面說「洪水芒芒，禹敷下土方」，一方面又說湯「韋顧既伐，昆吾夏桀」，若照後來人說禹是桀的祖先，如何商國對於禹既感他敷土的恩德，對於禹的子孫就會翻臉殺伐呢？按《長發》云：「玄王桓撥，受小國是達，受大國是達。」又云：「相土烈烈，海外有截。」是商在湯以前國勢本已發達，到湯更能建一番武功，把韋、顧、昆、吾、夏桀打倒罷了。禹是他們認為開天闢地的人，夏桀是被

湯征伐的一個,他們二人漠不相關,很是明白。

　　至於禹從何來?禹與桀何以發生關係?我以為都是從九鼎上來的。禹,《說文》云:「蟲也,從内,象形。」内,《說文》:「獸足蹂地也。」以蟲而有足蹂地,大約是蜥蜴之類。我以為禹或是九鼎上鑄的一種動物,當時鑄鼎象物,奇怪的形狀一定很多,禹是鼎上動物的最有力者;或者有敷土的樣子,所以就算他是開天闢地的人。(伯祥云:禹或即是龍,大禹治水的傳說與水神祀龍王事恐相類。)流傳到後來,就成了真的人王了。九鼎是夏鑄的,商滅了夏搬到商,周滅了商搬到周。當時不過因為它是寶物,所以搬了來,並沒有多大的意味,但經過了長時間的保存,大家對它就有了傳統的觀念,以為凡是興國都應取九鼎為信物,正如後世的「傳國璽」一樣。有了傳統的觀念,於是要追溯以前的統,知道周取自商,商取自夏,自然夏、商、周會聯成一系。成了一系,於是商湯不由得不做夏桀的臣子,周文王不由得不做殷紂的臣子了。他們追溯禹出於夏鼎,就以為禹是最古的人,應做夏的始祖了。(書中最早把「夏」「禹」二字聯屬成文的,我尚沒有找到。)

　　東周的初年只有禹,是從《詩經》上可以推知的;東周的末年更有堯、舜,是從《論語》上可以看到的。(堯、舜的故事從何時起,這個問題很難解決,《左傳》是戰國時的著作;《尚書》中的《堯典》《皋陶謨》也靠不住;《論語》較為可靠,所以取了它。)《論語》中二次連稱堯、舜(堯、舜其猶病諸),一次連稱舜、禹(巍巍乎舜、禹之有天下也),又接連讚美堯、舜、禹(大哉堯之為君——舜有臣五人而天下治——禹吾無間然矣),可見當時確以為堯、舜在禹之前。於是

禹之前有更古的堯、舜了。但堯與舜，舜與禹的關係還沒有提起，或者當時人的心目中以為各隔數百年的古王，如禹和湯、湯和文、武之類，亦未可知。（《論語・堯曰篇》雖說明他們的傳授關係，但《論語》經崔述的考定，自《季氏》至《堯曰》五篇是後人續入的。《堯曰篇》的首章，在文體上很可見出有意摹古的樣子，在宗旨上很可見出秉著「王道」和「道統」兩個主義，是戰國時的儒家面目。）

在《論語》之後，堯、舜的事蹟編造得完備了，於是有《堯典》《皋陶謨》《禹貢》等篇出現。有了這許多篇，於是堯與舜有翁婿的關係，舜與禹有君臣的關係了。《堯典》的靠不住，如梁任公先生所舉的「蠻夷猾夏」「金作贖刑」都是。即以《詩經》證之，《閟宮》說后稷「奄有下國」，明明是做國王，它卻說成舜的臣子。（后稷的「后」字原已有國王之義，《堯典》上舜對稷說「汝后稷」，實為不辭。）《閟宮》說后稷「纘禹之緒」，明明是在禹後，它卻說是禹的同官。又以《論語》證之：（1）《論語》中門人問孝的很多，舜既「克諧以孝」，何以孔子不舉他做例？（2）《論語》上說「舜有臣五人」，何以《堯典》上會有九人？《堯典》上既有九人，各司其事，不容偏廢，何以孔子單單截取了五人？（3）南宮适說「禹、稷躬稼而有天下」，可見禹、稷都是有天下的，為什麼《堯典》上都是臣而非君？（4）孔子說舜「無為而治」，《堯典》上說他「五載一巡守，群後四朝」，說他「三載考績，三考，黜陟幽明」，不相衝突嗎？這些問題，都可以證明「堯典」出於《論語》之後。（我意，先有了禪讓的學說而後有《堯典》《皋陶謨》出來，當作禪讓的實證，禪讓之說是儒家本了尊賢的主義鼓吹出來的。）作《論語》時，對於堯、舜的觀念還是空空洞

洞，只推尊他們做兩個道德最高、功績最大的古王；作了《堯典》等篇，於是堯、舜的「文章」都有實事可舉了。

從戰國到西漢，偽史充分的創造，在堯、舜之前更加上了多少古皇帝。於是春秋初年號為最古的禹，到這時真是近之又近了。自從秦靈公於吳陽作上畤、祭黃帝（見《漢書・郊祀志》。秦國崇奉的神最雜，名目也最詭，秦文公夢了黃蛇作鄜畤，拾得了一塊石頭作陳寶祠，實在還是拜物教。黃帝之祀起於秦國，說不定黃帝即是「黃龍地螾」之類），經過了方士的鼓吹，於是黃帝立在堯、舜之前了。自從許行一輩人抬出了神農，於是神農又立在黃帝之前了。自從《易・繫辭》抬出了庖犧氏，於是庖犧氏又立在神農之前了。自從李斯一輩人說「有天皇，有地皇，有泰皇，泰皇最貴」，於是天皇、地皇、泰皇更立在庖犧氏之前了。自從《世本》出現，硬替古代名人造了很像樣子的世系，於是沒有一個人不是黃帝的子孫了。自從《春秋命曆序》上說「天地開闢，至《春秋》獲麟之歲，凡二百二十六萬年」，於是天皇十二人各立一萬八千歲了。自從漢代交通了苗族，把苗族的始祖傳了過來，於是盤古成了開天闢地的人，更在天皇之前了。時代越後，知道的古史越前；文籍越無征，知道的古史越多。汲黯說：「譬如積薪，後來居上。」這是造史很好的比喻。看了這些胡亂偽造的史，《堯典》那得不成了信史！但看了《詩經》上稀疏的史，更那得不懷疑商以前的史呢！

這些意思如果充分的發揮，準可著成數十卷書。古代的史靠得住的有幾？崔述所謂「信」的又何嘗是信？即如后稷，周人自己說是他們的祖，但有無是人也不得而知。因為在《詩》《書》上看，很可見

出商的民族重游牧,周的民族重耕稼,所謂「后稷」,也不過因為他們的耕稼為生,崇德報功,追尊創始者的稱號。實際上,周人的后稷和許行的神農有什麼分別?這兩個倡始耕稼的古王,很可見出造史的人的重複。他們造史的人為什麼要重複?原來禹的上面堆積的人大多了,后稷的地位不尊重了,非得另一個神農,許行一輩人就不足以資號召了!

(下略)

顧剛敬上
十二、二、廿五
《古史辨》第一冊
(林保淳/編寫整理)

孫中山遺囑

孫文

背 景

　　孫中山先生自光緒十一年（一八八五）決心推翻清廷，創建民國起，到民國十四年（一九五五）三月十二日病逝於北平協和醫院止，四十年來奔走呼籲。如上書李鴻章，條陳富強之策（一八九四），於檀香山創立「興中會」（一八九四），於東京設「同盟會」（一九〇五），十次革命的挫敗，辛亥起義成功（一九一一），就任民國第一任臨時大總統（一九一二），改組國民黨（一九一二），改組中華革命黨（一九一四），討袁（一九一五），護法（一九一七），改組中國國民黨（一九一九），下北伐動員令（一九二二），主張召開國民會議（一九二四）等，以及為建設一個富強康樂的新中國而作的多方籌畫，如《建國大綱》《建國方略》《三民主義》的著述，其終極目的，乃在「求中國之自由、平等」。

　　雖然孫先生最後賷志而歿，但是他為國家民族所做的犧牲奉獻，以及滿腔的革命熱誠，卻早已深植人心，塑造了一個不朽的形象。

影 響

　　孫中山先生一生事蹟，十足地證明了他畢生犧牲奮鬥的精神，也無疑為他贏得了中外人士的景仰，但是這只能代表孫先生不惜拋頭顱、灑熱血的烈士形象；遺囑中的切切叮嚀，至死不忘家國人民，以及他不慕名利、自願隱退的仁者襟懷，更符合中國儒家傳統的「仁道」精神，也更令人由衷地讚佩！

　　在這篇遺囑中，我們可以體會到孫先生的精神所在，更可以確切地認識到一個當代偉人的胸襟及氣度！正因為有他的叮囑，我們才能廢除不平等條約、召開國民會議，繼續為民主憲政奮鬥。

原 文

　　余致力國民革命凡四十年，其目的在求中國之自由、平等[1]。積四十年之經驗，深知欲達到此目的，必須喚起民眾及聯合世界上以平等待我之民族，共同奮鬥。

　　現在革命尚未成功，凡我同志，務須依照餘所著《建國方略》《建國大綱》《三民主義》，及第一次全國代表大會宣言，繼續努力，以求

---

[1] 四十年：孫中山先生自中法之役（一八八五）戰敗後，始決心推翻清廷，創立民國；一直到民國十四年（一九二五）逝世，致力於國民革命共四十年。

貫徹[2]。最近主張開國民會議及廢除不平等條約,尤須於最短期間促其實現。是所至囑。

中華民國十四年二月二十四日

孫文

《孫中山全集》

(林保淳/編寫整理)

---

[2]《建國方路》:民國八年(一九一九),孫先生在上海發表《建國方略》,分心理建設(知難行易說)、物質建設(實業計畫)、社會建設(民權初步)三部分,是孫先生精心籌思的建國計畫。《建國大綱》:民國十三年(一九二四),孫先生擬就《建國大綱》二十五條,分建國程序為軍政、訓政、憲政三個時期,為實施三民主義、五權憲法的基礎。《三民主義》:孫先生之三民主義揭櫫於《〈民報〉發刊詞》(一九〇五)。民國成立後,他埋首著述,已有所成。然一九二二年陳炯明叛變,手稿焚毀殆盡;一九二四年,孫先生於廣東大學逐日口講其中真諦,計有「民族主義」六講、「民權主義」六講及「民生主義」四講(未完成),此即孫先生逝世後印行之《三民主義》全書。第一次全國代表大會宣言:民國十三年(一九二四)孫先生召開中國國民黨第一次全國代表大會,一月二十三日,發佈宣言,確立政黨、政綱等。

中國歷史大事及相關文獻一覽表

帝號	年號	西元	大事	相關文獻
唐堯			命鯀治水；舉舜，罪四凶。舜使禹治水。命舜攝政。	《堯典》
虞舜			命禹攝位。征服三苗。	《堯典》
夏禹			會諸侯於塗山。鑄九鼎。	
啟			諸侯奉啟嗣位，始建家天下王朝。	
商湯			敗夏於鳴條，放桀於南巢，夏亡。湯都於亳，國號商。	
盤庚			遷都於殷。	《盤庚》
周武王			敗商於牧野，紂自焚死，商亡。武王都於鎬，國號周。	《牧誓》《利簋銘》
			箕子來朝。	《洪範》
成王	元年		周公攝政，管叔、蔡叔、武庚叛亂。	《大誥》
	二年		平武庚之亂。	
	四年		封康叔。	《康誥》
	五年		營成周。	《何尊銘》
	七年		周公致政成王。	
昭王			伐楚。	《史牆盤銘》
恭王			王初執駒。	《盠駒尊銘》
	三年		矩伯庶人以田租於裘衛。	《裘衛盉銘》
厲王			平鄂侯馭方與南淮夷、東夷之亂。	《禹鼎銘》
	共和元年	前841	周定公、召穆公攝政，號曰共和。	
宣王			武公伐玁狁。	《多友鼎銘》
幽王	十一年	前771	犬戎入寇，殺王於驪山下。	

帝號	年號	西元	大事	相關文獻
平王	元年	前770	東遷雒邑。	
	四十九年	前722	魯隱西元年,《春秋》編年始此。	
威烈王	二十三年	前403	命晉大夫魏斯、韓虔、趙籍為諸侯。	
顯王	十年	前359	秦用商鞅,定變法之令。	《方升銘》
慎靚王	五年	前316	燕王噲讓國於其相子之。	《中山王譻鼎銘》
赧王	五十九年	前256	秦滅周。	
秦始皇	十年	前237	從李斯諫,除逐客令。	《諫逐客書》
	二十六年	前221	統一全國,定皇帝稱號,廢封建,行郡縣。	《初并天下議帝號令》
	三十四年	前213	焚詩書百家語。	《議廢封建》
	三十五年	前212	坑儒生四百六十人於咸陽。	
二世	元年	前209	陳勝、吳廣起兵。	
	三年	前207	項羽大敗秦軍,劉邦入武關。	
漢高祖	元年	前206	秦子嬰降,秦亡。	
	五年	前202	項羽自刎於烏江,劉邦即皇帝位。	
文帝	十二年	前168	晁錯上書言事。	《論貴粟疏》
	十三年	前167	除肉刑。	《除肉刑詔》
景帝	三年	前154	七國之亂起,命周亞夫討平之。	
武帝	建元元年	前140	始立年號。	
	五年	前136	置五經博士。	
	六年	前135	司馬談任太史令。	《論六家要指》
	元光元年	前134	詔舉賢良、文學,董仲舒入對。	《賢良對策》
	六年	前129	司馬相如使蜀。衛青擊退匈奴。	《難蜀父老》

帝號	年號	西元	大事	相關文獻
宣帝	甘露三年	前51	諸儒會石渠閣,講論經義。	《禮運》
哀帝	建平元年	前6	劉歆請立《左氏春秋傳》《毛詩》及逸《禮》、古文《尚書》。	《移讓太常博士書》
孺子嬰	居攝元年	6	王莽稱假皇帝。	
新莽	始建國元年	9	廢孺子嬰為定安公。	
新莽	二年	10	甄尋、劉棻以言符命被殺。	《劇秦美新》
漢光武帝	建武元年	25	劉秀即帝位,都洛陽。	
明帝	永平十六年	73	班固上《漢書》。	《〈漢書〉敘傳》
章帝	建初四年	79	諸儒會白虎觀,議五經異同。	《三綱六紀》
和帝	永元十二年	100	許慎作《說文解字》。	《〈說文解字〉敘》
順帝	陽嘉元年	132	張衡造渾天儀。	《渾天儀》
桓帝	延熹九年	166	黨錮之禍興。	
靈帝	建寧二年	169	黨禍再興。	
靈帝	中平元年	184	黃巾軍起。	《太平經和三氣興帝王法》
獻帝	建安十五年	210	曹操下令求才士。	《求賢令》
獻帝	二十二年	217	曹丕撰《典論論文》。	《典論論文》
魏文帝	黃初元年	220	曹丕篡漢,廢獻帝為山陽公。	
明帝	太和元年	227	諸葛亮首度伐魏。	《出師表》
齊王芳	嘉平五年	253	嵇康論養生。	《養生論》
晉武帝	泰始元年	265	司馬炎篡魏。	
惠帝	永康元年	300	八王之亂起。	
懷帝	永嘉二年	308	劉淵稱帝。	《徙戎論》

帝號	年號	西元	大事	相關文獻
元帝	大興元年	318	琅邪王司馬睿即帝位。	
穆帝	永和九年	353	蘭亭雅集。	《蘭亭集序》
宋武帝	永初元年	420	劉裕篡晉。	
齊高帝	建元元年	479	蕭道成篡宋。	
武帝	永明五年	487	沈約奉詔修《宋書》。	《宋書恩幸傳論》
明帝	建武元年	494	北魏遷都洛陽。	《遷都議》
和帝	中興元年	501	劉勰撰《文心雕龍》。	《〈文心雕龍〉序志》
梁武帝	天監元年	502	蕭衍篡齊。	
梁武帝	中大通元年	531	蕭統卒。	《〈文選〉序》
陳武帝	永定元年	557	陳霸先篡梁。	
隋文帝	開皇元年	581	楊堅篡北周。顏之推仕於隋。	《〈顏氏家訓〉序致》
隋文帝	九年	589	滅陳,統一全國。	
隋文帝	仁壽元年	601	陸法言作《切韻》。	《〈切韻〉序》
煬帝	大業七年	611	帝自將擊高麗。	《征高麗詔》
唐高祖	武德元年	618	李淵即位於長安,國號唐。	
太宗	貞觀三年	629	詔修《隋書》。	《〈隋書‧經籍志〉序》
太宗	十六年	642	詔撰《五經義訓》。	《〈尚書正義〉序》
太宗	二十年	646	玄奘奉敕修《西域記》。	《〈大唐西域記〉序》
太宗	二十二年	648	玄奘譯佛經。	《大唐三藏聖教序》
武則天	光宅元年	684	徐敬業起兵討武后。	《為徐敬業討武曌檄》
武則天	天授二年	691	制以釋教開革命之階,升於道教之上。	《釋教在道教之上制》

帝號	年號	西元	大事	相關文獻
唐中宗	景龍四年	710	劉知幾著《史通》。	《〈史通〉自序》
玄宗	天寶十四年	755	安祿山反。	
德宗	建中四年	783	朱泚反。	《論關中事宜狀》
	貞元十六年	800	李翱撰《復性書》三篇。	《復性書上篇》
	十七年	801	杜佑上《通典》。	《〈通典〉序》
	十九年	803	李蟠成進士。	《師說》
	二十一年	805	韓愈遇赦,俟命郴州。	《原道》
憲宗	元和十年	815	白居易被貶為江州司馬。	《與元九書》
	十二年	817	平淮西吳元濟。	《平淮西碑》《封建論》
	十四年	819	迎佛骨。	《論迎佛骨表》
文宗	太和五年	831	吐蕃悉怛謀請降。	《論維州事誼狀》
	七年	833	杜牧憤河朔三鎮之桀鶩,作《罪言》。	《罪言》
武宗	會昌五年	845	毀天下佛寺,僧尼並勒歸俗。	《毀佛寺勒僧尼還俗制》
後梁太祖	開平元年	907	朱溫篡唐,都大梁。	
後唐莊宗	同光元年	923	李存勖稱帝,國號唐,滅梁,徙都洛陽。	
後晉高祖	天福元年	936	石敬瑭即帝位,稱臣於契丹。	
	十二年	947	劉知遠入大梁,改國號曰漢。	
後周太祖	廣順元年	951	郭威即位。	
	三年	953	九經刻板成。	《畢昇發明活字板》
宋太祖	建隆元年	960	趙匡胤廢後周恭帝自立。	

帝號	年號	西元	大事	相關文獻
太宗	太平興國二年	977	詔命儒臣纂修《太平御覽》《太平廣記》《文苑英華》。	《〈御制冊府元龜〉序》
	四年	979	與遼戰於高梁河,敗績。	
	雍熙三年	986	與遼戰於岐溝關,敗績。	
真宗	景德元年	1004	道原進《景德傳燈錄》。遼軍入寇,訂立「澶淵之盟」。	《〈景德傳燈錄〉序》《復宋誓書》
	二年	1005	詔編《冊府元龜》。	《〈御制冊府元龜〉序》
仁宗	景祐三年	1036	貶范仲淹、歐陽修等,戒群臣越職言事。	《朋黨論》
	寶元元年	1038	夏趙元昊稱帝。	
	皇祐元年	1049	范仲淹與兄仲溫設置義莊。	《義田記》
	至和二年	1055	蘇洵撰《蘇氏族譜》。	《蘇氏族譜引》
	嘉祐三年	1058	王安石提點江東刑獄。	《上仁宗皇帝言事書》
	八年	1063	歐陽修輯成《集古錄》。	《〈集古錄〉序》
英宗	治平二年	1065	詔議崇奉濮安懿王典禮。	《濮安懿王典禮議》
神宗	熙寧二年	1069	王安石執政,施行變法。	
	六年	1073	周敦頤卒。	《太極圖說》
	十年	1077	張載卒。	《西銘》
	元豐七年	1084	司馬光進《資治通鑑》。	《進資治通鑑表》
	八年	1085	罷新法。	
哲宗	紹聖四年	1097	詔修《營造法式》。	《進新修營造法式》
徽宗	政和五年	1115	女真阿骨打稱帝,國號金。	
	宣和二年	1120	與金定夾攻遼約。	《詣宋安撫納土狀》
	五年	1123	金人來歸燕及涿、易等州地。	《詣宋安撫納土狀》

帝號	年號	西元	大事	相關文獻
欽宗	靖康元年	1126	金陷汴京。	
高宗	建炎元年	1127	金擄徽、欽二帝北去,立張邦昌為楚帝。趙構即位,殺張邦昌。	《立楚國張邦昌冊文》
	四年	1130	金立劉豫為齊帝。	
	紹興十一年	1141	和議成,稱臣納貢於金。	
	十九年	1149	陳旉撰《農書》。	《〈農書〉自序》
	三十一年	1161	鄭樵獻《通志》。	《〈通志〉總序》
孝宗	淳熙二年	1175	朱熹、陸九淵會於鵝湖。	《鵝湖之會》
	十六年	1189	朱熹撰《大學章句》。	《〈大學章句〉序》
寧宗	開禧二年	1206	鐵木真統一蒙古,稱成吉思汗。	
	嘉定十二年	1219	成吉思汗西征。	
寧宗	十四年	1221	成吉思汗詔命丘處機赴西域講道。	《〈長春真人西遊記〉序》
理宗	端平元年	1234	蒙古滅金。	
	開慶元年	1259	賈似道乞和於蒙古。	
	景定元年	1260	忽必烈即位於開平,建元中統。	
度宗	咸淳七年	1271	蒙古改國號曰元。	《建國號詔》
恭帝	德祐元年	1275	馬可·孛羅至大都。	《〈馬可·孛羅遊記〉引》
	二年	1276	元滅宋。	《賀平宋表》
元仁宗	皇慶二年	1313	初行科舉。	《行科舉詔》
順帝至正	二十年	1367	朱元璋命徐達、常遇春北伐。	《諭中原檄》

帝號	年號	西元	大事	相關文獻
明太祖	洪武元年	1368	朱元璋即帝位。徐達等驅逐元帝。	
	三年	1370	封諸子，詔行科舉。	《封諸王詔》《開科舉詔》
惠帝	建文元年	1399	燕王起兵靖難。	《封諸王詔》
成祖	永樂三年	1405	遣鄭和出使西洋。	《婁東劉家港天妃宮石刻通番事蹟記》
	十三年	1415	奏進《五經四書性理大全》。	《進五經四書性理大全表》
武宗	正德二年	1507	王守仁貶龍場驛丞。	《教條示龍場諸生》
	十四年	1519	寧王宸濠反，王守仁討平之。	《擒獲宸濠捷音疏》
世宗	嘉靖三十二年	1553	汪直誘倭寇侵臨海諸郡。	《禦倭議》
神宗	萬曆二十四年	1596	李建元獻《本草綱目》。	《進本草綱目疏》
	三十年	1602	李贄卒。	《童心說》
	三十五年	1607	利瑪竇、徐光啟譯《幾何原本》。	《譯幾何原本引》
	四十四年	1616	努爾哈赤即汗位，國號後金。	
思宗	崇禎元年	1628	流寇大起。	
	九年	1636	皇太極即帝位，改國號大清。	
	十年	1637	宋應星撰《天工開物》。	《〈天工開物〉序》
	十七年	1644	李自成稱帝於西安，國號大順；陷北京，明亡。吳三桂引清兵入關。	《即位詔》《上攝政王啟》
清世祖	順治二年	1645	頒《薙髮令》。史可法戰死揚州。	《薙髮令》《致史可法書》
	十八年	1661	鄭成功收復臺灣。	《與荷蘭守將書》

帝號	年號	西元	大事	相關文獻
聖祖	康熙十二年	1673	吳三桂反於雲南，三藩亂起。	《撤藩詔》
	十七年	1678	詔舉博學鴻儒。	《舉博學鴻儒詔》《〈古文尚書疏證〉提要》
	二十年	1681	三藩亂平。	
	二十一年	1682	顧炎武卒。	《與友人論學書》
	二十二年	1683	施琅取臺灣。	
	二十八年	1689	中俄訂《尼布楚條約》。	《尼布楚條約》
	三十二年	1693	黃宗羲撰《明儒學案》。	《〈明儒學案〉序》
世宗	雍正七年	1729	頒行《大義覺迷錄》。	《頒大諭覺迷錄諭》
高宗	乾隆十九年	1754	是仲明向戴震索觀《詩補傳》。	《與是仲明論學書》
	三十七年	1772	頒示訪求遺書詔。	《開四庫全書館詔》
	四十二年	1777	戴震卒。	《書〈朱陸〉篇後》
	四十四年	1779	阮元撰《疇人傳》。	《〈疇人傳〉序》
宣宗	道光六年	1826	方東樹撰《漢學商兌》。	《〈漢學商兌〉序》
	十八年	1838	派林則徐駐廣東查辦海口禁煙事件。	《籌議嚴禁鴉片章程折》
	二十年	1840	鴉片戰爭起。	《擬諭英吉利國王檄》
	二十二年	1842	中英訂《南京條約》。魏源撰《海國圖志》。	《南京條約》《〈海國圖志〉序》
	三十年	1850	洪秀全起事。	
文宗	咸豐二年	1852	太平軍攻湖南。	《太平天國奉天討胡檄》
	四年	1854	曾國藩禦太平軍。	《討粵匪檄》
穆宗	同治三年	1864	太平天國亡。	

帝號	年號	西元	大事	相關文獻
德宗	光緒四年	1878	左宗棠定新疆。	《統籌新疆全域疏》
	二十年	1894	中日甲午戰起。孫中山先生成立興中會。	《〈興中會章程〉與〈同盟會盟書〉》
	二十一年	1895	中日簽《馬關條約》。嚴復譯《天演論》。	《臺民佈告中外檄》《譯〈天演論〉自序》
	二十四年	1898	康有為撰《孔子改制考》。戊戌變法。	《〈孔子改制考〉序》《定國是詔》
	二十六年	1900	義和團事變,引起八國聯軍之役。	
	二十八年	1902	《新小說》創刊。	《論小說與群治之關係》
	二十九年	1903	上海《蘇報》案發生。刊行《鐵雲藏龜》。	《〈革命軍〉序》《〈鐵雲藏龜〉序》
	三十一年	1905	中國同盟會成立,《民報》創刊。	《〈興中會章程〉與〈同盟會盟書〉》《〈民報〉發刊詞》
宣統帝	宣統三年	1911	武昌起義成功,推翻清朝,建立中華民國。	
中華民國	二年	1913	王國維撰《宋元戲曲考》。	《〈宋元戲曲考〉序》
	四年	1915	袁世凱圖謀帝制。	《異哉所謂國體問題者》
	六年	1917	胡適宣導白話文。	《文學改良芻議》
	七年	1918	連橫撰《臺灣通史》。	《〈臺灣通史〉序》
	八年	1919	五四新文學運動。	《文學改良芻議》
	十二年	1923	古史爭辯興起。	《與錢玄同先生論古史書》
	十四年	1925	孫中山先生病逝。	《孫中山遺囑》

大歷史・大文章【近代篇】

主編：龔鵬程
發行人：陳曉林
出版所：風雲時代出版股份有限公司
地址：10576台北市民生東路五段178號7樓之3
電話：(02) 2756-0949
傳真：(02) 2765-3799
執行主編：朱墨菲
美術設計：吳宗潔
業務總監：張瑋鳳

初版日期：2025年7月
版權授權：龔鵬程
ISBN：978-626-7695-13-5

風雲書網：http://www.eastbooks.com.tw
官方部落格：http://eastbooks.pixnet.net/blog
Facebook：http://www.facebook.com/h7560949
E-mail：h7560949@ms15.hinet.net
劃撥帳號：12043291
戶名：風雲時代出版股份有限公司

風雲發行所：33373桃園市龜山區公西村2鄰復興街304巷96號
電話：(03) 318-1378
傳真：(03) 318-1378
法律顧問：永然法律事務所 李永然律師
　　　　　北辰著作權事務所 蕭雄淋律師

行政院新聞局局版台業字第3595號 營利事業統一編號22759935
ⓒ2025 by Storm & Stress Publishing Co.Printed in Taiwan
◎如有缺頁或裝訂錯誤，請退回本社更換

定價：540元　　　版權所有　翻印必究

國家圖書館出版品預行編目資料

大歷史.大文章. 近代篇 / 龔鵬程主編.. -- 初版. -- 臺北市 : 風雲時代出版股份有限公司, 2025.05　面；　公分

ISBN 978-626-7695-13-5 (平裝)
1.CST: 中國史 2.CST: 中國文學 3.CST: 作品集
610　　　　　　　　　　　　　　　　114003731